Édition originale anglaise :

Présente édition :
Traduction : Frédérique Corre Montagu
Correction : Clémentine Sanchez
Maquette : Laurie Baum
Design de couverture : Antartik
Image de couverture : Fotolia

10, place des Cinq-Martyrs-du-Lycée-Buffon
75015 Paris – France
ISBN : 979-10-285-1487-7

RUSSELL BRAND

RÉDEMPTION D'UN

CN

COMMENT SE LIBÉRER DE NOS ADDICTIONS ?

LEDUC.S
PRATIQUE

À Laura Kate Brand pour m'avoir ramené à la maison.

SOMMAIRE

Remerciements

Je tiens d'abord à remercier Bill W., le fondateur des 12 Étapes, un ivrogne, un fou et un prophète qui a eu l'idée et l'humilité de rendre ce programme « anonyme ». Ses associés et lui ont réussi, Dieu sait comment, à maîtriser leur ego démesuré pour créer cette méthode parfaite.

Je pense à tous les drogués et tous les alcooliques qui m'ont aidé à me soigner. Même s'ils sont trop nombreux pour que je puisse tous les nommer ou bien même me les rappeler, je me sens à jamais lié à eux et je leur suis éternellement reconnaissant.

Commençons par le singulier et magnifique Chip Somers, ainsi que des grandes âmes, des sauvages à la fois doux, imparfaits et incendiaires, des sages féroces (Alfie, James, Sadie, Sandy B pour ne nommer que ceux-là), des orateurs à l'éloquence désinvolte et sacrée. Noreen Oliver, une sainte vêtue de Chanel avec un couteau pliant dans sa poche.

Peggy, la gangster octogénaire, qui distribue de l'amour comme de l'alcool de contrebande, et Monica, son acolyte – tous ceux de l'association *Friendly House*.

Mes amis du mercredi, Deano, Oncle Rod, Richard, Mark, Simon, Brian, Will, Steve, Rick, Sam, Leon, Vernon, Jake, Damo et bien sûr Nik.

Mes compagnons de route : Sy, le Pakistanais boudeur, Jeff, James, Perry.

Jason, mon cher ami et frère, mais « seulement sur cette Terre… »

Mon partenaire silencieux : merci d'être à mes côtés sur le siège de ma diligence et de ne pas tirer à tout-va. Merci pour tes directs du droit qui ont donné au footballeur Andy Caroll des ballons qu'il a pu mener jusqu'au bout.

Merci aussi à Bobby Roth, mon cher frère, qui m'a devancé sur le chemin de la rédemption.

Radhanath Swami, qui m'a guidé hors du marécage. Hare Krishna.

Jimmy M pour son mentorat, sa sagesse pragmatique *made in* Goodison Park, le stade de Liverpool. Un homme d'une grâce intense, éveillé, cultivé, constamment cité et apprécié. Merci.

Meredith et Wainwright, les Churchill : « Je vous adore tous les deux, mes vieux maîtres. La sagesse à la pointe de la toupie de la vie. »

Tim M, le tueur bienveillant, qui a compilé et composé presque toute la matière de ce livre, surtout les fiches et les formules des Étapes 4-10.

Herb K pour son livre *Twelve Steps to Spiritual Awakening*.

Patrick Carnes.

Tous les pervers et les mécontents avec qui j'ai été en traitement. Les conseillers et les professionnels de la santé mentale. Jackie. Sam. Tony. Travis.

Tous les éditeurs et collaborateurs qui m'ont aidé à écrire ce livre. Ben Dunn, Byngo, Fran, Martino Sclavi, John Rogers.

Gareth Roy, un tigre derrière l'objectif qui m'a gentiment guidé.

Jengo.

Nicola Schuller, Sharon Smith, mes chères sœurs.

Karl Theobald, qui m'aide sans cesse à élargir ma vision du monde. Travailleur. Classe. Un héros.

Matt Morgan, pour m'avoir titillé et harcelé.

Gee, pour les soirées Jedi.

Adame Venit, un grand agent d'Hollywood avec un cœur tout sauf hollywoodien. Il est cent pour cent réel pour ses dix pour cent.

Simon, Jessica et tous ceux de l'agence WME.

Ma nouvelle équipe dirigeante : Hanna Chambers, pour qui l'index pointé et les « va te faire foutre » ne sont pas des outils de négociation. Charlie, Katy, Sophie, George. Merci.

Bev James, qui est dévoué, puissant et authentique et qui a travaillé sur ce livre simplement parce qu'il y croyait. Merci.

Tous ceux de chez Pan Macmillan, Jodie et Hockley, et Gillian de la citadelle de Flatiron Books.

Ma chère Carol A, qui a joué les éclaireurs pour les négociations avec un autre éditeur et qui, avec sa ténacité élégante, sa passion fluide et féminine, est devenue ma partenaire sur ce livre. Un concentré de vigueur et de douceur. Exactement ce dont le monde a besoin. Merci.

Introduction

Dans notre citadelle d'écrans qui se réfléchissent à l'infini, nous vivons à l'écart des autres. En nous réveillant aujourd'hui, nous allons spontanément tendre la main vers notre téléphone dont nous avons perçu la lueur avant celle de l'aube, ses notifications fusant dans notre esprit avant que nous ayons eu le temps de prendre conscience de cette réalité imparable : nous sommes en train de mourir.

Vous, vos enfants et tous les gens que vous aimez foncez bille en tête vers le cimetière. Je sais que vous le savez. Nous le savons tous, mais comme ça ne génère pas beaucoup de « likes » sur Facebook, nous gardons nos œillères et nous ronronnons par conformité en remplissant nos journées de petits plaisirs temporaires. Un café par-ci, un achat sur eBay par-là, une branlette peu convaincue ou un flirt. Des étincelles de plaisir pour tenir en place, comme autant de points de couture argentés sur un cadavre. Et vous êtes probablement trop intelligent pour « vous en remettre à Dieu » ou pour prendre un vieux livre poussiéreux où les textes sont remplis de haine pour les femmes, les gays et les autres. Si la physique quantique trouvait une force, une toile, une ficelle ou un truc pour relier le mystère de la vie à un support solide et mesurable, nous y réfléchirions à nouveau, mais d'ici là, il n'y a rien qu'une tombe vide et une pierre tombale nue. Tout est écrit d'avance. Personne ne va donc vous reprocher d'être pris dans une boucle infernale de relations toxiques et de jobs frustrants, à tourner en rond, encore et toujours, sans vraiment regarder en vous, sans jamais vraiment rentrer chez vous.

Comme j'ai reçu le « don du désespoir » à ma naissance et que j'ai si royalement bousillé ma vie, je n'ai pas eu d'autre option que de chercher et d'accepter de l'aide. Depuis que je me suis libéré des signes les plus visibles de mes pulsions et désirs constants, j'ai fait marche arrière comme un larbin quittant la reine et ai plongé dans une série d'addictions moins évidentes, pas mortelles mais toujours encore très désagréables. En fait, je crois que la méthode des 12 Étapes et sa philosophie globale dont je vais vous parler dans ce livre ne sont rien d'autre qu'un remède à l'insatisfaction et à la peur de mourir qu'ont tous ceux qui ont le cran de faire ce travail. Car c'est du travail. C'est une renaissance, un voyage qui implique toutes les formes de confrontations gênantes avec la personne que l'on est vraiment. Soyez honnête avec vous-même. Vous êtes-vous déjà assis pour répertorier tout ce qui vous tourmente ? Les bagarres de votre enfance, la piqûre cuisante de votre rage envers votre paternel, votre fureur contre le gouvernement, la circulation, le réchauffement climatique, le racisme, Apple parce qu'ils changent tout le temps de chargeurs ? Quand allez-vous devenir la personne que vous êtes censée être depuis la naissance ? Quand allez-vous

« retrouver » le chemin dont vous avez perdu la trace ? Pendant les vacances ? Quand les enfants auront terminé leurs études ? Quand vous aurez une augmentation ? Tic-tac, tic-tac, tic-tac… Tout est écrit d'avance.

Je n'ai pas écrit ce livre parce que je pense être meilleur que vous. Je sais que je suis pire. J'ai traversé la vie en crachant et en bafouillant, mû par des pulsions inconscientes que j'assouvissais d'une façon très grossière et très inefficace, visible de tous. Contrairement aux états extrêmes qui sont facilement identifiables, les versions moins évidentes de l'addiction sont tout aussi douloureuses, pour ne pas dire pires, parce que l'on s'habitue à vivre dans la douleur sans jamais accepter la vérité : il y a une solution.

On s'adapte à la froideur d'un foyer sans amour, à un travail insatisfaisant, à des amitiés creuses et à la bêtise vernissée. Le *Programme en 12 Étapes* qui m'a sauvé la vie va changer celle de tous ceux qui vont le suivre. Je l'ai vu fonctionner à maintes reprises avec des gens souffrant de toutes sortes d'addictions : drogue, sexe, relations toxiques, alimentation, travail, cigarette, alcool, technologie, pornographie, achats compulsifs, jeux de hasard et d'argent…, car le phénomène déclencheur de la pulsion est universel. C'est le besoin de ne plus se sentir déconnecté, étranger, vaguement désespéré, car le seul et unique grand défi de la vie est : comment « être humain » dans un environnement bizarrement mal équipé pour faire face aux défis qu'il contient. Nous sommes tous quelque part sur l'échelle de l'addiction.

Ceux qui sont nés avec des addictions nettes et flagrantes ont de la chance. Nous, les alcooliques et les junkies, avons réduit notre part de mystère à d'infimes cycles d'envies et de satisfactions. Notre mode de fonctionnement est plus facile à observer et donc plus facile à changer, à condition de le vouloir vraiment et de se faire aider.

Quand l'addiction est plus du genre « escroquerie de longue durée » que « petite arnaque », il faut parfois beaucoup de temps pour trouver le problème. Quand on est accro aux relations toxiques, à la bouffe, aux patrons tyranniques, aux conflits ou à la pornographie, il faut parfois une vie pour mettre le doigt sur le problème. Et, sauf avis contraire, nous n'en avons qu'une, de vie. Ce livre ne parle pas uniquement des jusqu'au-boutistes comme moi. Non. Ce livre parle de vous.

Avez-vous l'impression que quelque chose vous manque ? Une sensation dans votre ventre qui vous dit que ça ne va pas ? L'impression que si vous mangez un Twix, achetez des nouvelles chaussures, fumez un joint ou décrochez un super-boulot, vous vous sentirez mieux. Si oui, ce n'est pas surprenant, car nous vivons dans une époque d'addictions où tout est fondé sur la dépendance. C'est ainsi que fonctionne la société avec le roi Consumérisme et ses valets : sur le concept de la stimulation et de la réaction. Croire que l'on peut aller mieux en assouvissant des besoins grossièrement matériels, que ce soit trouver l'homme ou la femme idéale, le job idéal, un sublime tapis berbère ou quarante euros d'héroïne (autrement dit : « si je pouvais juste avoir X, Y, Z, ça ira mieux »), est compréhensible mais complètement faux.

On parle d'addiction ou de dépendance quand les besoins fondamentaux comme manger, faire l'amour, se détendre ou être reconnu, deviennent prioritaires au point d'être destructeurs. Ce phénomène est exacerbé par une culture qui l'exploite à fond

– et c'est compréhensible –, car c'est un super-moyen de vendre des Mars et des Toyota. Dans le cas d'un Gargantua comme moi, chaque craquage se justifiait par la certitude que ça résoudrait mon problème.

Dans ce livre, nous allons parler de (enfin, je vais parler de) la façon dont on surmonte ses habitudes destructrices et oppressantes, dont on se libère des pensées tyranniques et dont on sort de notre prison intérieure pour vivre enfin libre dans le présent.

Pourquoi suis-je qualifié pour cette tâche, une tâche qui, dans un autre lexique, s'appellerait : trouver la paix, la pleine conscience et s'épanouir... ou, de façon plus grandiloquente, trouver l'« illumination », le « nirvana » ou la « conscience christique » ? Certainement pas à cause de mes qualités personnelles et humaines. Mon expertise ne vient pas du sommet d'une montagne où je me dresserais fier et dédaigneux. Non, ce livre de développement personnel ne vient pas d'un pic majestueux mais de la boue. Être humain, c'est dire « moi aussi ». Nous sommes tous ensemble dans la boue. Mon expertise vient du fait que je suis plus accro et plus narcissique que vous, et que j'ai un besoin immodéré de débauche, de pouvoir et de reconnaissance. J'ai saisi, caressé, baisé, fumé, sucé tous les petits plaisirs qui se sont présentés à moi de mon berceau à Grays, dans la banlieue de Londres, aux chaises longues d'Hollywood. Pour quoi ? De la poudre de perlimpinpin.

Vous arrive-t-il de vous demander si vous avez ne serait-ce que la possibilité ou le droit d'être heureux ? Le bourdonnement hystérique de la marche blanche de la vie citadine semble confirmer que la joie n'est pas une option, avec ses escalators qui, tels des tapis roulants, nous mènent tous à la fosse commune et ses rues grises comme un cimetière. Grâce à Dieu, je n'ai pas (encore !!!) été en prison, mais quand je pense aux différentes catégories de prisons britanniques – qui vont de pires à moins horribles –, je m'interroge sur le concept de liberté. « Pire » comme dans « être enfermé seul dans une cellule de catégorie A dans une prison de haute sécurité ». « Moins horrible » comme dans « avoir des bribes de liberté supplémentaires dans les catégories B et C, et des privilèges comme un boulot en cuisine ou à la bibli » (si ce que raconte le film *Les Évadés* est vrai), ou même être dans une prison ouverte où les détenus peuvent aller faire un tour de vélo en ville pendant quelques heures. Quelle différence y a-t-il en termes de liberté avec la vie d'un homme (ou d'une femme) qui vit dans un appart glauque, prisonnier de son addiction à la drogue, survivant grâce aux aides sociales, de quelqu'un prisonnier d'un boulot qu'il déteste ou d'un gosse dans une école qu'il déteste et où il a les intestins noués en permanence ? Ou quelle différence y a-t-il avec ma vie ? Avec votre vie ? Je ne dis pas qu'il vaut mieux être un prisonnier modèle de catégorie C qui se rend à l'atelier en faisant joyeusement tourner sa clé à molette qu'avoir un boulot que l'on déteste à Londres. Je dis que nous sommes tous dans des prisons plus ou moins sécurisées.

> Quand on est accro aux relations toxiques, à la bouffe, aux patrons tyranniques, aux conflits ou à la pornographie, il faut parfois une vie pour mettre le doigt sur le problème. Et, sauf avis contraire, nous n'en avons qu'une, de vie. Ce livre ne parle pas uniquement des jusqu'au-boutistes comme moi. Non. Ce livre parle de vous.

Vous pouvez maintenant sortir votre chapeau de cow-boy et votre flingue anticynisme pour me tirer dessus, parce que je vais vous raconter comment une expérience récente dans ma vie de privilégié m'a donné l'impression d'être dans une prison de haute sécurité. J'étais en tournée en Australie. Alors que je passais d'un sas climatisé à un autre (avion, voiture, ravissante chambre d'hôtel, salle de spectacle), j'ai soudain été pris d'une impérieuse envie de m'échapper. À Brisbane, je suis descendu dans un immense hôtel à la déco kitsch où l'on m'a conduit, à mon grand désarroi, jusque dans une chambre immaculée. Quand la porte s'est refermée derrière mon gardien aussi parfait qu'amical et que je me suis retrouvé seul, j'ai essayé d'ouvrir une fenêtre, mais en vain, car, vous savez, ces immeubles sont hauts et donc potentiellement dangereux. C'est sans doute pour éviter les suicides. Du coup, on ne peut pas avoir d'air frais. Le seul air que l'on respire est conditionné. À l'ère du grand gâchis, c'est d'ailleurs l'un des rares produits à être minutieusement recyclé.

Même si je n'ai pas l'intention de faire passer un pétage de plombs pour une révélation, le fait est que je me suis senti enfermé, complètement coupé de la nature, la nature dans le sens du ciel, dans le sens du ciel intérieur. Je n'arrivais pas à respirer, à être humain. J'ai soudain eu besoin de me battre pour accéder à la nature et toutes ses composantes. J'ai brutalement senti la force d'accélération qui nous a fait passer du stade de chasseurs/cueilleurs à celui de chassés/cueillis. Pas étonnant que des gens aient un tel besoin de sauvagerie et de sensations fortes. Pas étonnant que des gens baisent dans leur voiture en public, derrière un pare-brise embué par leur respiration brûlante, à la lumière des lampadaires et des phares de voiture, des étrangers s'agrippant dans l'obscurité, attendant le soulagement précédant l'orgasme. Pas étonnant que des gens matent du porno, courbés sur un ordinateur, tendus et essoufflés, sérieux et concentrés comme un employé zélé concentré sur une tâche futile. Ce genre d'échappatoire ne dure pas longtemps pour moi. En général, j'en ris après. À l'instant où l'objectif biologique est atteint, je suis libéré de ce sortilège stupide. Je me regarde et je me demande parfois à voix haute : « C'était quoi, ça ? » comme un homme-singe dont la conscience s'éveille. Transcendé, je repense à ce que j'ai fait et je me dis : « Tu trouves franchement que c'est le meilleur moyen pour aller mieux ? Maintenant, prends des mouchoirs et une bible. »

Que faisons-nous quand nous nous masturbons ? Ou que nous avalons des tonnes de bouffe ? Ou que nous buvons des boissons débiles ? À qui rendons-nous service ? C'est quoi, le plan ?

La sensation que j'ai eue dans cet hôtel est réelle. Le besoin de connexion. La sensation que j'avais quand je me droguais était réelle. La sensation, le besoin, sont réels. La sensation qu'il y a « quelque chose d'autre » est réelle.

Que se passe-t-il quand on ne satisfait pas une pulsion ? Qu'est-ce qui se cache derrière notre besoin de manger et de nous purger ? La seule façon de le savoir, c'est de ne pas chercher à le savoir, ce qui, en soi, est un acte de foi.

Pour la petite anecdote, voici comment j'ai résolu mon « problème ». J'ai quitté l'hôtel à l'aube. J'aimerais pouvoir vous dire que c'était pour rejoindre une communauté d'aborigènes près de la rivière où nous aurions fait pousser nos propres légumes et chanté des chansons sur nos ancêtres et où, après m'avoir tatoué un dieu lapin sur le pubis, un vieillard m'aurait dit que j'étais vrai et m'aurait donné un nom tribal. J'aurais alors su que mon but dans la vie était de me « connecter au Grand Inconnu », de tisser la conscience de l'homme et de la nature en une tapisserie parfaite pour raconter l'histoire de l'unicité avec une telle clarté que Dieu lui-même (ou elle-même) viendrait en aide au Bien, et que la nature s'élèverait à travers les torrents et les branchages, les flammes, les plumes, les flots, pour nous mener jusqu'au paradis. Le paradis immobile et omniprésent qui est à l'intérieur de nous.

En fait, je suis juste allé dans un hôtel avec un balcon.

Le nihilisme s'est silencieusement renforcé. L'acceptation désespérée de leur sentiment d'inutilité a envahi chaque drogué entre deux secousses de plaisir. Moi qui n'ai pas touché à la drogue depuis quatorze ans et demi, je me sens encore très concerné quand j'entends quelqu'un dire qu'il ne peut pas rester clean. Je comprends. Je me rappelle. Pire, parfois, je le pense. « Je sais que ce fix, cette boisson, ce geste destructeur et malveillant ne vont pas marcher, mais ça va me distraire pendant un instant. Et c'est déjà ça. »

Et maintenant, une bonne nouvelle pour ceux qui ont chuté, pour ceux qui lisent ces lignes sans attendre de miracle, pour les junkies, les alcoolos, les accros au crack, les anorexiques, les boulimiques, les pervers, les codépendants, les accros à l'amour, les cas désespérés : je crois sincèrement que l'addiction est une vocation. Une bénédiction. J'entends désormais un rythme derrière le beat, derrière le flot constant et discordant de mes pensées. Une vraie pulsation derrière les battements enragés de mon ego. Là, dans le silence, la présence discrète d'autre chose. Quelle est cette autre conscience ? Juste l'accompagnatrice sublime de mes ongles qui poussent, de mon cœur qui bat, de mon sang qui pulse dans mes veines. Ces phénomènes physiques perceptibles ont-ils des équivalents dans un monde parallèle ? Sommes-nous des addicts comme ces animaux qui fuient par instinct l'arrivée d'un tsunami parce qu'ils sentent une menace ? Percevons-nous les picotements annonciateurs de l'anesthésie ? Quelle est cette douleur ? Quelle est-elle ? Qu'est-ce qu'elle veut ?

N'oublions pas, dans l'excitation du moment, que ce livre est un livre de développement personnel, un guide pour affronter les dépendances sous toutes leurs formes, un guide qui contient des principes qui, si vous les suivez, vous libéreront de l'enfer calme et destructeur de votre addiction. L'un des principes globaux, inévitables – pour ne pas dire l'un des meilleurs principes de ce livre – c'est la nécessité de croire en une Puissance supérieure, ce qui est tout à fait possible même si l'on n'est pas une « grenouille de bénitier ». En fait, nous sommes tous des grenouilles de bénitier, si nous croyons que cette puissance incite à « vivre en respectant un ensemble de croyances, de principes et de pratiques ». La plupart des Occidentaux vouent un véritable culte à l'individualisme et au matérialisme qui nous aident, à travers leur rituel quotidien, à assouvir nos petits désirs mesquins. Si vous lisez ce livre parce que vous souffrez d'une addiction, que ce soit à une substance ou à un comportement, vous faites partie d'une secte d'adeptes confirmés avec des pratiques et des rituels très spécifiques, parfois très enracinés, et des croyances si profondes et si intenses que vous les respectez sans y penser. « Si je trouve Mme Parfaite, tout ira bien. » « Si je jouis ou si je m'avale un kilo de glace, ça ira. » Le programme dont je vais vous parler invite à s'interroger sur la possibilité de l'espoir. L'espoir qu'il existe une autre solution. L'espoir qu'il existe une autre voie.

Pour entreprendre ce voyage, cette quête du bonheur, du contentement, de la présence ou de la liberté, vous devez croire que c'est possible.

Lors de l'histoire plutôt sinistre et parfois, il faut bien le dire, vachement glamour de ma vie, je suis tombé sur des gens et des idées incroyables qui, jour après jour et parfois moment après moment, m'ont sorti de ma crasse étincelante et mis en présence d'un truc ancien et intemporel qui, j'en suis persuadé, vous donnera la Solution, quel que soit votre problème.

Les 12 Étapes

Vous me connaissez, n'est-ce pas ? Vous savez que je déteste les systèmes, surtout Le Système, ce mix bidon d'instructions que l'on nous demande de suivre, nous les gens, pendant que ceux qui sont vraiment libres se vautrent dans les privilèges. Vous imaginez donc ma réaction quand on m'a parlé de cette méthode, de ces 12 Étapes. « Ne me dites pas quoi faire. Je suis un individu. Je suis un rebelle. Je suis une crapule. Je suis un poète marchant dans la nature battue par le vent, criant ma chanson à la face des prétentieux et des donneurs de leçons. »

Pour ne rien arranger, le programme des 12 Étapes utilise, dans sa forme originale, le mot « Dieu » aussi librement et fréquemment qu'un curé souffrant du syndrome de La Tourette. Je me revois assis dans des pièces glaciales dans la campagne anglaise, honteux et désespéré, les yeux rivés sur des slogans sordides affichés sur les murs et pensant : « C'est peut-être pour vous, mais pas pour moi. » En relisant le programme, j'ai curieusement compris que les pensées égoïstes et autocentrées étaient typiques d'un état addictif. L'égocentrisme est un sujet délicat qui ne se limite pas à la vanité. Ce n'est pas juste Fonzie qui s'admire dans la glace en refaisant sa banane. Non. Il y a d'autres formes plus opaques d'égocentrisme. Si votre partenaire est un peu capricieux, dans le genre égoïste ou difficile, et que vous jouez à l'infirmière opprimée et trottinez derrière lui en disant : « Je ne sais pas ce qu'il ferait sans moi », vous souffrez d'une autre forme d'égocentrisme. Vous vous mettez, vous et vos sentiments, au centre de l'univers (on se calme !). Pouvez-vous être vous-même autrement en sachant que (c'est de notoriété publique, non ?) être soi-même est l'alpha et l'oméga du monde actuel : un coup d'œil sur la télé, un autre sur son fil d'actu, moi, moi, moi, le produit parfait, les vacances parfaites, la lotion parfaite pour les cheveux, l'opérateur de téléphonie parfait rien que pour mon unique Moi ? C'est bien, chic et élégant, mais je ne sais pas vraiment qui est ce « Moi » ou ce qu'il veut. Et voilà que maintenant, je me demande si c'est si bon que ça pour « moi » de penser tout le temps à « moi ».

La première fois que j'ai lu les 12 Étapes, je me suis dit : « Hum, un peu trop religieux, un peu trop dévot, un peu trop ambitieux », à cause de son ton « chrétien ». Regardez la troisième Étape : « Nous avons confié nos volontés et nos vies au soin de Dieu. » Tout doux, mon gars. On dirait une version aseptisée d'une déclaration de Daech. Mais maintenant, je sais que l'on peut être un musulman pratiquant et avoir un problème de sucre, un juif athée qui regarde trop de porno, un hindou qui n'arrive pas à être fidèle ou un humaniste qui dépense plus qu'il ne peut se le permettre. Et je sais aussi que ce programme vous aidera à vous accepter tel que vous êtes, avec vos qualités et vos défauts, vous placera sur le chemin où vous devriez être et vous servira, tout simplement, à devenir la meilleure version possible de vous-même. Dans mon cas, comme vous allez le voir, cela concerne pas mal de défauts, quelques pensées bizarres et des pétages de plombs occasionnels.

Si vous découvrez le programme en 12 Étapes pour la première fois, notez ce que vous ressentez en le lisant.

1. Nous avons admis que nous étions impuissants devant notre addiction et que nous avions perdu la maîtrise de notre vie.
2. Nous en sommes venus à croire qu'une Puissance supérieure à nous-même pouvait nous rendre la raison.
3. Nous avons confié nos volontés et notre vie au soin de Dieu tel que nous Le concevions.
4. Nous avons procédé à un inventaire moral minutieux de nous-mêmes.
5. Nous avons avoué à Dieu, à nous-mêmes et à un autre être humain la nature exacte de nos torts.
6. Nous avons consenti à ce que Dieu élimine tous nos défauts de caractère.
7. Nous Lui avons humblement demandé de faire disparaître nos déficiences.
8. Nous avons dressé la liste de toutes les personnes que nous avions lésées et nous avons résolu de leur faire amende honorable.

9 Nous avons personnellement réparé nos torts envers ces personnes chaque fois que nous pouvions le faire, sans leur nuire, ou porter préjudice à d'autres.

10 Nous avons poursuivi notre inventaire personnel et promptement admis nos torts dès que nous les avons découverts.

11 Nous avons cherché par la prière et la méditation à améliorer notre contact conscient avec Dieu tel que nous Le concevions, Lui demandant seulement de nous faire connaître Sa volonté et de nous donner la force de l'exécuter.

12 Grâce à ces Étapes, nous avons connu un réveil spirituel ; nous avons alors essayé de transmettre le message aux autres addicts et d'appliquer ces principes dans tous les domaines de notre vie.

Maintenant, voici ce que je pense de ces étapes et ce que je vous invite à penser vous-même. Ça démystifie pas mal le truc. Je me suis probablement un peu trop lâché sur les mots familiers, mais ce n'est pas grave tant que ça reste une méthode pratique et accessible à tous.

1 Êtes-vous con ?

2 Pourriez-vous ne pas l'être ?

3 Allez-vous réussir à vous rendre moins con tout seul ?

4 Notez tout ce qui vous pourrit la vie ou qui vous l'a pourrie sans mentir ni rien oublier.

5. Avouez à quelqu'un de confiance à quel point vous souffrez.
6. Les Étapes précédentes ont révélé pas mal de schémas tordus. Voulez-vous y mettre un terme ? Vraiment ?
7. Êtes-vous prêt à vivre autrement, c'est-à-dire sans penser exclusivement à votre précieux « Moi » ? Il le faut.
8. Soyez prêt à vous excuser auprès de tous ceux qui subissent votre « Moi » con.
9. Maintenant, excusez-vous. Sinon, cela ne fera qu'empirer la situation.
10. Guettez vos pensées et comportements cons et ne vous voilez pas la face quand ils se produisent.
11. Restez concentré sur votre nouvel objectif.
12. Ayez une vision moins égoïste de la vie, soyez gentil avec les autres, aidez les autres quand vous le pouvez.

Et mon précieux « Moi », dans tout ça ? Je ne peux pas imposer un cadre fixe à ma personnalité unique. « La prison psychologique dans laquelle on peut t'enfermer n'a pas encore été construite, bébé ! » Sans doute. Résister à l'autorité est sympa et stylé. Mais ce programme a été conçu pour arrêter de se faire oppresser et exploiter, non ? Et il n'y a rien d'oppressif ou d'humiliant dans ces 12 Étapes. De plus – baissez les lumières et mettez la musique de *La Quatrième Dimension* –, « qui est ce Moi que j'essaye de protéger » ? C'est une question à laquelle nous allons réfléchir et si possible répondre dans ce livre, même si, franchement, les grands esprits s'épuisent à essayer de comprendre la vraie nature du « moi » depuis la nuit des temps. Mais bon. J'aime les défis.

Si nécessaire, vous pouvez utiliser un autre mot qu'« addiction », comme je l'ai moi-même fait avec le mot « drogue ». Vous pouvez mettre « bouffe », « technologie », « jeux », « relations toxiques », « porno » – bref, ce que vous voulez changer. Imaginez que vous êtes un ordinateur contenant un virus et que c'est le programme qui va le supprimer. Si vous me suivez sur cette voie, si vous suivez les conseils que je vous donne dans ce livre, cela induira un changement en vous.

Si vous avez un problème d'addiction évident, vous avez de la chance, car il existe déjà une méthode incroyablement efficace pour la gérer et rediriger son énergie destructrice vers un but plus noble : vous construire une personnalité différente. Vous allez beaucoup vous retrouver dans ce livre, qui va aussi vous accompagner dans vos autres lectures et les groupes de soutien près de chez vous. Quant à vous qui avez une maladie, une tristesse, une insatisfaction, un besoin moins évident que vous traitez avec des moyens inefficaces, je vous promets que, si vous suivez honnêtement ce programme, votre perception de la vie et donc votre monde vont changer.

Il y a maintenant des centaines de programmes fondés sur ces 12 Étapes avec toutes sortes de nouvelles addictions : stupéfiants, jeux, bouffe, paris, sexe, achats compulsifs. Et il y a aussi maintenant suffisamment d'associations qui appliquent ce programme pour pouvoir affirmer que le cercle vicieux de la dépendance est créé et alimenté par un désir commun. Quand j'ai découvert les 12 Étapes, c'était pour gérer mes problèmes de drogue et d'alcool. Et ça a marché. Je les ai ensuite appliquées au sexe, à la bouffe et au travail. Et ça a marché. Maintenant, je les applique à toutes mes pensées et mes sentiments, car je sais qu'elles m'aident à comprendre le monde extérieur et à y trouver ma place. Je vis ma vie professionnelle, ma vie personnelle, ma vie spirituelle et ma vie de jeune papa en suivant un schéma que j'ai conçu en me basant sur ces étapes. Personne ne les utilise de la même façon. On y vient pour de multiples raisons, ce qui permet à chacun de les adapter à son propre cas.

Ce programme m'a paru à la fois particulièrement gratifiant et très difficile quand il m'a fait prendre conscience que je me plaçais systématiquement au centre de l'univers, que je n'avais qu'un but dans la vie – satisfaire mes besoins – et que, quand ce n'était pas possible, j'étais malheureux d'une façon extrême et créative. Donc, tout en vous aidant (que vous soyez croyant ou pas), ce programme va aussi vous libérer de l'idée plus ou moins consciente que votre vie tourne exclusivement autour de vous et de vos pulsions. J'ai d'abord suivi ces 12 Étapes parce que j'étais désespéré. Mais je continue à les appliquer parce qu'elles m'ont fait comprendre que je ne pourrai jamais être heureux dans le monde tel que je le concevais avant : moi au milieu de tout, avec mes désirs qui primaient sur tout.

Je suis la preuve que les 12 Étapes guérissent d'addictions sévères. Si vous en avez, vous devriez contacter une association spécialisée dans votre problème. Où que vous soyez sur l'échelle de l'addiction – régulièrement en crise, inquiet ou simplement en quête de changement –, j'espère que ce livre vous aidera à suivre ces 12 Étapes avec la même honnêteté, ouverture d'esprit et volonté que moi.

Si vous me ressemblez, vous n'êtes pas du genre « premier de la classe ». Quand j'achète un livre pour manger mieux ou méditer, je crois que ça suffit. J'utilise l'outil « consumérisme » pour satisfaire un besoin et passer à autre chose. Ce n'est pourtant pas en laissant traîner un livre pour mieux manger sur une étagère que je vais améliorer mon indice de masse corporelle, quelle que soit la signification de ce truc. Un livre de méditation, grand ouvert par terre, ne va pas m'aider à élever ma conscience et à entrer en contact avec l'Être suprême qui se trouve au-delà de mes pensées et de mes sentiments. Si vous n'êtes pas prêt à suivre les conseils de ce livre, remettez-le en rayon et achetez-vous un gâteau à la place. Ce programme – je déteste devoir le dire – est loin d'être facile. Ce n'est pas un truc du genre « Comment changer votre vie en dix minutes tout en restant assis à écrire des messages à l'univers et à les glisser sous votre oreiller ». C'est sacrément difficile. C'est le truc le plus dur que j'ai fait dans ma vie. En fait, non, le truc le plus dur que j'ai fait dans ma vie, c'est de croire que le monde matériel pouvait me rendre heureux, que ce soit à travers la gloire, l'argent, la drogue ou le sexe, et de toujours me retrouver déprimé, courbé sous le poids de la frustration.

C'est pour cela que dans la 1re Étape, il faut se dire : « Je suis con. Ça ne va toujours pas mieux. Je veux changer. » Et vous avez tacitement reconnu que vous êtes con en arrivant jusqu'ici.

- 1 -

Êtes-vous con ?

Étape 1 : Nous avons admis que nous étions impuissants devant notre addiction et que nous avions perdu la maîtrise de notre vie.

Cela est une invitation au changement. C'est compliqué de changer, parce que nous sommes, pour la plupart d'entre nous, entre l'envie de nous débarrasser de comportements néfastes et négatifs et celle de les conserver. Ce livre raconte mon parcours de l'absence totale de conscience à la Conscience que je vais vous expliquer en me fondant sur ma propre expérience : celle d'un drogué et d'un alcoolique.

J'ai toujours considéré que j'étais trop intelligent pour un truc intitulé « programme de vie », surtout quand il avait des connotations religieuses. Je ne crois pas spécialement que la religion est « l'opium du peuple », parce que si ça l'était, j'y goûterais, car j'adore l'opium. Je pensais juste que c'était débile.

Terne, sec, débile, hurlant, hystérique, débile. Débile de chez débile. Prenez le christianisme. C'est soit moyenâgeux soit tellement bling-bling que c'en est gonflant et ridicule. Ou alors, quand on essaie de le moderniser, ça devient complètement ringard. Guitares nulles, pulls moches, airs savants et commisέreux. Non. Merci. Vraiment.

J'ai eu deux coups de chance fortuits. 1) C'est un athée très engagé qui m'a parlé des 12 Étapes et 2) j'étais vraiment désespéré. J'étais en miettes. Je n'avais plus d'idées ni de jus et je continuais à bouger seulement grâce à la force d'inertie. J'avais arrêté de me demander pourquoi je me sentais triste ou différent, ou désespéré. Je savais juste que j'étais comme ça et j'avais laissé cette information garée dans un coin de ma tête, où elle pourrissait dans l'ignorance et dans l'oubli. Pendant ce temps, je buvais et je me droguais pour tenir debout et fonctionner, et pour ne pas me laisser envahir par la tristesse. Si vous m'aviez tapé sur l'épaule à l'époque en me demandant : « Alors Russell, c'est quoi le plan ? », j'aurais lâché d'un air décontracté et d'un ton faussement optimiste : « J'attends de m'écrouler » ou « L'année prochaine, je serai enfin quelqu'un », même si, à l'intérieur de moi, je n'avais aucun plan. C'est pourquoi maintenant, je vous demande si vous en avez un, de plan. Vous n'êtes pas obligé de me répondre maintenant. D'ailleurs, vous n'êtes pas obligé de me répondre du tout étant donné que je ne suis pas là (vous êtes seul face à ce livre !). Pouvez-vous toutefois vous dire, dans ce qui devrait être le sanctuaire de votre âme : « J'ai un plan. Je sais où je vais » ? Pour calmer mes angoisses et mes incertitudes, je me noyais dans les distractions et les plaisirs. Je ne me posais jamais. Je ne pensais presque jamais. Je me maintenais en vie à coups de plaisirs.

Voici comment les spécialistes décrivent le cycle de l'addiction. Si cela fait écho à ce que vous voulez changer dans votre vie, le programme en 12 Étapes vous y aidera comme il m'a aidé. C'est parti !

Les 5 paliers du cycle de l'addiction

1. Douleur.
2. Utilisation d'un produit ou d'un comportement addictif comme l'alcool, la nourriture, le sexe, le travail, les relations nocives pour l'apaiser et se distraire.
3. Anesthésie ou distractions temporaires.
4. Conséquences.
5. Honte et culpabilité entraînant de la souffrance et une baisse de l'estime de soi.

Et c'est reparti, mon kiki !

Je vais vous dire en quoi ce schéma me concernait, à condition que vous gardiez en tête les raisons pour lesquelles il correspond à votre problème à vous et que vous ne les oubliiez pas même si j'ai l'air plus cinglé que vous. C'est pour ça que c'est moi qui ai écrit ce livre et pas vous. Je souffrais. D'aussi loin que je me souvienne, je ne me suis jamais senti assez bien. Maintenant que j'ai un peu mûri, je me demande : « Qu'est-ce que ça veut dire, assez bien ? » comparé à quoi, à quand, à où, à comment ? Mais à l'époque, durant mon enfance bouillonnante et agitée et durant mon adolescence dangereuse et frénétique, je me sentais illégitime, incomplet, minable. Et ça faisait mal. J'observais le monde comme depuis un aquarium où je me sentais seul. Et comme je ne savais pas comment gérer ce sentiment, je me débrouillais comme je pouvais. C'est le deuxième palier du cycle. J'utilisais un produit addictif qui, au commencement de ma vie d'addict, était une toxine inoffensive, le sucre. Le chocolat. La bouffe. J'en remplissais ma bouche et je me sentais mieux. Où était le mal ?

> On n'a pas besoin de se promettre de ne plus boire pendant vingt ans. On n'a pas besoin de renoncer au pain blanc jusqu'à la fin de ses jours. Quand on le prend simplement, ce cliché « d'un jour à la fois » n'est pas moins fort que le concept de « vivre dans l'instant présent » des philosophies orientales. Je n'ai qu'aujourd'hui.

Non, je ne vous méprise pas. Je veux juste que vous compreniez l'essentiel : je gérais mes sentiments par des moyens extérieurs, avec des choses pas forcément mauvaises. Ça ne sert à rien de diaboliser les biscuits au chocolat, car ce n'est pas eux, le problème. Ils ne vont pas d'eux-mêmes frapper à votre porte, vous braquer une lumière en plein visage quand vous dormez, vous tirer hors de votre lit et sauter de force dans votre bouche. Il faut être un minimum conscient pour ça. Pour certains, les biscuits au chocolat ne sont qu'un petit plaisir inoffensif, alors que d'autres se boostent avec une goutte de rhum ou une petite pincée d'héroïne. Et l'héroïne complique la vie beaucoup plus vite qu'un biscuit au chocolat. Mais l'important, c'est l'impact qu'a cet agent externe sur votre vie. Le 3e palier est un engourdissement temporaire, une longue expiration de gratitude et de soulagement, post-biscuit, post-coït. Un message réconfortant de l'objet qui nous obsède. Bref, n'importe quel post-machin-chose qui suit le craquage. Le 4e palier, « conséquences », est le prix à payer. Je me sentais terriblement mal, quand j'étais petit, quand j'avais avalé l'équivalent d'un stock hebdomadaire de biscuits, assis, la tête vide. Je ne pense pas qu'il y ait une personne sur Terre qui ne se reproche pas, l'espace d'un instant, d'avoir eu un orgasme solitaire. Et quand je me droguais, le seul moment où j'envisageais d'arrêter, c'était quand je redescendais sur terre. Le 5e palier est celui de la « souffrance ». Et c'est reparti pour un tour !

> J'ai été un gosse, puis un drogué, et quand j'ai commencé à envisager de suivre un programme alliant abstinence (pour les substances) et structure (pour le comportement et la nourriture), j'avais 27 ans, j'étais accro à l'héroïne et j'allais très mal.

Comme le dit l'écrivain Eckhart Tolle, « la dépendance commence avec la douleur et se termine avec la douleur ». Ce schéma le prouve. À force de tourner sur lui-même, le cycle de l'addiction prend de l'ampleur, comme un manège dont on aurait perdu le contrôle, comme le tourbillon dans ma tête nauséeuse quand j'ai trop bu. L'âge légal pour boire au Royaume-Uni est de 18 ans. Un an après ma majorité, les médecins et les profs de mon école ont vu que j'avais un problème et m'ont demandé si j'avais besoin d'aide. Quand j'y repense, le malaise était déjà perceptible dans la façon dont je mangeais, dont je me comportais avec les autres, dont je m'analysais et dont je baisais. Je regrette de ne pas avoir pris conscience de ce schéma, de cette tendance plus tôt pour pouvoir appliquer le programme décrit dans ce livre. Mais pour moi, il fallait que ça dégénère. Il fallait que je répète ce schéma encore et encore pendant dix ans avec des conséquences qui s'aggravaient à chaque coup de fouet. Je ne savais pas qu'il y avait une autre voie. J'ai été un gosse, puis un drogué, et quand j'ai commencé à envisager de suivre un programme alliant abstinence (pour les substances) et structure (pour le comportement et la nourriture), j'avais 27 ans, j'étais accro à l'héroïne et j'allais très mal.

L'Étape n° 1 nous invite à admettre que nous utilisons un agent externe (une relation, une drogue, un comportement) comme « carburant » pour rendre notre vie supportable et à nous demander si cela nous la rend difficile. Quand on admet que l'on est « impuissant » ou quoi que ce soit de ce genre, on reconnaît aussi que l'on a besoin d'un nouveau carburant, car celui que l'on utilise est plus néfaste que positif.

Je l'ai admis à maintes reprises et je continue à l'admettre chaque jour. J'ai commencé par reconnaître que j'étais impuissant face aux drogues et à l'alcool, que c'étaient les carburants les plus évidents et les plus mauvais que j'utilisais. Dans mon cas, cette « ingérabilité » avait des conséquences négatives qui s'accumulaient. Et, plus important encore, j'étais incapable de savoir quand (ou si) j'allais m'arrêter quand je me mettais à boire ou à me droguer. Le simple fait de boire ou de me droguer m'enfermait dans une machine infernale que j'étais incapable d'arrêter. Même si ce phénomène est bien sûr plus subtil pour la pornographie ou la boulimie, j'avais clairement besoin d'une structure pour cadrer ma pensée et analyser mes actes. Et je ne pouvais évidemment pas trouver cette structure dans mes pulsions.

Pour reprendre l'image des « deux esprits », du « Moi » divisé entre deux envies, je vais vous raconter ce que j'ai vécu. Quand j'ai entendu parler du programme en 12 Étapes pour la première fois et de son principe d'abstinence, je me suis dit « fait chier » tout en acceptant, quelque part au fond de moi, que c'était la seule solution. L'un des nombreux paradoxes auxquels j'ai été confrontés dans ma quête spirituelle réside dans une maxime triviale : « un jour après l'autre », que l'on pourrait traduire par : « Essaye juste de ne pas boire aujourd'hui », « Essaye de manger sainement aujourd'hui » ou « Essaye de ne pas coucher avec n'importe qui aujourd'hui. » Je savais que cela voulait dire : « Tu ne pourras plus jamais boire », « Plus de chocolat de toute ta vie », « À toi, le célibat », « La fête est terminée, mon pote. » Car ça revient finalement à ça. Si on a un problème d'alcool grave, on ne peut pas boire. Si on a des troubles alimentaires, on aura toujours besoin d'un cadre pour manger. Il faut l'accepter. C'est aussi simple que ça. Merci mamie. La voix de la sagesse qui nous dit « un jour à la fois » vient d'une vérité zen et incontestable, du principe que la vie se vit au présent et qu'au-delà, tout n'est que concept et projection. On n'a pas besoin de se promettre de ne plus boire pendant vingt ans. On n'a pas besoin de renoncer au pain blanc jusqu'à la fin de ses jours. Et si on tient bon aujourd'hui, si pour une fois on ne couche pas avec n'importe qui, qu'est-ce que cela changera pour moi, demain, au réveil ? Ce n'est pas un concours de bons points. Quand on le prend simplement, ce cliché d'« un jour à la fois » n'est pas moins fort que le concept de « vivre dans l'instant présent » des philosophies orientales. Je n'ai qu'aujourd'hui.

Cela fait maintenant quatorze ans et demi que j'ai décroché, jour après jour. J'aime faire improviser sur ce concept comme une sorte de Charlie Parker ou de Foucault. Quand j'ai envie d'une aventure sexuelle, je renonce, je ne passe pas à l'acte. Puis le jour suivant, voire l'heure d'après, je me dis : « Imagine si tu l'avais fait ? De toute façon, ce serait terminé maintenant et tu aurais fait exploser ta famille. »

La 1re Étape dit que l'on peut changer. Elle incite à arpenter le paysage de sa vie, de ses relations familiales, de sa vie professionnelle, de son comportement sexuel, de sa relation avec la nourriture, de son rapport avec son téléphone, la drogue et l'alcool, de sa façon de dépenser de l'argent, puis de se demander : « Suis-je heureux comme ça ? » « Est-ce ainsi que je veux vivre ? » Dans votre cas, si un comportement ou un problème se détache clairement du lot, si une catastrophe imminente est visiblement sur le point d'arriver, c'est le moment de suivre la 1re Étape. « Je suis impuissant et j'ai perdu la maîtrise de ma vie. »

Le concept d'impuissance est aussi très intéressant, car outre le fait d'être synonyme de chaos et de désordre, il a un sens plus profond et plus flippant. Mes premiers dysfonctionnements étaient facilement identifiables : dettes impayées, séjours à l'hôpital, perte d'emplois, ruptures, amis qui se détachaient de moi et sortaient de ma vie. Je créais du chaos. Je suivais un autre programme célèbre : « D'abord s'amuser, puis s'amuser de ses problèmes et, enfin, juste avoir des problèmes. » Mes traits de caractère positifs passaient au second plan. Peu importe que je sois intelligent, gentil ou talentueux, tout cela était dilué dans la négativité de mes addictions jusqu'à devenir insignifiant. Mon ingérabilité s'accompagnait d'une clause bizarre et très concrète : quand je perdais le contrôle sur cette partie de moi-même, quand je buvais, quand je jouais au con, quand j'étais en mode destructeur, je ne savais pas quand je retrouverais ma vie ou dans quel état elle serait quand j'y parviendrais. Mon ingérabilité me donnait l'impression d'être une bête sauvage. D'ailleurs, c'est toujours le cas. Je vis en négociant sans cesse avec une part d'ombre que je dois respecter. C'est une blessure, pas seulement un signe de dépendance. En tant qu'êtres humains, nous sommes tous destinés à avoir une blessure, une faille et, là encore, paradoxalement, nous ne pouvons progresser qu'en l'acceptant.

J'ai suivi l'Étape n° 1 quand j'ai « admis que j'étais impuissant devant mon addiction et que j'avais perdu la maîtrise de ma vie », que je n'avais pas le contrôle malgré ce que je me racontais ou ce que je racontais aux autres, et que ça empirait. Je savais qu'il n'y avait pas d'issue, que j'avais peur et honte, que je ne voulais pas affronter le problème, que j'espérais ne jamais avoir à l'affronter et que je pouvais, si je le voulais vraiment, tordre le monde à ma façon.

Chip Somers (quel nom ridicule !), qui dirige le centre où je me suis désintoxiqué, est la première personne du programme que j'ai rencontrée. Il n'a jamais mentionné « Dieu » ou une « Puissance supérieure », car il est, comme je l'ai déjà dit, cent pour cent athée au point de faire passer le biologiste Richard

Dawkins pour Uri Geller, l'autoproclamé « plus grand médium de tous les temps ». Il m'a balancé : « Tu es foutu. Si tu continues comme ça, dans six mois tu seras en prison, dans un asile de fous ou au cimetière. » Même si ça ne m'a pas plu, je savais qu'il avait raison.

Si vous n'êtes pas accro au crack et à l'héroïne comme je l'ai été et si vous ne vous sentez pas vraiment concerné par ce qui précède, sachez que j'ai fait cette 1re Étape plusieurs fois, notamment pour la nourriture. Je suis impuissant face à la bouffe. Si je commence à manger du chocolat, je ne sais pas m'arrêter. Quant au sexe, quand je crois que c'est le remède miracle pour guérir le mal dont je souffre, je perds vite le contrôle et me retrouve encore plus meurtri qu'avant. Pareil pour le travail ou mes relations avec les autres. En fait, j'applique maintenant ce programme et donc cette 1re Étape à tous les domaines de ma vie. Je ne peux pas contrôler les gens, les endroits et les objets, et si, à un moment donné, j'ai eu l'impression d'y parvenir – et j'ai tout fait pour –, j'ai fini par en souffrir. Si quelque chose dans votre vie vous fait souffrir et si vous en avez conscience, je parie que vous avez essayé d'y remédier par un mental de fer, des cristaux, l'hypnose ou des cachets. Et je parie que ça n'a pas marché, car je sais, par expérience, que ça ne marche jamais. Étrangement – et cela va complètement à l'encontre du culte ambiant de l'individualisme et de l'égocentrisme –, on ne peut s'en sortir que si l'on est bien entouré. C'est en admettant que l'« on est impuissant » que l'on peut commencer à ouvrir les portes à la puissance dont on va avoir besoin pour avancer. Quelqu'un m'a dit un jour qu'avant de devenir accro, on se soumet aux mots en « -isme ». Je peux affirmer maintenant qu'il existe en effet des états qui n'attendent qu'une flamme pour exploser. Au bout de quatorze ans et demi sans drogue, et sans alcool, je ne peux pas encore vraiment dire où mon addiction s'exprimait le mieux : dans le sexe ou dans la drogue même si, bien sûr, certaines drogues et l'alcool sont potentiellement plus néfastes que les autres. La souffrance a toujours été la même durant mon escalade des drogues soi-disant récréatives aux drogues dures. Si les problèmes que l'on associe au mot « dépendance » sont souvent la criminalité et la pauvreté, la grande constante, quelle que soit l'addiction ou la situation économique du drogué, c'est la souffrance.

La douleur est un signal. C'est une partie de nous qui communique au-delà de notre vision un peu étriquée du « Moi ». Une douleur dans la jambe signifie « ne sollicite pas trop ce membre jambe ». Une douleur dans l'esprit signifie « change ta façon de vivre ». Pourtant, même si, dans mon cas, cette douleur est souvent apparue, j'ai eu du mal à comprendre le message.

Mon besoin de me gaver de chocolat remonte à mon enfance, et c'est ce même besoin qui m'a conduit à l'héroïne, qui s'est présentée à moi sous un déguisement amical et socialement acceptable. Le fait de trop regarder la télé, quand j'étais petit, était déjà un moyen de m'apaiser parce que je me sentais mal. Mon histoire personnelle y a certainement contribué. Ma maman était souvent malade et j'avais une relation tendue avec mon beau-père. Mais ces tracas personnels sont moins importants que le sentiment de vide que je ressentais.

Quand j'étais enfant, agenouillé devant la télé après l'école, chez ma mère au fin fond de l'Angleterre, je pensais pouvoir régler mon problème avec chaque barre chocolatée que j'enfouissais dans ma bouche. Leur goût, le rituel qui consistait à retirer leur emballage comme Buffalo Bill retirait la peau de ses victimes dans *Le Silence des agneaux*, le biscuit marron qui croustille sous les dents suffisaient à m'occuper, à me remplir. Ce « petit plaisir » enveloppé dans un papier métallisé est ainsi devenu une nécessité, un outil de survie.

> Moi, aujourd'hui, sur cette planète, j'aspire profondément à quelque chose de plus durable que de brèves phases d'engourdissement *via* la nourriture, le sexe ou l'acquisition d'un sublime pantalon slim d'une marque au nom imprononçable, car je sais maintenant que ce sont tous de pâles copies, l'illusion de ce que je recherche.

Quand j'étais seul chez moi, elles tombaient telles une rangée de dominos caloriques dans mon grand vide intérieur. À l'époque, je me sentais déjà seul et honteux quand je faisais ça. J'ignorais que mes fringales cachaient quelque chose.

Quand, durant mon adolescence tourmentée, je suis passé au porno avec ses charmantes teintes sépia et ses vieilles pages collées entre elles, c'était à cause – je le sais maintenant – de la même pulsion qui m'a conduit dans le sanctuaire de mes chiottes où je me branlais pour me distraire, me connecter provisoirement à moi-même et me soulager.

Dieu vient en aide aux apprentis pervers, debout, un Kleenex à la main au bord d'un Niagara de perversions, accessible *via* n'importe quel appareil électronique qui passe entre leurs mains moites. La pornographie illustre très bien comment notre société actuelle facilite la propagation de la maladie de l'addiction. Pour elle, l'envie naturelle de faire l'amour se transforme en un besoin de se masturber. Dans notre culture, le besoin de se connecter aux autres se traduit par la pornographie, un doigt engourdi et solitaire qui effleure des chimères numériques brisées. La solution la plus créative que l'on trouve alors pour assouvir ses besoins se résume à un mouvement gourd qui embarrasserait un singe.

Si vous m'aviez dit à 14 ans que, dix ans plus tard, je serais en pleine débauche pornographique, je n'aurais bien sûr pas été pris de grands spasmes et je ne me serais pas mis à toussoter pieusement en disant que c'était néfaste, parce que je n'avais aucun repère et que je n'avais pas conscience que je dysfonctionnais. Le porno, tel qu'il était à l'époque, dans ses oripeaux tachés, aux coins cornés, était la solution que j'avais trouvée pour m'aider à me supporter. Et c'est un traitement très puissant.

J'écris cela sur un ordinateur portable, j'ai 41 ans et j'ai toujours envie de mater du porno. Alors comment vais-je réussir à ne pas craquer à ce moment de ma vie qui est, selon les grands sages, le seul et unique moment dont je dispose ? Je connais très bien le processus qui m'a fait regarder du porno autrefois et je sais quels en sont les résultats. C'est distrayant et engourdissant. Pourtant, même si ça me convenait parfaitement, ça ne me réconfortait pas vraiment. En fait, je me sentais encore moins bien après. Le programme des 12 Étapes et le soutien de ceux qui comprennent ce que je pense et ce que je ressens, que ce soient des pensées suicidaires ou l'envie pressante de voir du porno, sont le seul moyen que je connaisse pour me sortir de ma mauvaise ornière.

À ce sujet, je pense utile de préciser que je ne joue pas aux pères moralisateurs. Si vous adorez regarder des films porno et que ça ne vous pose aucun problème, si vous vous éclatez à vous masturber, à boire ou à vous droguer, si ça vous fait du bien au moral d'avoir des relations toxiques ou de manger, vous n'avez probablement pas besoin de ce livre. « Si ça ne vous pose pas de problème, ce n'est pas un problème », disent les gens du programme. Moi, aujourd'hui, sur cette planète, j'aspire profondément à quelque chose de plus durable que de brèves phases d'engourdissement *via* la nourriture, le sexe ou l'acquisition d'un sublime pantalon slim d'une marque au nom imprononçable, car je sais maintenant que ce sont tous de pâles copies, l'illusion de ce que je recherche.

Je sais maintenant que je n'irai pas mieux si je regarde du porno et que si, malgré tout, je craque (honte sur moi !), je remettrai le pied sur un chemin que j'ai trop souvent emprunté. Mais savoir que ça ne sert à rien – comme pour l'héroïne, les barres chocolatées ou les mauvaises relations – ne m'empêche pas de me faire plaisir comme si je croyais en une doctrine néfaste et destructrice disant que la vie ne peut pas être mieux que ça, que je ne mérite pas mieux, que je ne vaux rien, que je suis sale. Dans ce cas, qui se soucie de ce que je fais pour m'en sortir ?

Quand je trébuche, quand je craque et quand je décide de succomber à mes vieux démons, je passe intérieurement sur un circuit parallèle à mon vrai Moi. L'histoire du Dr Jekyll et de Mr Hyde traduit très bien cela et la plupart des dépendants se reconnaissent dans cette transformation radicale quand ils se shootent. Cela ne sera à rien que vous (représenté sous les traits d'une jeune fille en fleur) suppliiez Mr Hyde de ne pas vous culbuter dans les bégonias en lui disant qu'il le « regretta demain matin », parce que Mr Hyde n'en a rien à battre. Il vaut vraiment mieux demander au Dr Jekyll d'arrêter ses expériences bizarres avant qu'il ne boive la première gorgée de son dangereux breuvage, car il n'est visiblement pas qualifié pour le job. Je parie que c'était un de ces étudiants à qui l'on donne un chapeau plat noir et un diplôme pour être venu assister à un cours.

Quand je pars en vrille, je pars en vrille. Les exemples ne manquent pas. Au milieu du chaos que je générais autour de moi, j'avais la chance d'avoir suffisamment de recul pour voir ce qui se déroulait sous mes yeux. Cela prenait souvent la forme d'un oiseau qui semblait flotter à un ou deux mètres de moi en contemplant les dégâts que je faisais et qui me regardait en pensant : « Et voilà. Je me délecte de ce chaos. C'est sans doute une très mauvaise idée. Mais c'est trop tard maintenant, autant revenir en lui et l'aider à aller jusqu'au bout de ce merdier. » Je ne cherche pas à diminuer ma responsabilité. Je suis responsable de tout ce que j'ai fait. C'est juste que je n'étais pas ce « Moi »-là quand j'agissais ainsi.

Mon objectif, c'est d'arriver à ne pas me mettre dans les conditions qui me poussent à lancer mon pied dans la tête de quelqu'un d'autre.

Pour sortir de ce cercle infernal, j'ai dû croire que ma vie pouvait être mieux, « mieux » que quand je me droguais il y a quatorze ans ou « mieux » que maintenant en arrêtant de mater du porno. Les conséquences de mon addiction étaient plus visibles et plus sévères quand je me droguais. Le rythme de ma déchéance aussi qui, avec du recul, était préoccupant. La plupart de mes journées étaient gâchées par un bref coup de sang, une blessure physique, une dispute, une arrestation, une scène d'humiliation ou de violence. J'ai la grande chance (et j'en serai toujours reconnaissant) d'avoir eu des gens qui m'ont empêché de foncer tête baissée dans le caniveau. En lisant ce livre, vous vous direz probablement : « Je ne suis pas aussi mal en point que lui » ou « C'est toujours un taré », mais ma transformation grâce aux 12 Étapes est importante et est source d'espoir pour toute personne souffrant d'addiction. Nous allons d'ailleurs nous pencher sur cette notion d'espoir dans le chapitre suivant. En attendant, laissez-moi résumer ce que je viens de vous dire.

- Avez-vous un problème ? Essayez-vous de mettre un terme à un comportement (boire, manger, dépenser de l'argent, jouer, regarder des films porno, avoir des relations toxiques, coucher à droite et à gauche) ou – car c'est de cela qu'il s'agit – à un comportement qui vous empêche d'aimer votre vie – car on peut aimer sa vie ?
- Si la réponse est « non », super, continuez comme ça. Et profitez de votre temps libre pour aider les moins chanceux que vous et, plus généralement, pour servir la planète et ses habitants.
- Si vous n'êtes pas sûr, posez-vous un moment. Asseyez-vous dans un endroit calme où vous ne serez pas dérangé. Fermez les yeux. Concentrez-vous sur le rythme de votre respiration. Chaque inspiration est un

nouveau commencement, chaque expiration une nouvelle fin. Ressentez-vous de l'angoisse ? De la peur ? De la gêne ? Votre esprit est-il agité, traversé de pensées ? Avez-vous du mal à rester assis et à ne rien faire ? Le faites-vous de temps en temps ou êtes-vous constamment en mouvement, comme moi pendant longtemps ? Que se passe-t-il quand vous vous asseyez pour écouter votre respiration, votre respiration qui va s'arrêter un jour ? Personnellement, ça me fait souvent une drôle d'impression, même si je médite depuis des années (et là, vous vous dites que je suis en train d'essayer de vous convertir à la méditation). Je dois apprendre à rester immobile pour être bien, pour accepter l'idée de « résurrection » à chaque nouveau moment. Pour voir que le seul chemin qui mène au royaume des cieux est en « moi », à travers « moi », par ma pensée, mes émotions et mes actions. Je suis le témoin constant de tout ça. Quand on nous fait méditer, on nous demande souvent de penser au moment précédant la mort, à accepter le fait que le lieu de la conscience, que ce que nous appelons le « Moi », se trouve là où commence la mort. Répétez doucement le premier mot qui vous vient à l'esprit, sans le repousser. Cela peut être « fleur » ou « paix » ou « West Ham » (une des équipes de foot de Londres) – dans l'idéal, un mot qui vous apaise ou qui vous laisse indifférent. Autrement dit, cela ne va pas vous servir à grand-chose de rester assis en vous répétant « Hitler » ou « putain ». Ce n'est pas comme ça que ça marche. Soyez bien. Soyez détendu. Évacuez la tension de votre visage et de vos épaules et, au bout d'un moment, interrogez-vous, interrogez votre voix intérieure, cette partie de vous qui a toujours été là quand vous étiez gosse, quand vous avez eu des chagrins d'amour, chaque fois que vous vous êtes senti rejeté, seul ou perdu, cette voix, cet espoir continuel qui vous dit qui vous êtes en dehors d'un tas d'organes et de membres, cette chose intimement mêlée à vos souvenirs, la lumière de vos espérances qui éclaire l'écran du savoir. Demandez-vous : « Est-ce que j'œuvre en ce sens ? », « Suis-je heureux ? », « Ai-je un problème ? »

Si la réponse est « oui », continuez.

Avant de commencer : vous allez beaucoup aimer suivre ce programme. Pourquoi ? Parce qu'il est fait pour vous et par vous avec l'aide d'une formule qui va tenir compte et contenir tout ce en quoi vous croyez.

Exercices de la 1re Étape

Êtes-vous con ?

Vous trouverez ci-dessous une liste de questions à vous poser pour vous aider à faire le point sur votre état ou votre addiction – peu importe comment vous l'appelez, car ce ne sont que des mots.

- **Que voulez-vous changer ?** Arrêter de boire ? Arrêter d'être tout le temps pendu à votre téléphone ? Arrêter de vous faire du mal ? Arrêter de fréquenter les mauvaises personnes ? Arrêter de penser du mal de vous ? Arrêter de mentir ? Arrêter l'héroïne ? Vous avez besoin de combien d'exemples de ce genre ? Je ne peux pas tout faire pour vous !

- **Quelle souffrance ou douleur associez-vous à ce changement ?** Je ne vais pas pouvoir m'adapter. Je ne vais pas pouvoir m'en passer. Les gens ne m'aimeront pas. Quelle est la vôtre ?
- **Quel plaisir vous donne votre addiction ?** J'adore ces gâteaux. Ça me soulage quand je m'automutile. Cette activité me fait sortir de moi-même.
- **Que se passera-t-il si vous ne changez pas ?** Mon mari va me quitter. Je vais aller en prison. Je vais grossir. Je vais continuer à être malheureux.
- **Quels bénéfices allez-vous en tirer si vous changez ?** Mon couple/ma santé/mon travail vont s'améliorer.
- **En quoi ce problème menace-t-il vos relations avec les gens que vous aimez ?** Mes amis ne veulent plus me voir. Ma copine se sent manipulée/pas respectée.
- **Ce problème a-t-il un impact sur votre réputation, sur le respect qu'ont les gens pour vous ?** Vous voulez des exemples ? Vraiment ?
- **Ce problème rend-il votre famille malheureuse ?** La réponse est évidente. Vous pouvez la trouver tout seul.
- **Ce problème a-t-il provoqué une maladie ?** Là encore, un peu de bon sens.
- **Allez-vous vers des gens qui vous permettent ou vous aident à avoir ce genre de comportement ?** C'est de la vraie introspection, non ?
- **Quel aspect du problème gêne le plus les gens qui vous aiment ?**

- **Quelles ont été les conséquences de votre problème sur les autres et sur vous-même ?** J'ai négligé mes enfants. J'ai harcelé mon mari. J'ai couché avec quelqu'un avec qui je n'aurais pas dû.
- **Qu'avez-vous fait par le passé pour essayer de régler, de contrôler, de changer ce comportement ?** Des régimes ? Vous fixer de nouveaux objectifs ? Déménager ? Acheter un nouveau chapeau ?
- **Quels sont les sentiments, les émotions et les états que vous avez essayé de changer ou de contrôler avec ce problème ?** La tristesse ? La solitude ? La peur ? Des problèmes de boulot ? Une vie de couple tristounette ?
- **Si cela prend tant de place dans votre vie, pourquoi n'avez-vous pas changé ?**
- **Êtes-vous prêt à faire le nécessaire pour changer, guérir et vous transformer ?**

Si la réponse est « oui », prenez un crayon et un papier (quoi, vous êtes dans le train et vous lisez ces mots sur votre téléphone ? Arrêtez de vous trouver des excuses !), et écrivez :

« J'admets que je suis impuissant sur... (l'addiction dont vous voulez vous débarrasser) et que ma vie, en l'état, est ingérable. Je ne peux pas affronter sans arrêt ce problème tout seul, avec mes connaissances actuelles. »

- 2 -

Pouvez-vous ne pas être con ?

Étape 2 : Nous en sommes venus à croire qu'une Puissance supérieure à nous-même pouvait nous rendre la raison.

Cette étape est celle de l'espoir. Nous venons d'admettre que nous avons un problème et que notre vie est devenue ingérable. Cette reconnaissance est violente pour l'ego, car c'est lui qui jusqu'à maintenant menait la danse, avec l'aide du comportement ou de la substance problématique, comme nous avons été obligés de l'admettre.

Après avoir admis que j'avais un problème, je me suis senti faible et pathétique. J'étais en miettes. Je déprimais à la simple idée d'arrêter de me droguer parce que ça me donnait l'aisance et la puissance dont j'avais besoin pour survivre. Le simple fait d'admettre que j'avais un problème avec la drogue n'a fait qu'accroître mon désespoir avant même que j'essaie de décrocher. C'est pourquoi il faut pouvoir espérer, espérer que l'on peut changer, espérer qu'il y a une autre voie. Et je peux vous dire, grâce à mon expérience personnelle et à ce que j'ai vu autour de moi, que c'est vrai. Si vous pensez que votre cas est moins désespéré que le mien, sachez qu'il y a des gens qui suivent ce programme pour guérir des addictions moins graves en apparence, comme celles à la marijuana, au sexe, à la nourriture, au *binge drinking*. À l'inverse, si votre cas vous semble pire que le mien, sachez que je connais des milliers de personnes comparées à qui, quand je me droguais, j'avais l'air aussi rebelle qu'un flic en train de danser avec une femme en bikini au carnaval de Notting Hill. Chip Somers qui, quand on le voit maintenant, a l'air d'avoir joué toute sa vie aux dominos dans une ludothèque, était un camé récidiviste qui avait des problèmes bancaires et relationnels. Maintenant, il ne boit plus, même de la caféine. Quel que soit le mal que vous voulez combattre, je peux vous trouver l'exemple de quelqu'un de lumineux et de bienveillant qui a sublimé sa vie grâce à ce programme. Cette méthode peut aider tout le monde quels que soient ses problèmes : des addictions « socialement acceptées » comme le tabagisme ou les relations toxiques, ou des histoires de dépravation à côté desquelles le film *Trainspotting* est un conte divertissant. Même si les histoires et les façons d'utiliser les 12 Étapes sont infinies, les sentiments qui poussent à faire ce travail sont toujours les mêmes : c'est un programme universel pour se sortir de toutes les addictions. Vous avez donc de bonnes raisons d'espérer.

> Vous avez déjà dû affronter des défis, intérieurs ou extérieurs, qui vous ont empêché de devenir la personne que vous étiez « supposée être » ou « capable d'être », et c'est sur cela que nous allons travailler.

Ce n'est quand même pas une raison pour vous croiser les doigts en attendant qu'un miracle « cosmique » ait lieu. Il y a de l'espoir, mais un espoir pratique et raisonné fondé sur l'expérience de ceux qui ont suivi le programme dont parle ce livre.

Il va y avoir de l'action, il va y avoir de l'analyse, il va y avoir du travail, des moments de libération, des sacrifices et de la souffrance. C'est dur de changer. C'est pour cela que l'on ne peut pas y arriver seul et c'est pour cela qu'il est vital d'espérer, sans pour autant devenir aussi crétin et jovial qu'un animateur d'émission matinale à la radio. Non, ce dont vous avez besoin, c'est de laisser doucement l'espoir envahir votre cœur. Respirez profondément et accueillez l'espoir. Et donnez-vous du temps. Pour pouvoir changer et bouger, vous allez avoir besoin de beaucoup d'autocompassion. Alors commencez juste par être un peu plus gentil avec vous-même et croire que la vie n'a pas besoin d'être si horrible que ça.

Quand on commence à vouloir gérer ou arrêter un comportement addictif, on est d'abord souvent envahi par un sentiment de désespoir. Si je me droguais, c'est parce que j'étais désespéré. C'était le meilleur moyen que j'avais trouvé pour gérer ça.

Une « Puissance supérieure à nous-mêmes »… Cette phrase est très, très compliquée. Comme beaucoup de gens souffrant de dépendance, je me méfie des concepts qui font réfléchir et ruminer nerveusement. Sommes-nous seuls dans l'univers ? Quelles sont les forces motrices de la nature ? Qu'est-ce qui est à l'origine de tout ça ? La notion du temps est-elle réelle ? Et c'est quoi ce putain de concept de conscience ? Il n'est ni utile, ni nécessaire, ni recommandé de s'aventurer dans ce genre de labyrinthe philosophique à ce stade de la guérison. Concrètement, une puissance est une force capable d'induire un changement. Et puisque l'on n'en a pas suffisamment seul, il faut en trouver une plus grande.

Dans l'Étape n° 1, nous avons admis que nous sommes « impuissants » face à notre addiction. C'est donc elle qui a du pouvoir sur nous. Ce n'est pas une puissance qui entrave, qui nous bloque, c'est une puissance qui nous domine. Ma propre addiction a régi mes choix durant presque toute ma vie au point que j'avais l'impression de ne pas pouvoir changer de mode de fonctionnement. Et pourtant, j'ai changé, de façon visible. Alors détendez-vous et ayez confiance.

Ce n'était pas si évident que ça pour moi, le 12 décembre 2002. Mon cas était désespéré. Si vous m'aviez vu, vous ne vous seriez pas dit : « OK, ce gars va s'en sortir. Il est à deux doigts de découvrir une Puissance supérieure à lui-même. » Non, vous auriez pensé que j'étais une épave, ce qui était le cas.

Je m'étais drogué toute la journée. J'étais allé au Bartok, un bar sur Chalk Farm Road dans le quartier de Camden à Londres et j'avais récupéré « deux de chaque » auprès de mon « pote » Gritty. Après les avoir pris dans les toilettes, j'ai décidé de « faire ma tournée » avant d'aller commencer mon programme au Focus, le centre de traitement en 12 Étapes pour les drogués et les alcooliques. J'étais typiquement le genre de personne qui avait besoin de faire l'Étape n° 1. J'étais malade et terrifié. Je ne pouvais pas m'arrêter de me droguer. Ma vie tombait en ruines et ça empirait de jour en jour. Et, surtout, je ne voyais pas d'issue.

Quelle que soit la puissance qui m'habitait à l'époque, elle n'était pas suffisamment forte pour me permettre d'arrêter de me droguer. J'ai donc fini par croire qu'une « Puissance supérieure à moi-même » pouvait m'aider à avoir une meilleure santé mentale, ce qui est arrivé. Elle m'a déplacée de là à là. Cette puissance m'a fait passer par quatre stades : j'ai rendu les armes, j'ai appliqué les 12 Étapes en pensée et en action, j'ai demandé de l'aide, j'ai changé ma façon de voir les choses.

Admettez que vous avez un problème et espérez que votre vie peut s'améliorer.

Même si, quand on lit ça sur une feuille ou sur son écran, on est en droit de douter, tout ce que l'on nous demande pour l'instant, c'est « d'aller mieux dans notre tête », ce qui signifie qu'à l'intérieur de nous, il y a une autre version de nous-mêmes qui attend. Une meilleure version. Tout au long de mon errance rabelaisienne qui provoquait des dégâts à la fois internes et externes, une autre version de moi attendait que je la trouve. Nous sommes en fait tous des entités organiques, comme les arbres, et nous avons un code caché au fond de nous, programmé pour être utilisé un jour. Un arbre ne doit pas affronter le même genre de défis qu'un mammifère fortement sociabilisé. Il peut être coupé, taillé, agressivement élagué ou encerclé de fil barbelé, mais personne ne dira de lui qu'il est trop gros ou qu'il ne fera jamais rien de sa vie. Dans votre vie, vous avez déjà dû affronter des défis, intérieurs ou extérieurs, qui vous ont empêché de devenir la personne que vous étiez « supposée être » ou

« capable d'être », et c'est sur cela que nous allons travailler. C'est pour cela que nous appelons ce travail une résurrection. On ressuscite le « vous » que vous êtes censé être.

J'utilise la 2e Étape chaque fois que je doute, chaque fois que j'ai besoin d'espoir : « J'en suis venu à croire qu'une Puissance supérieure à moi-même pouvait me rendre la raison. » Là, maintenant, dans la région du Lake District où je me trouve avec ma copine qui vient de devenir maman, momentanément cafardeux et ébranlé, de retour d'une virée shopping à Consiton, en larmes, avec notre fille dans les bras, j'ai de nouveau l'occasion de retravailler sur moi. Quand j'ai un problème, ma vie pourrait vite rebasculer. Si, par exemple, je disais à ma fille : « Écoute, je dois écrire. Débrouille-toi toute seule », j'aurais l'air d'un cinglé je le sais, mais c'est le genre de truc que je peux balancer. C'est le genre de pulsion égoïste que j'ai. Alors, quand je sens cette pulsion arriver, je me replace rapidement dans la situation du « partenaire » ou du « père », d'un gars qui ne dirait pas : « Je suis occupé » ou toute autre horreur qui sortirait de la bouche du gamin de Camden en 2002.

> Même si, comme moi, vous vous dites : « Oui, je suis accro. Je vais changer ma façon de boire, de manger, de penser, de baiser », la pulsion derrière tout ça va trouver une nouvelle forme d'expression, comme un champ magnétique déplaçant de la limaille de fer et qui continuera d'agir même si vous remplacez la limaille par autre chose.

J'admets que j'ai un problème : ma copine a besoin de temps pour elle. « J'en suis venu à croire qu'une Puissance supérieure à moi-même pouvait me rendre la raison. » C'est vrai. Le programme – qui est une Puissance supérieure à moi-même et à mon ancienne façon de penser – me dit que, là, maintenant que je suis seul, je dois renoncer immédiatement à mon ancienne idée (qui n'est pas, pour une fois, « Je dois prendre de l'héroïne pour être heureux » mais « Je dois écrire »). Le concept, c'est de lâcher prise, laisser faire la puissance, ce programme qui, dans ce cas précis, m'incite à aller mieux dans ma tête et à être un bon père et un bon compagnon. Et j'en suis heureux. Je suis heureux d'écrire ça de mon lit sur un air (plutôt cool en fait) de berceuse qui sort de mon téléphone, avec ma fille qui gargouille et roucoule de joie à côté de moi et avec – ça, c'est un miracle – ma copine qui dort. Vous voyez à quel point la scène aurait pu être différente ? Moi oui, et sacrément ! Ce bon vieux Russell n'aurait pas été capable de mettre son égoïsme de côté, n'aurait pas espéré qu'il y ait une autre solution et aurait disjoncté.

Vous pensez peut-être que – sauf si vous êtes vous-même connu – cet exemple n'est valable que parce que je suis célèbre. « C'est vrai, Russell. Tu es une star. Tu as une chouette maison et tu vas manger dans les meilleurs restaurants. » Eh bien, justement, la célébrité a des effets limités, comme d'ailleurs toutes les drogues incandescentes auxquelles j'ai goûté. Quand ton bébé commence à pleurer comme ma fille vient de le faire (je savais que je me vantais trop vite !) ou que tu te réveilles en pleine nuit complètement angoissé, ou quand tu es hanté par ta peur de la mort et de l'échec, la gloire ne sert à rien. Personne n'est célèbre quand il est assis sur les toilettes. Sauf, peut-être, Elvis.

2

Pour être clair, quand on a été pauvre et que l'on ne l'est plus, on n'est pas spécialement pressé d'aller à Pôle Emploi en braillant : « C'est encore moi ! Pouvez-vous me redonner ma misère et mon désespoir ? » Bref, tout ce que je dis, c'est que je suis célèbre et que je connais beaucoup de stars qui comptent parmi les gens les plus mécontents et les plus perdus que j'ai jamais rencontrés. Bouououoouh ! Oui, bouououoouh, mais il n'empêche que rien n'apaise la douleur que, pour rester simples, nous appellerons « addiction ». Je parie que, du trou marécageux de votre auto-apitoiement, vous pensez que Prince avait une vie de ouf ou que George Michael « s'éclatait ». Je pense que l'on peut dire sans se tromper que non. Ils sont allés jusqu'au bout de leurs rêves et ont découvert que, comme pour tous les mirages, ce n'était qu'une illusion. Soit un artiste se fait des amis grâce à la notion creuse de « succès », de « gloire », de « glamour », soit, comme on l'a vu et revu, il se retire dans une splendeur terne, avec des bougies au bout de longues allées surveillées par des vigiles qui posent un tas de questions.

Message de l'autre monde : la célébrité, le luxe et le glamour ne sont pas réels et n'aident pas à aller mieux, que ce soit par une paire de chaussures, une enfilade d'orgies, une carrière d'acteur ou l'adoration du public. C'est juste une suite de plaisirs imaginaires comme un passage nuageux. Quand ma copine a besoin que je me comporte comme un adulte, au lieu de me dire : « Dieu merci, je suis célèbre », je me réfère à mon programme. Le plus surprenant pour moi, l'ancien drogué au crack qui a fui son terrier sordide pour devenir un acteur célèbre, c'est d'être capable d'être un bon compagnon et un bon père.

La déception que l'on finit par ressentir vis-à-vis de la célébrité et de l'argent est la même que celle que l'on ressent vis-à-vis de la drogue et de l'alcool. J'ai d'abord essayé de la surpasser avec un détachement forcé et des déclarations combatives, en exprimant mon insatisfaction à travers mon comportement.

Puis, doucement (comme toujours), j'ai suivi mon programme. C'est comme ça que, de pauvre, on devient célèbre, puis on râle après le Système et on écrit un livre pour expliquer aux gens perdus comment se reconnecter aux autres. En ayant un programme. Mes tendances, mes dépendances, seront toujours là. C'est le concept de l'addiction.

À la 4e Étape, vous verrez comment les schémas et les croyances gouvernent nos vies et nous replongent encore et encore dans le désespoir. Chaque fois que je me libère d'une habitude douloureuse, mon état mouvant et malléable comme du mercure engendre un autre comportement. Je peux maintenant vous avouer que si je suis allé travailler à Hollywood, c'était dans l'espoir de réussir et d'en tirer suffisamment de gloire pour aller mieux. Mais je n'en avais jamais assez, car la gloire est, elle aussi, limitée. J'ai commencé à donner mon avis sur les problèmes de société dans ma série sur YouTube (*The Trews*) en me disant : « Je peux aider les autres. Je peux me servir de ma voix et de mon humour pour dénoncer l'hypocrisie et l'exploitation. » Mais à un moment donné, j'ai surkiffé le pouvoir que ça me donnait. Vous voyez, encore la puissance ! Toujours la puissance ! L'idée que quelque chose pouvait m'aider à aller bien. L'amour de ma propre puissance. Quand j'aide un groupe de militants de la classe ouvrière à garder leurs maisons ou que j'essaie de les sauver des griffes de la cupidité des entreprises, à un moment donné, je suis excité par la façon dont moi et mon ego pouvons nous attribuer ces succès. Si je ne suis pas vigilant, mes plus grands efforts, mes meilleures intentions, finissent par s'enfoncer dans le marécage de mon ego. Même si, comme moi, vous vous dites : « Oui, je suis accro. Je vais changer ma façon de boire, de manger, de penser, de baiser », la pulsion derrière tout ça va trouver une nouvelle forme d'expression, comme un champ magnétique déplaçant de la limaille de fer et qui continuera d'agir même si vous remplacez la limaille par autre chose. Ce n'est qu'en trouvant une autre force magnétique que l'on peut changer complètement. Cette force, cette puissance, peut être le programme des 12 Étapes si on l'applique consciencieusement. Cela peut être un groupe de soutien constitué de personnes partageant les mêmes idées. Cela peut être une conception originale ou traditionnelle de Dieu. Cela peut être la nature. Cela peut être un champ de conscience homogène qui explique tous les phénomènes. Peu importe. Vous avez le choix tant que c'est bienveillant et plus puissant que vous.

Exercices de la 2e Étape

Pouvez-vous ne pas être con ?

- **Est-ce que je pense que je dois changer ?** Oui. Relisez l'Étape n° 1 : « J'ai vraiment besoin de changer. Ma vie est inacceptable. Mon couple ne marche pas. Je ne suis pas heureux. »
- **Est-ce que j'accepte le fait que changer signifie penser/ressentir/agir différemment ?** Bien sûr, sinon je resterais le même ou je ne ferais qu'un petit pas en avant.

- **Est-ce que je connais des gens qui ont changé de façon aussi radicale que ça ?** Oui. Je connais Russell et des millions d'autres gens qui ont utilisé ce programme pour changer leur vie quelle que soit la gravité de leur problème par rapport au mien.
- **Ce changement va-t-il être facile et simplifié par des idées que j'ai déjà, des techniques que j'utilise déjà et des aides auxquelles j'ai déjà accès ?** Non. Ce programme va changer tous mes repères, ce qui peut faire peur. Mais je sais, ou du moins je crois, que je peux changer. Si cela a marché pour des personnes dans des situations pires que la mienne, cela marchera aussi pour moi.
- **Quelle est la Puissance supérieure ? La nature ? Une conscience au-delà des individus ? Le pouvoir d'un peuple réuni pour défendre une noble cause ? Décrivez ce que le terme « Puissance supérieure » évoque pour vous.** Je pense que le mystère de la création et les lois de l'univers sont très puissants. Je pense que l'amour qu'éprouve naturellement un être humain pour un autre est une puissance. Je pense que la volonté de souffrir pour une cause est une puissance. Je pense que la guérison d'une blessure est une puissance. Je pense que le sacrifice de Mohamed Ali pour ce en quoi il croyait est une puissance. Je pense que la musique de Mozart, le plafond de la chapelle Sixtine, le joueur de foot George Best sont tous liés à une puissance plus grande que moi. Les chances que j'aie eues dans la vie et les gens que j'ai aimés et avec qui j'ai été sont aussi une puissance. Il y a de nombreux exemples de puissances supérieures à moi, tout seul, avec mes addictions et mes pensées.
- **Ai-je des doutes, des préjugés, vis-à-vis de la spiritualité ? Est-ce que je crois qu'en voyant la vie autrement, je peux résoudre mon problème ? Quels sont ces doutes et ces préjugés ?** Oui. Je me dis parfois qu'il y a tellement de souffrance dans ma vie et dans celle des autres qu'il ne peut pas y avoir de Vérité suprême ou de Lien divin derrière tout ça.

Mantra

Conscience infinie, source de toute lumière et de tout amour, débarrasse-moi de mes doutes et de mes préjugés et donne-moi la volonté de croire que tu peux résoudre ce problème comme tu en as déjà résolu d'autres.

- **Que signifie « Puissance supérieure » pour moi ? Décrivez-le ici.** Quand je médite, j'ai l'impression de me connecter à une énergie créative et aimante qui est présente dans toute ma vie. Cette énergie a paraît-il toujours été là, est là et sera toujours là. Il y a donc un grand tout et j'en fais partie. Quand j'ai un avis sur la souffrance, ce n'est que ça : un avis. Je ne comprends pas et je ne peux pas comprendre le contexte global des événements qui surviennent dans un univers infini et éternel. C'est comme si, au cours de ma vie de mortel, j'essayais de comprendre l'histoire d'un film de trois heures en n'en voyant qu'une seconde.
  Je m'engage à essayer d'accepter l'idée que mes opinions, mes croyances et mes expériences sont limitées. Je vais m'ouvrir à de nouvelles croyances et de nouvelles possibilités. Je vais m'ouvrir à l'idée que je peux vivre mieux, être plus aimant et plus utile, même si je ne comprends pas entièrement comment il faut faire et comment cela sera.
- **Puis-je maintenant accepter le fait qu'une Puissance supérieure à moi-même œuvre dans le cosmos ?** Je ne suis pas obligé de le faire maintenant. Pour l'instant, je dois accepter que mes pensées et moi-même ne sommes pas le nombril du monde. Et ça, c'est facile, car c'est évident. C'est évident qu'il y a des forces plus fortes que moi aussi bien dans la nature que dans l'humanité.

- **Est-ce que je connais des gens qui ont changé de vie pour vivre selon des principes spirituels et qui sont éveillés, heureux et vrais ?** Oui, je connais beaucoup de gens qui, après avoir beaucoup erré, appliquent les 12 Étapes au quotidien et vivent avec détermination une vie pleine de sens et d'amour.
- **Est-ce que je veux être comme ça ?** Oui.
- **Est-ce que je connais des gens qui se sont connectés à une nouvelle Puissance et qui ont utilisé ce programme pour changer leur façon de vivre et leur façon de penser, et qui ont finalement trouvé la paix et une nouvelle voie ?**
- **Est-ce que je veux suivre leur exemple ?**
- **Encore une fois, ma vie ressemble-t-elle à cela ? Ou ai-je des problèmes avec les autres ? Des problèmes avec mes émotions ?**
- **Est-ce que je manque de détermination et d'énergie ?**
- **Est-ce que je crée des conflits et du chaos ?**
- **La vie est-elle dure pour moi en dehors de mes addictions (alcool/drogue/nourriture/sexe/achats/technologie) ?**
- **Suis-je déprimé ?**
- **Ai-je peur ?**
- **Suis-je utile aux autres ?**
- **Ai-je eu des comportements dans d'autres domaines de ma vie qui pourraient me servir maintenant si je les modifiais, par exemple ma certitude que la drogue, le sexe, la technologie, la bonne personne, un boulot ou du chocolat peuvent m'aider à aller mieux ?**
- **Est-ce que je voue une sorte de culte à la drogue, à mon téléphone, au sexe, au shopping ?**

- **Est-ce que je me sens capable de changer si j'utilise cette pulsion dans quelque chose de moins futile, de moins matérialiste, de moins creux ?**
- **Et si mon problème venait du fait que j'utilise mal une pulsion qui pourrait être positive ?**
- **Puis-je me connecter à cet amour en moi dont je me détourne parfois ?**
- **Puis-je me connecter à l'amour à l'extérieur de moi que je vois dans les autres ?**
- **Puis-je me connecter à cette Puissance que je vois partout dans ma vie ?**

Mantra

(à adapter avec vos mots à vous)

Puissance divine, Vérité suprême, Amour intérieur et extérieur, guidez-moi vers un autre Moi. Aidez-moi à me débarrasser de toutes mes anciennes pensées et préjugés pour que je puisse m'ouvrir à une « Nouvelle Voie ». Je demande à la puissance créative enfouie au fond de moi de me guider vers la personne que je suis censé être depuis toujours, de me chercher des relations et des expériences qui me rapprocheront de cette Vérité.

- 3 -

Allez-vous réussir à vous rendre moins con tout seul ?

Étape 3 : Nous avons confié nos volontés et notre vie au soin de Dieu tel que nous le concevions.

J'ai fait cette Étape avec l'aide d'un athée. D'ailleurs, à l'époque, j'aurais probablement dit que j'étais moi-même athée. Quand on la débarrasse de ses connotations religieuses, cette Étape devient : « Vous ne savez pas ce que vous faites – vous feriez mieux de décider de demander de l'aide. » Pour beaucoup d'addicts, c'est un gros cap à passer.

Si on revient d'un coup dans le présent (où vous êtes resté si vous n'aimez pas les voyages dans le temps), j'en suis maintenant à la 12e Étape, qui consiste notamment à s'occuper des autres. Je passe donc énormément de temps avec des addicts à différents stades de la guérison. Quand je rencontre des gens qui n'ont pas encore décroché, j'ai hâte de voir sur laquelle des trois premières étapes ils vont buter. Si c'est la première, ça veut dire qu'ils sont en plein déni : « Je n'ai pas de problème. J'aime boire dans la journée » ou « La cocaïne m'aide à rester mince. » Ils disent franchement des bêtises comme ça. À ce stade, on ne peut pas faire grand-chose pour eux si ce n'est admirer les remparts de la forteresse qu'ils ont bâtis autour de leur conscience.

Quand ils bloquent sur la 2e Étape, ils savent et admettent qu'ils ont un problème, mais ils n'arrivent pas à « commencer à croire » qu'il y a une meilleure voie. Ils disent des trucs du genre : « J'ai besoin de boire. C'est la seule chose qui m'empêche de devenir fou », « Je ne peux pas imaginer ma vie sans drogue. » Quand j'entends ça, je ne peux que leur raconter mon histoire, leur avouer que moi non plus je n'y croyais pas au début mais que j'ai réussi à changer, que ma vie actuelle est la preuve que c'est possible.

Quand les gens freinent des quatre fers à la 3e Étape, ça veut dire qu'ils acceptent qu'ils ont un problème, qu'ils croient qu'ils peuvent changer et que c'est possible avec de la volonté, de la détermination, du courage, de la force et de la ruse. Bref, ils pensent qu'ils y arriveront seuls et disent des trucs comme : « Je sais que je peux le faire » ou « Je peux avoir le dessus », ou « Ça fait si longtemps que je me débrouille seul que je vais continuer », ce à quoi je leur réponds qu'ils disposent de tous ces outils depuis le début mais qu'ils ne les ont pour l'instant pas beaucoup utilisés.

J'ai bataillé à chaque Étape et je les ai toutes abordées avec le désespoir d'un chien allant chez le véto. D'ailleurs, quand je les ai lues pour la première fois, je les ai magnifiquement ignorées et je me suis empressé de foncer dans la direction opposée, qui allait, bien sûr, vers le bas. J'avais peur de changer. Je m'étais conçu une stratégie de survie, pour le meilleur ou pour le pire, qui m'aidait à gérer mes sentiments. Et j'étais terrifié par ce que je pouvais trouver si j'arrêtais de m'en servir.

Une conseillère du centre où je me suis désintoxiqué, elle-même ancienne addict, m'a surpris un jour en me disant : « Comme c'est malin de ta part d'avoir trouvé de la drogue. Bien joué. Tu as trouvé une façon de rester vivant. » Ça m'a fait pleurer sans doute parce que cette femme, Jackie, ne me jugeait pas, ne me disait pas que j'étais stupide et ne me déclarait pas d'un ton péremptoire que « la drogue tue ». Non, elle m'a dit que j'avais eu raison de chercher quelque chose qui m'aidait à me supporter. C'est fou comme on se comprend entre addicts. Le fait d'être reconnu comme une personne qui souffrait et qui se battait pour survivre sur son chemin marécageux et embrumé m'a donné de l'espoir et l'impression d'être compris. Les addicts ont besoin de cette compassion entre eux pour pouvoir changer. Quand j'y repense, mes premiers jours de guérison ont été éclairés par des moments de complicité comme ça. L'addiction est une activité solitaire qui, quelle qu'elle soit, fait souffrir. C'est un comportement invisible, hypnotique, négatif, destructeur et douloureux qui se répète en boucle et qui vous paralyse. Le mouvement vous empêche de sortir du manège. C'est pour ça que les grosses crises sont souvent positives, car elles permettent de l'arrêter et donnent donc une occasion de changer.

À la Saint-Sylvestre 2002, alors que j'étais clean depuis soixante-dix jours, je me tenais dans un costume au tissu rugueux, à l'extérieur d'une sorte de centre civique à Guildford dans le Surrey où avait lieu une fête sans alcool et sans drogue. Il faisait noir et c'était beaucoup trop éclairé dedans avec les sourires radieux que seuls les gens qui ont décroché de l'alcool et de la drogue peuvent faire. Radieux, clean, radieux, « tout le monde va s'en sortir », sourires et les trois petits oiseaux de la chanson de Bob Marley.

« Tout le monde va s'en sortir »..., ce n'était pas mon pronostic. Tout le monde allait plutôt continuer à transporter sa merde. Cette nuit-là pouvait être jetée sur la pile de preuves qui montait aussi haut que la tour de Babel dans les cieux vides et qui ne dérangeait personne d'autre que moi. Preuve A, puissance 10 : cette nuit-là, sans boisson, sans sexe, sans fun, sans espoir, montrait, encore une fois, que je n'avais rien à faire ici, que la vie n'était pas drôle, qu'il n'y avait rien de motivant ou d'enthousiasmant. La joie est une distraction. Et, pour moi, l'alcool et les drogues sont les meilleures solutions pour gérer mon mal-être.

J'avais 27 ans et je suivais un douloureux programme d'autodestruction. Je me suis tourné vers Lucy qui, par chance, m'avait suivi à l'extérieur du centre où se déroulait ce désastre social et je lui ai lancé, avec ce que j'espérais être une incroyable gravité : « Ce n'est pas pour moi tout ça, Lucy, tous ces "oui, vous le pouvez", "dites juste non". Ce n'est pas mon futur. On ne repensera jamais à cette soirée en disant : "Russell était un drogué mais, grâce aux autres, à sa croyance en une Puissance supérieure et à sa motivation, il a complètement changé de vie." J'aime me droguer. J'aime boire. Je n'aime pas ces gens et je ne veux pas être comme eux. Mon histoire, c'est que je suis accro, que je vais rester accro et que je vais mourir avant d'avoir 30 ans. »

Je le pensais vraiment et, bien que ce soit entaché de narcissisme et d'auto-apitoiement, il y avait une part de sincérité dedans. Pourtant, grâce à une Puissance mystérieuse, je n'ai rien pris depuis. Ce n'est pas une histoire de volonté ou de chance, parce que j'en ai tout le temps eu. C'est grâce à un changement dans ma conscience survenu sous l'effet d'une nouvelle idéologie.

Cette idéologie va aider tous ceux qui sont prêts à l'accepter. J'ai eu personnellement beaucoup de mal à l'accepter. Je ne fais pas confiance aux gens et je ne fais pas confiance aux institutions. Je n'aime pas que l'on me dise quoi faire et je n'aime pas que l'on me dise que je ne suis pas maître de mon destin. J'ai commencé à voir la vie différemment parce que des gens ont été gentils avec moi, m'ont soutenu et m'ont montré une autre voie. Cela ne veut pas dire que je suis en train d'écrire ça, du haut de l'Himalaya, avec l'énergie cinétique que je produirais avec mes yeux. Je lutte encore. Mais je sais maintenant qu'il y a une autre voie dans mon esprit. Même si je peux toujours rebasculer dans l'enfer de Sky News ou de Babestation (une émission de sexe en ligne), je sais que je peux passer sur une autre fréquence et que, quand je le fais, je suis plus gentil et plus aimant, et je me sens mieux, surtout que je n'ai plus besoin de boire ou de me droguer pour ça.

Dans l'idéal, les trois premières Étapes devraient pouvoir être faites en trois temps, comme autant d'acquiescements : oui, j'ai un problème / oui, je sais que ça pourrait aller mieux / oui, je sais que j'ai besoin d'aide et je vais accepter de me faire aider. Quand on est dans cet état d'esprit, on a une chance de réussir. C'est comme ça qu'il faut être pour guérir.

S'il est écrit, dans la 1re Étape, « nous avons admis », c'est parce que nous savons que nous risquons de beaucoup tergiverser et procrastiner. Quand nous décidons de « confier notre volonté et notre vie » à autrui, cela veut dire que nous admettons avoir échoué malgré nos efforts pour prendre les rênes de notre vie, que nous avons besoin de nos addictions pour tenir le coup et que nous sommes incapables d'y mettre un terme seuls.

Quand nous prenons la décision de « confier nos volontés et nos vies », nous nous avouons mentalement et (espérons-le) spirituellement que nous ne pouvons pas nous en sortir tout seuls. Ça a été mon premier acte d'humilité. On a souvent du mal à dire « j'ai besoin d'aide » et on préfère manipuler les autres pour satisfaire nos besoins ou vivre tant bien que mal avec. La 3e Étape a donc eu un impact psychologique majeur sur moi : « Maintenant, je vais toujours demander de l'aide. » Comme pour la plupart de ces étapes, on va très mal quand on aborde celle-là, mais on persévère, jour après jour, car prendre la décision de « confier ma volonté et ma vie » nécessite un travail au quotidien.

> Quand j'étais addict, ma vie était une zone continuelle de perturbations dont je me protégeais par des comportements addictifs. Les échanges entre moi et le monde extérieur se résumaient plus ou moins à : « Je me sens seul – Fais l'amour », « Je suis triste – Bois », « Je m'ennuie – Mange un gâteau. »

Chaque matin, quand mon enfer mental était à son paroxysme et que mes vieilles habitudes reprenaient le dessus, je m'opposais mentalement au fait de « confier » ma journée. Un jour, quelqu'un m'a d'ailleurs demandé : « Qu'est-ce que ça veut dire "confier nos volontés et nos vies au soin de Dieu" ? Je préférerais mettre la mienne au micro-ondes. » Ça m'a fait rire, car l'idée de faire une boule de sa vie et de la lancer à la tête d'une présence bienveillante ne m'a pas paru comme étant la manière la plus intelligente d'affronter le désespoir. La 3e Étape consiste à demander de l'aide. Quand je remarque que je deviens agité, inquiet ou confus, je ne déboulonne plus comme avant. Je m'arrête parce que j'ai appris à mieux communier avec mes sentiments. Dans ma tête, ça donne ça : « Waouh, ce mail est vraiment méchant. Je déteste la personne qui me l'a envoyé. Cette personne doit vraiment me mépriser pour balancer ça. Je vais lui faire une réponse tellement grossière et percutante qu'il ne me dérangera plus jamais. » En général, quand je lis un mail qui ne me plaît pas... je sens que je me raidis... mon corps répond en premier... puis ma pensée se brouille et je me retrouve souvent à deux doigts de déclencher une série d'événements qui finiraient par me donner envie de boire, de me droguer ou de coucher avec quelqu'un. Bref, ma vie était truffée de challenges pouvant éventuellement me renvoyer à mes addictions. Maintenant que j'ai décidé de vivre autrement, je dois me le rappeler chaque fois que je suis confronté à un événement qui me remet mentalement en mode négatif. Ça arrive plus souvent que vous ne le pensez ou ne le remarquez. Ça m'arrive tout le temps. J'ai constamment besoin du soutien des gens qui suivent ce programme. Alors, quand je reçois un mail agressif et que ça me touche, j'appelle quelqu'un et je lui demande de m'aider. Ce simple petit geste perturbe (énormément !) mes vieux réflexes qui se résumaient à : « Ressens, réfléchis (peut-être !), agis. » Ce mécanisme est tellement enfoui en moi que j'en ai rarement conscience, c'est pourquoi je ne dois pas laisser passer les occasions de changer qui se présentent à moi.

> Si vous êtes comme moi, vous allez sans doute commencer à vous rendre compte que vous avez appris à vivre sans jamais être satisfait, jamais vraiment être content, que vous croyez qu'il n'y a rien de mieux pour vous. C'est faux.

Quand j'étais addict, ma vie était une zone continuelle de perturbations dont je me protégeais par des comportements addictifs. Les échanges entre moi et le monde extérieur se résumaient plus ou moins à : « Je me sens seul – Fais l'amour », « Je suis triste – Bois », « Je m'ennuie – Mange un gâteau. » C'était même encore plus basique que ça, encore plus inconscient. Quand j'ai « admis que j'avais un problème » avec l'alcool et la drogue, j'ai commencé à observer les pulsions qui me traversaient. Quand « j'en suis venu à croire » que je pouvais vivre autrement, cela m'a aidé à me poser et à prendre le temps de réfléchir. Quand j'ai « décidé de confier ma volonté », j'ai admis que, lorsqu'une pulsion me traversait, je ne pouvais pas faire confiance à mes pensées. J'ai admis que j'avais besoin d'aide.

Concrètement, ça veut dire qu'au début du programme, j'étais en permanence au téléphone avec des gens qui avaient décroché depuis plus longtemps que moi et qui supportaient mes supplications et mes lamentations (en gros, ma difficulté à vivre dans un monde où vivaient d'autres gens) exacerbées par un actif addictif solitaire. J'ai toujours trouvé difficile de vivre sur Terre, avec mes tensions naturelles en perpétuelle évolution et les morsures enragées des relations humaines. Je vivais dans un univers incertain et volatile. Je vivais sans plan précis. Quand on vous dit : « Il n'y a pas de livre qui explique comment vivre sa vie d'humain », c'est faux, il y en a des tas. Le problème, je pense, c'est ce que l'on en retient. Comment puis-je enchanter ma solitude avec la Bible complexe du roi James, des livres sur le désert ou des textes indiens sublimes et scabreux ? Comment peut-on, quand on est habitué à vivre par tranches de cinq secondes sans réfléchir, revenir aux sources et tendre les bras à Vishnou ou s'asseoir en paix avec Bouddha ? Dans le monde d'où je viens, on m'a toujours dit que le matérialisme était la solution à tout : « Trouve un boulot ! Fais du sport ! Trouve-toi une chouette copine ! Un loisir ! Plus d'amis ! Un téléphone ! Un diplôme ! Maigris un peu ! » Personne ne m'a dit : « Oublie tout ça et cherche la puissance en toi car le monde n'est que distractions et plaisirs. »

Certains disent que ce programme est une sorte de culte, qu'il endoctrine les gens. Personnellement, je trouve que n'importe quel groupe ou association avec un système de valeurs est un culte. Quand j'ai fait les 12 Étapes, je n'ai pas eu l'impression d'entrer dans une secte mais au contraire d'être libéré de celle où je me trouvais. Dans ma secte à moi, on me faisait croire que je ne valais rien, que j'avais besoin d'être célèbre pour être estimé, que j'avais besoin d'avoir de l'argent pour avoir une belle vie, que je devais m'affilier, m'associer et m'identifier en fonction de ma couleur de peau et de ma classe sociale, que mon rôle était de brûler ma vie par les deux bouts, que je devais vivre dans une noirceur seulement éclairée par des panneaux publicitaires et des écrans, que je devais toujours afficher le sourire de quelqu'un qui essaie de vendre quelque chose. Vendez-moi des téléphones, de la bouffe, des préjugés, des prix et des valeurs basses, une pensée basse du plafond : nous sommes prisonniers d'un culte par défaut, mais nous ne le voyons pas car il s'étend au-delà l'horizon.

Si vous êtes comme moi, vous allez sans doute commencer à vous rendre compte que vous avez appris à vivre sans jamais être satisfait, sans jamais vraiment être content, que vous croyez qu'il n'y a rien de mieux pour vous dans ce monde. C'est faux. Moi aussi, je me suis adapté au mal-être et me suis soigné avec des drogues, car je ne voyais pas d'autre solution. Dans ma culture et avec les croyances que j'avais, je ne pouvais pas changer. C'était impossible. Jusqu'à ce que je décide d'arrêter de me focaliser sur moi et de me tourner vers autre chose, ce que j'appelle parfois « le royaume caché » ou « la protection divine » telle que je « comprends Dieu », la seule et unique vérité se trouvant quelque part entre les mutations constantes.

Contrairement à la plupart des autres cultes, les 12 Étapes nous invitent à choisir notre propre version d'une Puissance supérieure. Ma relation avec Dieu, avant que je décroche, était plutôt mauvaise. Pour moi, c'était une autorité abstraite utilisée pour apaiser le plus grand nombre pendant que les autres agissaient en toute impunité. Ou bien je pensais que Dieu était un pis-aller utile pour expliquer les mystères de la vie en attendant que la science arrive à le faire. Ou que c'était juste une tentative peu convaincante pour m'amener vers une vie plus morale, comme l'émission de jeunesse *Blue Peter* ou un dépliant mettant en garde contre le Sida.

J'ai dû revoir ma conception de la transcendance divine quand ma petite vie de merde a explosé en mille morceaux. Disons plutôt que j'ai essayé de la revoir car, même si j'admettais que ma vie était désastreuse, je n'étais pas encore prêt à renoncer à toutes mes théories. Je me disais : « Je suis encore intelligent. J'ai bossé dur sur certaines de ces croyances. » Mais qu'est-ce qu'une croyance ? *Une pensée que l'on aime avoir dans son esprit.* Alors, quitte à l'avoir dans notre tête, autant qu'elle soit bénéfique, c'est-à-dire qu'elle améliore notre vie ou qu'elle nous aide à comprendre à quel point elle part en lambeaux. Sinon, je ne vois pas à quoi ça sert.

La 3e Étape nous aide à voir comment nos croyances agissent sur nous et quel est leur impact. Maintenant que nous avons passé la 2e Étape, celle où « nous en sommes venus à croire » que nous pourrions aller mieux, nous devons trouver comment y parvenir. Et, surprise, surprise, ce n'est certainement pas en continuant à agir comme nous le faisons.

Penchons-nous sur votre cas à vous un instant. Si vous avez acheté ce livre ou pris la peine de le voler, vous méritez que l'on s'intéresse à vous car vous avez admis que vous avez un problème. Et vous croyez que vous pouvez changer.

Allez-vous continuer à croire longtemps que vous pouvez lancer la machine tout seul ? Avec l'aide de quoi ? De votre cerveau ? De votre intelligence et de votre perspicacité ? Désolé de vous le dire, mais ce sont eux qui vont ont mis dans ce bourbier. Ne vous en voulez pas. Je suis sûr que vous allez moins mal que moi à l'époque. J'ai eu beaucoup de mal à changer ma façon de penser, bien qu'elle soit visiblement totalement inefficace. Je me disais souvent : « Moi et mon plan avons besoin d'encore un peu plus de temps, d'un peu plus de temps et d'une bouteille de vin… d'un peu plus de temps et d'une pipe à eau… d'un peu plus de temps et d'un plan à trois… pour me porter chance. »

Mon projet marchait en circuit fermé. Mon plan tournait en boucle, à grandes enjambées, dans une tranchée creusée par des années d'errance inconsciente.

Et si tu changeais de plan ?

Pas question !

(Soupir.) Bon, alors on refait la 1re Étape.

OK.

Bon, tu vois. Tu vas mal. Regarde. Tu l'as admis.

Oui.

OK. Parfait. Maintenant, passons à la 2e Étape. Ta vie pourrait être mieux que ça, non ?

Oui. Je l'ai dit. Oui.

Excellent. Maintenant, très lentement, réfléchis à ton plan, à ce que tu as dans la tête, avec ton cerveau, le cerveau que tu as depuis toujours et qui, cette fois plus que toutes les autres, ne va pas encore trouver ce qui cloche en toi ou dans « ton plan » auquel tu as tant de mal à renoncer.

Mais c'est mon plan. C'est moi qui l'ai conçu.

Et c'est super. Mais il ne marche pas. On en a eu la preuve. Et si tu faisais un compromis ?

Oui, oui, s'il te plaît. J'adore les compromis.

Et si tu essayais un nouveau plan, juste aujourd'hui, avec la possibilité de revenir à l'ancien s'il ne te plaît pas ?

Bon, d'accord.

Ha ! Enfin !

Acceptez-vous d'essayer de suivre juste un jour un nouveau plan ? Êtes-vous prêt à suivre des conseils, à vous faire aider ? Êtes-vous prêt à accepter que votre ancien plan a échoué ? Ce n'est pas votre faute. Ne vous en voulez pas. Acceptez-le, simplement. La possibilité d'un vrai changement s'offre à vous, d'une vraie liberté, de tout ce que vous avez cherché à travers de pâles répliques.

Exercices de la 3e Étape

Allez-vous réussir à vous rendre moins con tout seul ?

La 3e Étape consiste à accepter de se faire aider et à renoncer à son plan, un plan élaboré à l'aide de son « programme actuel » généré par ses pensées et ses sentiments. Il est en effet temps d'avoir une autre vision de la vie même si vous allez beaucoup tergiverser, comme moi qui ai souvent et violemment envie de reprendre les rênes de mon chariot hédoniste.

Demandez-vous :

- **Est-ce que je me sens insatisfait, limité, vide ou angoissé avec les autres ?** Oui. Je me mets en rogne contre ceux avec qui je travaille. Je trouve que ma copine ne me donne pas tout ce dont j'ai besoin. Ma famille ne me comprend pas.

- **Mes sentiments me poussent-ils à prendre (ou ne pas prendre) des décisions ou des mesures que je regrette après ?** Oui. Ça arrive tout le temps. Mes sentiments jaillissent et me submergent. Je me dis toujours : « Je n'aurais pas dû faire ci » ou « Je regrette d'avoir dit ça. »
- **Suis-je malheureux, déprimé, triste, ou ai-je une faible estime de soi ?** Oui. Je ressens tout ça. Je comprends pourquoi vous doutez de l'efficacité de mon plan.
- **Suis-je en proie à l'anxiété, au doute ou au perfectionnisme ? Est-ce que je m'invente des scénarios qui finissent par m'inquiéter ?** Oui. La plupart du temps, malheureusement. J'essaie d'anticiper l'avenir en espérant pouvoir le contrôler.
- **Est-ce que je commence à voir que mon plan ne marche pas ?** Oui. De nombreuses facettes de ma vie ne me satisfont pas. Ça veut dire que je dois en changer.
- **Est-ce que j'ai conscience d'avoir besoin d'un nouveau plan qui ne soit pas alimenté par mes pensées et mes pulsions pour avoir une chance de m'épanouir ?** Oui. J'admets que j'ai besoin d'un nouveau plan, d'une nouvelle voie. J'ai épuisé mon stock de méthodes personnelles.
- **Mon plan est comme un virus qui détruit mon cerveau. Puis-je y renoncer ? Suis-je prêt à suivre un autre plan ? Suis-je prêt à être guidé ?** Oui ! C'est bientôt fini ? Dites-moi quoi faire !

Nous sommes prisonniers d'un mode de fonctionnement qui ne marche pas. Les domaines listés ci-dessous vont vous aider à en sortir et à changer de perspective, car c'est généralement eux qui sont le terreau de la douleur et du malaise spirituel.

1 **L'orgueil** (ce que je pense que l'on pense de moi)

2 **L'estime de soi** (ce que je pense de moi)

3 **Les relations personnelles** (le script que je donne aux autres)

4 **Les relations sexuelles** (comme ci-dessus, mais pour les partenaires sexuels)

5 **L'ambition** (ce que je veux dans la vie, ma vision globale de mon « Moi » parfait)

6 **La sécurité** (ce dont j'ai besoin pour survivre)

7 **Les finances** (l'argent et la façon dont il influe sur mes sentiments)

Cette liste va vous être utile dans l'Étape suivante.

- 4 -

Notez tout ce qui vous pourrit la vie ou qui vous l'a pourrie sans mentir ni rien oublier.

Étape 4 : Nous avons procédé à un inventaire moral minutieux de nous-mêmes.

J'ai fui cette 4e Étape comme si je lui devais de l'argent. Elle me faisait chier. Elle me faisait chier à plein de niveaux. D'abord, je n'avais juste pas envie de m'asseoir et d'écrire d'un air appliqué tous les putains de trucs qui m'avaient perturbé dans la vie, qui m'avaient procuré une émotion, qui m'avaient poussé à agir, qui m'avaient fait disjoncter, bugger, qui m'avaient secoué mentalement quand je me forgeais mon « nouveau Moi ». Toutes ces fois où j'avais eu l'impression qu'un camarade de classe m'agressait, qu'un prof ne m'aimait pas, qu'un grand-parent n'était pas assez « Disney », que des filles ne me kiffaient pas, que j'avais perdu une bataille, que West Ham (une des équipes de foot de Londres) perdait, qu'un autre acteur d'un autre continent décrochait un rôle dans un film, qu'il pleuvait, qu'un gâteau d'anniv prenait feu, que ma mère riait trop fort à une fête, que mon train était en retard, que j'étais trop gros, que ma bite était trop petite, etc., etc. La liste est interminable. Bref, je galérais jusqu'à ce que je me souvienne des 1re, 2e et 3e Étapes : « Je suis con. Je peux m'améliorer. Je ferais mieux de faire ce que l'on me dit. » Sans parler de toutes ces fois où j'ai cédé à la tentation de regarder la télé, de regarder par la fenêtre, de m'enliser dans des relations stériles ou de lire ce que l'on racontait sur moi sur Twitter. Toutes ces heures accumulées qui se déduisent du total de ma vie. Ces distractions « futiles » ne sont pas des pauses que l'ont fait dans la vie. C'est la vie. C'est la vie et c'est la mort.

Pour vous donner une idée, il m'a fallu cinq ans et deux jours pour faire la 4e Étape. Cinq ans pour ne pas la faire et deux jours pour la faire. Pendant deux jours, j'ai écrit, écrit, je me suis rappelé, rappelé – et j'ai été méga-précis. J'ai mis tout ce qui me traversait l'esprit noir sur blanc.

La plupart des gens détestent faire un inventaire personnel. Grâce aux trois premières Étapes, j'étais clean et sobre depuis cinq ans et j'aidais d'autres addicts. Cet inventaire m'a aidé à reconnaître et à comprendre les nombreuses croyances complexes et entremêlées que je me trimballais et qui influaient sur mon comportement, mon mode de fonctionnement et mes habitudes. Ce n'est qu'à ce stade du programme que j'ai commencé à reconnaître clairement que mes addictions étaient le symptôme d'un problème plus profond.

Mon mentor (quelqu'un qui avait déjà fait les 12 Étapes) m'a demandé d'écrire le nom de tous les gens que je connaissais entre 0 et 5 ans, 5 et 10 ans, 10 et 15 ans, 15 et 20 ans, etc. Entre 0 et 5 ans, j'avais un tas d'amis, de parents et de voisins. La vie était simple à l'époque. Puis j'ai grandi. D'autres gens sont entrés dans mon existence et vous savez quoi ? Je leur en voulais plus ou moins à tous.

Après avoir passé ma vie en revue et écrit le nom de toutes les personnes, de toutes les institutions, de tous les objets, de tous les concepts à qui j'en voulais, je suis passé à la phase suivante. J'ai divisé un cahier en quatre colonnes :

J'en veux à	Parce que	Ça affecte mon/ma/mes	Mes fautes à moi
________	________	________	________

Dans la colonne de gauche, j'ai mis le nom de la personne, de l'endroit ou de la chose qui m'ont mis en rogne. Dans mon cas, c'était ma chère mère. Eh oui. Il faut être vraiment honnête et commencer par le commencement. Dans mon cas à moi, c'était : maman. Puis, dans la deuxième colonne, j'ai mis la cause de ma rancœur : elle a eu le cancer quand j'avais 7 ans. Elle n'y était bien sûr pour rien, mais peu importe. Le but de cet exercice n'est pas de justifier ou de blâmer qui ou quoi que ce soit. Le but est de faire l'inventaire de ses sentiments, des sentiments embrouillés que l'on comprend mal et qui forment la trame d'un mécontentement qui pousse inconsciemment les addicts à se détruire. Cette Étape permet de mettre en lumière des comportements impulsifs. Dans la troisième colonne, il faut mettre quel domaine cela affecte, c'est-à-dire, comme nous l'avons vu à la fin de l'exercice précédent :

L'orgueil – ce que je pense que l'on pense de moi.

L'estime de soi – ce que je pense de moi.

Les relations personnelles – le script que je donne aux autres.

Les relations sexuelles – comme ci-dessus, mais pour les partenaires.

L'ambition – ce que je veux dans la vie, ma vision globale de mon « Moi » parfait.

La sécurité – ce dont j'ai besoin pour survivre.

Les finances – l'argent et la façon dont il joue sur mes sentiments.

J'ai donc eu inconsciemment de la rancœur pour ma mère pendant vingt ans, jusqu'à ce que je sois clean, puis encore cinq ans, le temps que je fasse cet inventaire. Et voici les effets que cela a eu sur moi :

L'orgueil – Est-ce que cela agit sur l'opinion qu'ont les autres de moi ? Non, vraiment pas. Je ne mets donc pas de « O » (pour orgueil) dans la troisième colonne.

L'estime de soi – Est-ce que ça me fait culpabiliser, est-ce que ça me fait honte ? En fait, oui, parce que quelqu'un de ma famille m'a dit (et je l'ai cru) que ma mère était tombée malade à cause de moi, parce que j'étais méchant. (Ce qui a d'ailleurs donné naissance à une nouvelle rancœur sur laquelle il va falloir que je travaille séparément). Je mets donc « ES » dans la troisième colonne.

Les relations personnelles – Je n'avais pas vraiment prévu que le cancer viendrait s'immiscer dans ma relation avec ma mère. Il a donc eu un impact sur ma relation avec elle. Et cela a aussi beaucoup affecté mes relations amoureuses. J'ai toujours été trop dépendant des femmes. Je mets donc « RP » dans la colonne.

Maintenant passons aux *Relations sexuelles*. Inutile de déterrer et de réanimer ce bon vieux Sigmund Freud pour deviner que mes relations sexuelles ont été d'une façon ou d'une autre influencées par ma relation avec ma mère et sa maladie. Ma rancœur agit aussi sur ce genre de relations. Je mets donc « RS » dans la colonne.

Du coup, cela joue sur mon *Ambition* d'avoir une vie domestique normale et heureuse. Je mets donc « A » dans la colonne.

La sécurité, ma nécessité de satisfaire mes besoins personnels, a aussi, pendant longtemps, était affectée par cette rancœur. J'ajoute donc « S ».

Les finances. Cette dernière catégorie n'a pas été spécialement touchée. Donc, pas de « F ».

À ce stade, mon tableau ressemblait à ça :

J'en veux à	**Parce que**	**Ça affecte mon/ma/mes**	**Mes fautes à moi**
Ma mère	Elle a eu le cancer	ES / RP / RS / A / S	

Cette analyse de ma personnalité et de mon inconscient, ainsi que de leurs ramifications et de leurs conséquences, est bien sûr totalement subjective. C'est pour ça qu'il faut faire cet inventaire avec l'aide d'un mentor. La 5e Étape invite d'ailleurs à le partager avec au moins une autre personne, dans l'idéal celle qui nous a accompagné dans notre reconstruction. C'est cet aveu qui aide à prendre du recul. C'est un peu comme si nous réécrivions le passé. Nous changeons notre histoire. Nous nous reprogrammons. Nous savons qu'il n'y a pas d'histoire objective, juste des récits. Notre caractère est le fruit de ces récits que nous nous racontons à nous-mêmes. Et l'inventaire que nous faisons lors de cette Étape détruit la grammaire secrète et malveillante que nous avons créée et qui gouverne nos actes.

Il faut renoncer à vouloir agir sur les gens, les endroits et les objets. Ma mère, ma copine Laura et le gouvernement de la Corée du Nord ne sont pas obligés d'adapter leur comportement au gré de mes caprices.

À ce stade de l'inventaire, on nous rappelle qu'il faut renoncer à vouloir agir sur les gens, les endroits et les objets. Ma mère, ma copine Laura et le gouvernement de la Corée du Nord ne sont pas obligés d'adapter leur comportement au gré de mes caprices. Si, pour être heureux, j'ai besoin qu'ils se comportent de telle ou telle manière, je suis foutu. Je dois demander à l'univers, à mon Moi intérieur, à Dieu ou à quoi que ce soit de plus puissant que moi, de voir les choses autrement – de voir que mes sentiments ont un fort impact sur le monde extérieur. Ce n'est pas pour rien que l'on s'interroge énormément sur le salut de l'âme, que l'on se demande si les sacrifices ou certaines pratiques sur le plan humain peuvent donner accès à des royaumes surnaturels et matériellement inaccessibles.

Au bout du compte, on se contente d'accepter le monde tel qu'il est. En revanche, nous pouvons changer, chacun d'entre nous. Et c'est ce que nous révèle la quatrième colonne. Le mystérieux grand sage qui a conçu ce tableau conseille de se poser les questions suivantes. Pour vous aider, je vais reprendre l'exemple de la maladie de ma mère.

1 Où ai-je fait une **Erreur** ?

Quand ma maman est tombée malade, j'ai fait l'erreur de croire qu'elle pouvait agir sur son cancer – et je l'ai cru pendant trente ans.

2 Où ai-je été **Égoïste** ?

Je me suis autorisé à m'isoler pour me protéger parce que j'avais peur de perdre ma mère.

3 En quoi ai-je été **Malhonnête** ?

J'ai profité de sa maladie pour que les gens aient pitié de moi, culpabilisent et me chouchoutent.

4 En quoi ai-je été **Égocentrique** ?

Je n'étais pas égocentrique au point que ça pose un problème.

5 Qu'est-ce qui me faisait **Peur** ?

C'est la question la plus importante et, personnellement, les conclusions que j'ai tirées de mes réponses m'ont aidé à me libérer et à changer. Quand on a une vision biaisée de la réalité, c'est généralement à cause d'une peur associée à une croyance fondamentale, une croyance fondamentale qui est une ligne de code essentielle de notre malheur. Si on la trouve, si on l'affronte et si on la modifie, on peut se libérer. Donc, derrière ma colère par rapport à la maladie de ma mère, se cachait la peur de finir seul et de ne pas pouvoir prendre soin de moi-même. Cette fausse croyance est en arrière-plan de beaucoup de mes pires comportements. Et je parie qu'elle l'est aussi dans les vôtres.

6 En quoi suis-je **Responsable** de tout ça ?

Dans ce cas précis, je n'ai pas été clairement responsable de quoi que ce soit, hormis mes réponses aux autres questions.

7 Où ai-je **Fauté** ?

Cette question nécessite de regarder les « défauts » qui apparaissent généralement quand on a de la rancœur. Parmi eux, il y a : l'Arrogance, l'Avarice, le Mépris, la Lâcheté, la Cruauté, la Désobéissance, la Méfiance, la Domination, l'Envie, la Gourmandise, l'Impatience, le Refus de se repentir, l'Indifférence, l'Intolérance, la Jalousie, le Manque de discipline, la Paresse, la Luxure, la Méchanceté, une Ambition démesurée, une hyper-Sensibilité, l'Arrogance, l'Orgueil, la Pudibonderie, la Pugnacité, la Vengeance, l'Autoapitoiement, la Sensiblerie, la Honte (l'orgueil blessé), le Snobisme, la Timidité, la Vanité, la Violation du principe de confiance, le Gaspillage. Quand je suis troublé, déconnecté ou quand j'ai peur, j'ai généralement certains de ces défauts. Dans ce cas précis, c'était surtout l'Auto-apitoiement, la Sensiblerie, l'Intolérance et la Paresse.

8 Où ai-je eu **Tort** ?

Même si ça fait clairement doublon avec les points 1 (Erreur) et 6 (Responsabilité), cette question aide à identifier les gens qui ont souffert de notre attitude. Dans mon cas à moi, ma mère a été blessée par mon manque de disponibilité. Je dois donc m'en souvenir pour la 8e Étape.

Si on répond « honnêtement et sans peur » à toutes ces questions, on couvre tout le problème, à condition de le vouloir vraiment. À ce stade, mon schéma global ressemblait à ça :

J'en veux à	**Parce que**	**Ça affecte mon/ma/mes**	**Mes fautes à moi**
Ma mère	Elle a eu le cancer	ES / RP / RS / A / S	1. Erreur : **oui** 2. Égoïsme : **oui** 3. Malhonnêteté : **oui** 4. Égocentrisme : **non** 5. Peur : **oui** 6. Responsabilité : **non** 7. Faute : **oui** 8. Tort : **oui**

> Quand on souffre à cause d'un boulot que l'on n'aime pas, d'une relation dont on s'est détaché, d'un trouble alimentaire, d'une addiction à Facebook, de tabagisme et de fantasmes stériles, on peut rester assis, l'air boudeur, sur le tapis roulant du mécontentement et se laisser ainsi porter jusqu'au cimetière.

Une fois terminé, ce tableau sert d'aide-mémoire quand on présente en détail notre inventaire à la personne qui nous aide dans le programme et à laquelle on va donc se confesser à la 5e Étape – ou quand on le fait seul (ce que je ne vous conseille pas).

Quand vous aurez appliqué cette technique à vos vingt rancœurs phares, vous aurez une vision claire de vos modes de fonctionnement et de vos habitudes – avec vraisemblablement quelques ex, des membres de votre famille et toutes les personnes qui vous ont offensé (les tyrans de l'école, les grands-parents, les étrangers, Noël, la famille royale, les usagers de la route et Facebook) – et vous comprendrez mieux comment fonctionne votre vision du monde.

À vous maintenant de faire l'inventaire de vos Peurs. Soyez ultra-précis, surtout dans la quatrième colonne. Cette méthode va vous aider à débusquer votre peur primaire (et non une peur superficielle). Il faut la traquer jusqu'au bout comme si vous faisiez la chasse à un moustique tenace.

Imaginez par exemple que vous ayez peur d'aller à un entretien d'embauche. La peur superficielle qui se cache derrière ça est : « Ils ne vont peut-être pas me prendre. » Et alors ?

« Si je ne décroche pas ce job, je n'aurai pas assez d'argent. »

Là encore, que se cache-t-il derrière cette peur ?

« Si je n'ai pas assez d'argent, je serai pauvre, et si je suis pauvre, je ne pourrai pas subvenir à mes besoins. » Dans cet exemple, la peur primaire est : « Je ne pourrai pas subvenir à mes besoins. »

Ou alors, vous avez peut-être du ressentiment contre quelqu'un parce que vous avez voulu sortir avec lui (ou elle) et vous vous êtes fait rembarrer, ou parce que l'on vous a refusé votre demande d'amis sur un réseau social. « J'ai peur que cette personne ne m'aime pas. » Et alors ? « J'ai peur que personne ne m'aime. » Et alors ? « J'ai peur que personne ne veuille jamais être avec moi. » Et alors ? « J'ai peur d'être seul. » Peur primaire : être seul.

C'est bon de mieux se connaître, non ? De savoir que notre besoin de nous faire des amis sur Facebook ou de sortir avec quelqu'un vient de notre peur de la solitude ? Quand prévoyez-vous d'y remédier ? Envisagez-vous de passer toute votre vie (de mortel) avec cette peur en arrière-plan ? C'est quoi, votre plan ? Et vous vous demandez pourquoi vous êtes tellement à cran ? Au cœur de toute cette activité et de toutes ces interactions se cache une peur que vous ignorez. Il faut la trouver ! Vous avez besoin d'aide ! Par chance, vous lisez ce livre, espèce de fou. En revanche, vous ne pouvez pas affronter cette peur seul et trouver une solution avec votre conception du monde limitée et archi-biaisée, surtout que le problème a germé dans votre tête. J'ai fait cette Étape avec des hommes qui avaient déjà passé ce cap. Vous aussi, vous avez besoin d'aide.

Les trois premières Étapes ont leur juste part de mysticisme. La 1re avec son principe d'évaluation honnête et de capitulation. La 2e avec son message d'espoir. Et la 3e avec sa demande farfelue d'avoir la foi. Si vous avez trouvé ces trois Étapes difficiles, la 4e va vous permettre de souffler d'un point de vue spirituel, mais va vous demander de grands efforts concrets.

Les 4e et 5e Étapes sont comme des tâches administratives auxquelles on ne peut pas échapper. Jusqu'à présent, vous avanciez en approuvant des concepts abstraits : on ne peut pas contrôler les gens, les endroits et les objets / quand on essaie de contrôler sa vie, ça devient vite ingérable / il est possible d'agir autrement / il y a d'autres façons de vivre / quand on s'avoue vaincu, on ouvre d'autres portes…

J'étais, il faut bien le reconnaître, impuissant face à l'héroïne. Et il était évident que les gens qui me soutenaient dans ce programme avaient trouvé une autre voie. Il était aussi plus qu'évident que j'avais besoin d'apprendre à me comporter autrement. Quand on souffre d'addictions évidentes, la marche à suivre est du niveau de maternelle. Le problème, le symbole, est clairement identifié. Ça ne va pas être facile. Personne n'aime subir les effets du manque ou du *delirium tremens*, mais le problème a l'avantage d'être facilement identifiable. On peut aussi beaucoup plus facilement s'attaquer au problème du déni. En revanche, quand on souffre à cause d'un boulot que l'on n'aime pas, d'une relation dont on s'est détaché, d'un trouble alimentaire, d'une addiction à Facebook, de tabagisme et de fantasmes stériles, on peut rester assis, l'air boudeur, sur le tapis roulant du mécontentement et se laisser ainsi porter jusqu'au cimetière.

Nous devons faire le point sur toutes les croyances et les rancœurs qui peuplent notre vision consciente du monde. Si nous le faisons correctement, nous commencerons alors à voir quand nos croyances conscientes s'entrecroisent avec nos croyances inconscientes. Exemple : avant, je croyais que j'avais besoin de coucher avec un tas de femmes, ce qui, quand on ne prend pas la peine d'y réfléchir, est « culturellement acceptable », « cool », « amusant », « vivifiant », « inoffensif ». En revanche, quand on examine attentivement ce genre de comportement, on s'aperçoit qu'il est « désespéré », « pitoyable », « toxique », « solitaire » et qu'il est apparu ou que l'on l'a adopté pour gérer sa douleur. Quand on va sur Facebook, ou que l'on surfe d'un site à l'autre pour dépenser de l'argent, ou que l'on a tout le temps envie de sortir, quel besoin inconscient se cache derrière ça ? On ne le sait évidemment pas parce que l'on est tous les marionnettes de notre INCONSCIENT. C'est comme si notre croyance reposait sur des piliers nommés « il n'y a rien de mal à ça », « tout le monde le fait », « c'est la meilleure chose à faire ». Cette histoire de croyances a été gérée et, si possible, résolue dans les trois premières Étapes. Dans la 4e Étape, on va mieux comprendre la façon dont ces codes se combinent et renforcent certains comportements. Dans la 5e Étape, on va commencer à avoir une révélation qui ne peut avoir lieu que si l'on se connecte aux autres. Personnellement, cette Étape m'a obligé, pour la première fois, à remettre en cause beaucoup de croyances fortes auxquelles je n'avais jamais vraiment réfléchi : « Personne ne me comprend », « Personne ne m'aime », « Je suis seul », « Je ne vaux rien », « Je suis différent des autres », « On ne peut pas m'aimer. » Bref, je me trimballais mon lot de valises. Chaque fois que je capitulais devant ces croyances, je sentais comme un coup dans mon ventre et j'en étais encore plus malheureux.

Revenons à vous. Avez-vous des croyances sur vous-même que vous n'avez jamais dites à personne ? Des choses qui remontent aux vieux parquets craquants de votre enfance, de votre solitude, de la pénombre de votre âme solitaire. Des trucs que vous avez faits, dits, pensés, des trucs qui vous composent et vous dominent, des trucs honteux, des trucs sexuels, souvent solitaires mais pas toujours, parfois des trucs cruels envers des gens que vous aimez ? Ou des moments où la réalité semble se fissurer quand on vous regarde droit dans les yeux et que l'on vous dit : « Tu n'es rien ? » Et pendant un instant, vous voilà en train d'essayer d'encaisser la douleur, la douleur de paroles que l'on vous a dites, la douleur de ce qu'elles veulent dire sur vous ou sur la cruauté, sur le fait d'avoir blessé quelqu'un, de sentir les liens de l'amour se lier, s'étirer, se rompre et tomber, en vous, à l'intérieur de vous où vous êtes seul, absolument seul. Alors vous faites ce que tout le monde fait : vous l'acceptez et vous vous adaptez. Vous intégrez la douleur à votre histoire jusqu'à ce que vous n'en souffriez plus, jusqu'à ce qu'elle fasse partie de vous.

J'ai subi des attouchements quand j'étais petit et j'ai senti que je me déformais comme du verre flexible. Ce n'était pas si déplaisant que ça. Au moins on faisait attention à moi. Mais ça m'agaçait, comme un souvenir qui ne reviendrait pas, une pierre qui interromprait ma course sur mon chemin et que je ramasserais et transporterais avec moi dans ma poche, malgré la sensation désagréable qu'elle me procurerait. Je savais que je trouverais un moyen d'intégrer cet incident, de le coudre dans la trame de ma vision du monde. « Ma mère est souvent malade. » « Ils disent que je suis méchant. » « Mon père ne m'aime pas. » « Je ne suis pas en sécurité. » « Je n'aime pas l'école. » « Je ne suis pas à ma place. » « Les gens ne m'aiment pas. » « C'est moi qui ai rendu maman malade. » « Je suis méchant. » Jusqu'à ce que je me réfugie dans le chocolat, le porno et l'automutilation pour pouvoir supporter cette douce douleur qui me torturait. En avançant dans la vie, nous récoltons et nous rassemblons ce qui nous est familier. Le chemin se déroule devant nous au fur et à mesure que nous nous éloignons de notre foyer, jusqu'à ce que nous soyons trop loin pour nous rappeler que nous avons eu un foyer, un jour.

Cette Étape a été conçue pour vous aider à avoir une révélation. Elle doit donc être précise et détaillée, mais ne doit pas forcément être faite à plusieurs reprises. J'ai ainsi appris que l'apparente variété de ma vie chaotique était due à un ensemble de comportements, de pensées et de sentiments limités. En réfléchissant à ma vie, j'ai vu qu'un schéma simple suffisait souvent à créer le chaos.

J'ai fait cette 4e Étape avec l'aide de quelqu'un. En effet, après avoir fait son inventaire du mieux que l'on a pu, on « l'avoue à Dieu, à nous-mêmes et à un autre être humain ». Cet être humain est en général notre mentor ou notre guide dans ce travail, ou au moins quelqu'un en qui on a confiance et qui est bien avancé sur le chemin que l'on rêve d'emprunter un jour. Si, à ce stade du livre, vous n'avez pas encore suffisamment creusé un problème pour lequel il n'existe pas de groupe très présent sur Internet – comme pour l'alcoolisme, la drogue, l'addiction au sexe, les troubles alimentaires, la codépendance affective, les relations toxiques, le tabagisme, les dettes, l'addiction au travail, le jeu, les achats compulsifs, l'addiction aux nouvelles technologies –, je vous suggère de trouver quelqu'un appartenant à une association spécialisée dans votre problème pour vous accompagner dans ce travail. Vous pouvez aussi bien sûr fonder votre propre groupe si vous connaissez d'autres gens qui souffrent du même mal que vous et qui vivent près de chez vous. Je crois, et d'ailleurs je prie pour que vous fondiez des groupes de soutien pour tous les problèmes d'addiction actuels. Je prie pour que ces groupes soient le socle de notre évolution et aident à fonder une société basée sur des relations harmonieuses avec le monde intérieur et extérieur, sur l'amour et l'entraide, jusqu'à ce que notre système social bâti sur l'économie et des monarchies démodées soit obsolète.

Exercices de la 4e Étape

Notez tout ce qui vous pourrit la vie ou qui vous l'a pourrie sans mentir ni rien oublier.

Regardez le tableau pages 308-309. Dans la première colonne, il faut mettre ce qui vous a énervé. Donald Trump ou un gamin qui vous harcelait à l'école ? (Ça peut être la même personne, même s'il paraît que Donald Trump était sympa à l'école.)

Bref, ça peut être une catastrophe géopolitique ou quelqu'un qui vous a fait une queue de poisson sur la route.

Dans la deuxième colonne, mettez pourquoi ça vous a énervé : « Il m'a fait une queue de poisson » ou « Ils n'ont pas pris conscience de la gravité de la crise énergétique » ou « Ils préféraient ma sœur » ou « Il a abusé de moi. » Rien n'est trop grave ou trop dérisoire. Ma 4e Étape allait d'un extrême à l'autre.

Pour être sûr de ne rien oublier, faites la liste de tous les gens dont vous vous souvenez depuis votre naissance, de 0 à 5 ans, de 5 à 10 ans, de 10 à 15 ans... jusqu'à aujourd'hui. Je me suis ainsi souvenu de choses qui m'avaient énervé avec des gens que j'avais complètement oubliés. J'ai tout mis dans mon inventaire.

Dans la troisième colonne, vous allez essayer de trouver le domaine de votre vie qui est le plus touché par cette apparente (ou réelle) agression : l'Orgueil, l'Estime de soi, etc. ? Certaines rancœurs agissent sur les sept domaines, d'autres sur un seul. Et si elles n'agissent sur rien, alors, c'est quoi le problème ?

Pour mémoire, voici les sept domaines. Mettez ceux qui sont influencés par votre rancœur dans la troisième colonne.

1 **L'Orgueil**

2 **L'Estime de soi**

3 **Les Relations personnelles**

4 **Les Relations sexuelles**

5 **L'Ambition**

6 **La Sécurité**

7 **Les Finances**

Dans la quatrième colonne, celle de la révélation, écrivez comment vous avez réagi face à ce problème.

1 **Erreur** – Qu'aurais-je pu faire de différent ?

2 **Égoïsme** – Ai-je été égoïste sans m'en apercevoir ?

3 **Malhonnêteté** – Suis-je tout à fait franc à ce sujet ?

4 **Intérêt personnel (Égocentrisme)** – Suis-je en quête d'une satisfaction égoïste à laquelle je pourrais renoncer ?

5 **Peur** – Quelle peur se cache derrière cette rancœur ? Quelle peur en est à l'origine ? La peur de ne pas être aimé ? De finir seul ?

6 **Culpabilité** – Quelle est ma part de responsabilité dans tout ça ?

7 **Faute** – Lesquels de mes « défauts » apparaissent ?

8 **Tort** – Ai-je causé du tort à quelqu'un ? Vais-je m'excuser auprès de cette personne ? Vais-je lui rendre ce que je lui ai pris ?

Là encore, rien ne vous oblige à répondre à chaque question. En revanche, ça va vous aider à voir si et comment vous entretenez la douleur qui est en vous et pourquoi elle est là. Le but n'est pas de trouver un coupable (on n'est pas au tribunal !), mais d'avancer vers une nouvelle vision de la vie qui permet de vivre en paix.

Quand vous aurez dressé la liste complète de toutes les personnes et de toutes les rancœurs dont vous vous souvenez, choisissez-en vingt qui vous définissent d'après vous : relations familiales, partenaires amoureux, boulots, situations, puis remplissez la quatrième colonne avec.

Sélectionnez ensuite les vingt rancœurs qui vous rongent le plus, les grands jalons et coordonnées de votre âme. Je vous conseille vraiment, comme le fait d'ailleurs ce programme, de faire ce travail avec l'aide de quelqu'un qui l'a déjà fait et avec lequel vous vous entendez bien, c'est-à-dire pas quelqu'un dont vous êtes amoureux, avec qui vous partagez un vieux secret ou avec qui vous vous disputez sans arrêt.

- 5 -

Avouez à quelqu'un de confiance à quel point vous souffrez.

Étape 5 : Nous avons avoué à Dieu, à nous-mêmes et à un autre être humain la nature exacte de nos torts.

La première fois que j'ai fait cette Étape, c'était avec mon deuxième mentor. Même si mon problème était la drogue et le sien, l'alcool, ça n'avait aucune importance car les sentiments que nous éprouvions étaient les mêmes. Après la 4ᵉ Étape, je me suis retrouvé avec une bonne cinquantaine de pages A4 remplies d'une écriture et de sentiments denses. Certaines des « rancœurs » que j'avais notées étaient si consternantes et si honteuses que je pensais que personne ne pourrait jamais me pardonner. D'autres étaient si mesquines et si insignifiantes que j'en rougissais rien qu'à y penser. Je les ai lues à voix haute, une par une, en admettant mes « torts » à Dieu (le moi ultime ? la conscience pure ? la conscience spontanée ?), à moi-même et à un autre être humain. Cela s'est passé dans une magnifique maison de Malibu. J'allais commencer le tournage d'*American Trip*. J'étais à la fois étourdi et exalté, mais toujours insatisfait. Pourtant, après cinq ans d'addiction sexuelle exacerbée, j'étais prêt à rendre les armes. C'était un endroit merveilleux pour travailler même si je n'en ai pas vraiment profité, car je passais la plupart de mon temps, peut-être quatorze heures par jour, courbé sur les pages de mon inventaire, à démêler mes souvenirs et à les ajouter à ma liste.

J'avais choisi mon mentor parce que c'était un fou charmant et éloquent. Il avait eu sa part d'enfer et avait dix ans d'expérience de plus que moi. Il était empathique et gentil, mais pas sage comme un shaman, pas enveloppé d'un drap blanc. Et il n'avait pas non plus les yeux écarquillés et ne prenait pas la posture de la montagne comme au yoga. C'était juste un alcoolo qui avait réussi à arrêter de boire, un jour après l'autre. Comme moi. Comme vous. Il était toujours fou. En revanche, le programme ne l'est pas. Le programme est une porte de sortie de la folie pour quiconque veut bien le suivre. J'ai lu ma liste. Colonne 1 : *Ma rancœur*. Colonne 2 : *La rancœur en elle-même*. Colonne 3 : *comment cela m'a affecté*.

Ce monologue a eu sur moi un impact qui dépasse l'entendement. Quand je me suis entendu énumérer à haute voix mes peurs, mes haines secrètes et mes insécurités, ça a déchiré le voile derrière lequel je vivais tout seul. En voyant les comportements répétitifs qui régissaient ma vie, j'ai eu une révélation. J'ai compris que je vivais déjà selon les codes d'un programme, car un comportement répétitif est un programme. Cette confession a eu un effet profond sur moi qui peut se traduire par l'intitulé de cette Étape : « Nous avons avoué à Dieu, à nous-mêmes et à un autre être humain la nature exacte de nos torts. » Cette confession m'a replongé dans la globalité de mon être et dans la globalité du monde. Et ça m'a fait un bien fou. J'allais arrêter de tout compartimenter, de tout séparer. Je n'avais jamais eu conscience du rôle de la peur dans ma vie. Ma peur d'être rejeté, d'être seul me poussait non seulement souvent à agir inconsciemment, mais elle me faisait aussi chercher des relations qui ne permettaient aucune réelle intimité. Elle m'empêchait aussi d'avoir de vraies amitiés masculines et me faisait aller vers des gens qui n'avaient pas une bonne influence sur moi. La plupart des révélations que j'ai eues n'avaient rien à voir avec mon problème d'addiction. Elles concernaient le fonctionnement de mon cœur et de mes émotions. Si l'Épiphanie est une révélation divine, je peux dire que cette Étape a été une Épiphanie pour moi. Quand j'ai vu, écrits de ma propre main, les codes et les schémas qui m'entraînaient sans cesse dans les conflits et la confusion, j'ai été sidéré de découvrir que l'on pouvait les comprendre précisément. J'ai vraiment eu un choc quand j'ai compris que mon problème n'était ni l'alcool, ni l'héroïne, ni le crack, ni la boulimie, ni le sexe, mais un système biaisé de croyances issues de traumatismes et de hontes et qui m'avait inconsciemment servi de programme de vie.

Cette 5e Étape est merveilleuse. Elle m'a aidé à mettre un terme à la solitude et à l'isolement dont je souffrais et dont j'essayais de me guérir seul. Est-ce que j'en souffre encore ? Ai-je toujours un sentiment d'inutilité et d'inadéquation ? Une peur de la mort et de la solitude ? La première fois que j'ai partagé mon inventaire d'erreurs, de peurs et de haines avec « un autre être humain », il les a identifiées et les a fait disparaître en m'exprimant sa compassion pour ma détestation de mon propre corps, ma haine des gens que je « devrais » aimer, ma honte d'avoir été sexuellement abusé dans mon enfance… Chaque fois, mon mentor traversait ce fossé de douleur toxique qui m'isolait du monde et me disait que ça allait, que lui aussi avait eu ce genre de peurs en me citant des exemples précis.

> Mon enfance lourde et chargée est soudain devenue plus légère et plus douce. « Ma mère faisait de son mieux, et mon père aussi. » Oui, les gens font des erreurs car ils sont humains. Et je ne suis pas obligé de porter toutes ces erreurs et de les laisser gâcher ma perception du présent.

Faire cette Étape, c'est déclarer que l'on a l'intention de changer. La confession tient une part importante dans la plupart des cultes et est, bien sûr, le fondement de la psychanalyse. Freud et Jung écoutaient leurs patients parler de leur vie et de leurs douleurs. Les 12 Étapes, sous leur forme originale, conseillent de faire cette confession avec quelqu'un qui nous a guidés tout au long du programme, ou un ecclésiastique de quelque religion que ce soit, ou un professionnel de la santé. L'important est que cette personne comprenne le concept de cet exercice. Je ne vous conseille donc pas de le faire avec un type bourré sur un banc ou un chroniqueur du *Daily Mail* (un journal conservateur et populaire). Ils risqueraient de vous mordre.

Pendant des heures, mon mentor est resté assis, en fumant, à m'écouter pendant que je vidais mon sac. On tombait parfois sur un gros morceau : mon agression sexuelle, la maladie de ma mère, mes sentiments pour mon père qui m'avait abandonné, ma sexualité compulsive, les opportunités gâchées par la drogue, la façon dont je m'étais blindé. Je passais parfois d'une page de rancœurs insignifiantes à l'autre sans faire de pause. D'autres fois, il me disait d'arrêter pour analyser une rancœur qui ne me paraissait pas très importante et me montrer ou identifier un schéma particulier. Rien de ce que je disais n'était trop terrible, trop banal ou trop barbant pour lui. Tout l'intéressait et, au cours de cette conversation, il est arrivé quelque chose de surprenant : le voile qui me séparait des autres depuis toujours s'est soulevé, l'impression de déconnexion que j'avais toujours ressentie s'est dissipée. Le contraire de l'addiction est la connexion, c'est bien connu. Nous savons aussi tous que les comportements addictifs sont une tentative de se connecter aux autres comme, notamment, le bonheur éphémère de la drogue, de l'alcool, du sexe, du jeu, de la nourriture, toutes les pulsions qui nous font aller de travers, toutes nos tentatives pour traverser l'abîme, notre impression d'être séparés de notre « Moi », tous nos efforts pour nous relier au monde.

La confession rend humble, car elle oblige à reconnaître ses torts. J'ai reconnu mes torts quand j'ai avoué à voix haute mes plus terribles secrets. Pour la première fois, ça m'a aussi donné l'occasion de me plonger dans mon catalogue de croyances et de préjugés, en les énonçant à quelqu'un d'autre, en m'entendant les dire : « Parfait, mais as-tu considéré ça sous cet angle ? » Cette Étape m'a aidé à voir mon passé différemment, passé qui a joué un grand rôle dans ce que je suis devenu. J'ai eu l'impression de pirater mon propre passé. De déceler toutes les informations mauvaises et erronées avec lesquelles j'avais vécu sans m'en apercevoir. Et, avec l'aide d'un autre homme, de réinitialiser les croyances que je m'étais fabriquées quand j'étais petit et que j'avais toujours eu trop peur de modifier.

Mon enfance lourde et chargée est soudain devenue plus légère et plus douce : « Ma mère faisait de son mieux, et mon père aussi. » Oui, les gens font des erreurs car ils sont humains. Et je ne suis pas obligé de porter toutes ces erreurs et de les laisser gâcher ma vision du présent. Même si c'est terrible d'avoir été abusé sexuellement, ce n'est pas une raison pour le revivre consciemment ou inconsciemment dans ma vie d'adulte. Ma perception de la réalité, même de mes souvenirs, n'est pas objective ou absolue. Elle est biaisée et elle peut être modifiée. On peut reprogrammer son cerveau. En revanche, on ne peut pas y arriver seul, parce que les tendances, les habitudes, les addictions finissent toujours par ressurgir, comme une vague. Avec ce programme, avec le soutien des autres et avec sa puissance mystérieuse qui aide à changer, on peut voir les choses sous un autre angle et avoir une nouvelle vie.

J'ai appris que je n'avais pas à avoir honte, que je pouvais réparer les torts que j'avais causés, que je pouvais affronter la peur que j'avais toujours fuie, que je pouvais lutter contre mon sentiment d'inutilité. Pourquoi ai-je choisi de me punir pendant si longtemps ? Parce que je ne savais pas que j'avais le choix. Et parce que je n'avais pas envie de faire ce travail. Quand on y réfléchit bien, notre vision personnelle de la vie est très suspecte, car elle tient rarement compte de l'immensité cosmique dans laquelle nous vivons et de l'infime grâce qui nous porte dans la vie. Rassurez-vous, je ne me réveille pas tous les matins en me disant : « Waouh, je suis sur une planète, dans la Voie lactée, dans l'espace infini, et j'ai reçu en cadeau la pleine conscience, le don du langage, des poumons pour respirer et un cœur qui bat. Non, je n'ai rien de tout ça, ni le don de comprendre les Grands Mystères (je sais juste que je suis né et que je vais mourir) et tout ce qui se trouve de l'autre côté de cette matière passagère et de cette petite anicroche personnelle dans l'espace infini de l'éternité. Mais je sens des choses. Je sens l'amour et la douleur. Et j'ai des sens. Quel magnifique cadeau ! Je peux comprendre, créer et servir les autres ou je peux me perdre dans la sensualité et les plaisirs. Quel mystère phénoménal ! » La plupart du temps, je me réveille juste un brin angoissé et avance d'un pas solennel sur l'étroit chemin de la survie : « Je vais boire un café. » « Je vais essayer de ne pas m'emparer de mon téléphone dès que je me réveille, de ne pas mendier comme un chien mal élevé à table pour avoir des miettes numériques, un petit morceau d'approbation, un texto. »

En faisant mon inventaire, j'ai appris que je pouvais influer sur mes pensées, que j'avais le choix. Avant, une pensée lubrique en amenait une autre. En faisant mon inventaire et en le partageant, j'ai pris du recul, j'ai compris que mes pensées étaient en fait la première couche du « monde extérieur ». Je ne suis pas mes pensées. Je les observe. Donc maintenant, si je me mets à penser au sexe, les bons jours, je repère le mécanisme suffisamment tôt pour avoir avec le choix : « Ai-je intérêt à aller sur cette voie ? Sur ce boulevard bordé d'arbres croulant sous les fruits de la tentation ? Est-ce que ça va me faire du bien ? Ou devrais-je plutôt observer ma respiration, ralentir, prendre mon téléphone et en parler à quelqu'un en qui j'ai confiance, lui avouer que mon esprit, mon méchant petit esprit est sur le point de balancer ma vie du haut d'une falaise pour quinze minutes d'amusement léger ? »

Avouer ses péchés est un rituel reconnu dans presque toutes les cultures. La version proposée pour la 4e et la 5e Étape est fonctionnelle, moderne et lucide. Elle admet que l'erreur est inévitable et que la difficulté de vivre dans son propre corps engendre des pulsions et des envies irrépressibles. J'ai entièrement vidé mon sac, ce qui m'a permis de mieux me connaître. J'ai compris qui j'étais et qui je n'étais pas. J'ai compris que j'avais le droit d'être imparfait et que l'on pouvait m'aimer en dépit de mes insuffisances, entier, complètement et parfaitement, libre de tout conflit et de toute contradiction.

Pendant environ une heure.

Puis mon mentor est reparti en Angleterre et l'agent immobilier qui nous avait loué la maison pour la semaine nous a appelés pour nous dire qu'un couple qui venait la semaine suivante voulait la visiter. Rien de bien redoutable, vous dites-vous, surtout pour quelqu'un qui venait de laver son âme. Voici ce que je lui ai répondu : « Pas question. J'ai loué cette maison pour être peinard et je veux que l'on respecte mon intimité. Je ferme le portail et si j'entends la sonnette sonner, je lâche les chèvres et les poules (il y en avait) et j'inonde tout. » L'agent immobilier était si furieux qu'il (j'espère que c'était un homme) a appelé le shérif de Malibu (il aurait quand même pu y avoir un représentant de l'ordre moins effrayant dans cette histoire !). J'ai donc dû quitter les lieux en douce pour aller me cacher dans une cabane sur la plage le temps que ça se calme. Vous voyez, je reste humain, avec pas mal de défauts. En revanche, j'ai pu ajouter l'agent immobilier à mon nouvel inventaire et identifier clairement quels « défauts » avaient ressurgi et provoqué ce regrettable incident. Je ne me suis toujours pas excusé auprès des chèvres et des poules.

La dernière fois que j'ai fait la 5e Étape, j'ai moins peiné. J'ai identifié vingt rancœurs qui me caractérisaient et je les ai lues à trois personnes différentes. Comme ça fait quatorze ans et demi que j'ai décroché, je connais beaucoup de gens qui sont cleans depuis plus longtemps que moi et ont plus d'expérience que moi. Dans sa version la plus pure (et probablement la meilleure des douzaines de traductions et de répliques), *Le Gros Livre des Alcooliques Anonymes* conseille de faire la 5e Étape avec un médecin, un ecclésiastique ou un étranger. Personnellement, je trouve ça un peu exagéré, surtout quand on sait la difficulté d'avoir un rendez-vous chez un médecin. L'important est de le faire avec quelqu'un qui comprend l'esprit de ce que l'on fait, c'est-à-dire quelqu'un qui se rend compte que l'on se met à nu, que l'on dévoile des facettes de soi que l'on avait toujours cachées, sans tricher ni avec les autres ni avec soi-même. Je vous recommande de demander l'aide de quelqu'un qui a déjà fait les 12 Étapes ou est passionné par une autre idéologie. Si j'avais le choix, je choisirais la présentatrice vedette Oprah, l'écrivain Eckhart Tolle ou le dalaï-lama. En revanche, ne confiez pas vos plus grands secrets à quelqu'un qui ne vous aime pas ou qui vous aime trop.

Il y a trois points de connexion. La connexion au Moi ordinaire et terrestre qui est une étape fondamentale de la prise de conscience. Il faut aussi se connecter à un Moi supérieur, à une conscience calme, toujours présente à l'intérieur de soi, que certains appellent Dieu. Et enfin, il faut se connecter aux autres. Si vous êtes comme moi, c'est loin d'être évident. La vie avec mes pairs m'a toujours parue compliquée. Je préfère m'étendre sur le ventre pour mater *Star Wars* à la télé comme dans les années quatre-vingt ou être allongé sur le dos complètement défoncé ou perdu dans la jungle de limbes inconnues à chercher Dieu dans le visage d'étrangers. Je me connecte désormais beaucoup avec des hommes et des femmes, et d'autres gens qui ont eu la même expérience que moi. Je ne pourrais pas rester clean et rester connecté de cette façon, complètement nouvelle pour moi, sans l'aide d'un autre. Quand je suis seul, je retrouve toujours mon bon vieil égocentrisme, puis mes pulsions autodestructrices. J'ai besoin d'être dans des groupes. J'ai besoin d'avoir un numéro, d'appartenir à une communauté. Même si rien dans mon apparence extravagante ou dans mon comportement, ma coiffure ou mon mode de vie ne le montre, j'ai toujours été attiré par la solitude, l'isolement et l'individualisme. Même si ce programme peut être fait seul, c'est-à-dire que l'on peut lire ce livre dans son coin ou dans une cellule si l'on n'a pas d'autre choix, il faut se reconnecter aux autres pour changer et s'épanouir vraiment. Y a-t-il un Moi sans échanges et raisonnements ? Qui sommes-nous quand nous sommes seuls ? Nous nous définissons *via* nos relations. Nous devons appartenir à une communauté.

Quand j'ai fait la 5e Étape, j'ai senti l'aquarium de l'isolement se fissurer. Quand j'ai écouté d'autres hommes lire leur inventaire, détailler leurs douleurs et leurs hontes, j'ai senti l'amour jaillir de moi. Dans ces moments-là, je sens un lien, une chaleur, et je sens ma tendance naturelle à l'égocentrisme diminuer. Les gens avec qui j'ai tissé des liens fondés sur la vulnérabilité et la volonté de s'entraider m'invitent à explorer de nouveaux aspects de ma personnalité. Nous vivons dans une société où nous devons tous (les individus et les nations) lutter pour accéder aux ressources. On nous dit que c'est dans notre nature. Le problème, c'est que ma nature ne peut plus le supporter. Je deviens trop seul, prisonnier de mon corps.

Je suis un homme différent quand je suis avec des gens qui me conseillent gratuitement. Je leur dis : « Je ne me supporte plus, je ne supporte plus d'être en couple, de bosser, d'être. » Et, grâce à leur expérience et à ce programme, ils m'aident à me débarrasser de mon impression de décalage et de mon désespoir, et me reconnectent aux autres. Quand ma dernière grande histoire d'amour a pris fin et que je suis revenu des enfers, en quête de bien-être et de paix, c'est vers cette communauté, rassemblée autour d'une blessure commune, que je me suis tourné. Chaque fois que je pense pouvoir trouver le bonheur dans le monde matériel et que j'échoue, je reviens vers eux. Je crois que je comprends ce que les religions veulent dire quand elles parlent d'idolâtrie car, quand j'oublie de me connecter à moi-même, à la nature et aux autres, à mon « idole », à ce qui pour moi représente le divin, j'ai des ennuis. Quand on leur retire leur grandiloquence, les grandes déclarations comme « Ne vous enfermez pas dans vos relations avec les autres ou avec l'argent » redescendent de leur nuage pourpre et sonnent à mes oreilles comme les sermons de mes grands-parents. Et j'ai tendance à croire qu'elles vont me sauver.

Avant de faire ce programme et de me laisser guider par d'autres, soit j'étais dans une relation amoureuse légère et étourdissante, soit j'avais un besoin incessant de faire l'amour. C'était ma façon à moi de gérer les sentiments intenses qui me traversaient. Les 12 Étapes donnent des outils pour gérer cette intensité soit en devenant plus serein, soit en redirigeant cette intensité ailleurs, pour la rendre moins néfaste.

Quand une relation ne me procurait plus ce genre de sentiments intenses et partait dans tous les sens, les gens avec qui je faisais ce programme étaient là pour moi. Quand j'appelais tard le soir, d'endroits bizarres, du genre d'endroits où l'on se retrouve après une dispute nocturne (le lobby d'un étrange hôtel de campagne), mon copain James était là pour m'empêcher de tomber (dans le vrai sens du terme) : « On dirait que ça ne va pas fort entre vous. Tu veux en parler ? » Après avoir écouté le récit de mon naufrage, Jimmy me parlait des relations difficiles qu'il avait eues, me faisait prendre du recul par rapport aux derniers mois et arrivait très gentiment à me faire voir où j'avais déconné. Et, surtout, il me faisait remarquer que l'on n'était pas partis du bon pied avec ma copine. En passant en revue tout ça et en parlant, on comprenait comme je fonctionnais en amour et que mon besoin de romance, mes pulsions, étaient difficilement compatibles avec la réalité de la vie à deux. Avant, comme la plupart des gens, je considérais les histoires d'amour comme l'ultime solution. Je pensais qu'une femme pouvait me sauver : l'âme sœur, la seule et unique, le véritable amour. Depuis des siècles, on nous incite à vouer un culte à l'amour sous prétexte que sans lui, on serait incomplet, malheureux, imparfait. En général, ce désir ardent qui m'habite me pousse à aller surfer sur la vague de l'amour romantique alors que je devrais plutôt m'en servir pour communier avec mon Moi supérieur et essayer d'avoir de vrais liens affectueux avec les gens. C'est pour cette raison que je me sens si bien avec les autres addicts. Quand les addicts se retrouvent, quelle que soit leur addiction, ils le font parce qu'ils savent qu'ils ont besoin d'aide et qu'il y a de l'espoir. Comme une tribu marquée par les mêmes rites initiatiques, ils portent les mêmes cicatrices. Nous devons créer plus de groupes comme ça, fondés sur des besoins communs.

Je suis souvent d'humeur bagarreuse et maussade quand je vais à une réunion des 12 Étapes. Mais lorsque j'entends les autres parler ouvertement de leur douleur, je sens la muraille qui me protège s'effondrer. J'ai assisté à des réunions de ce genre aux quatre coins du monde et je me suis connecté à des gens qui, à première vue, avaient l'air d'une espèce différente de la mienne. Quand je pense à la solidarité que je ressens dans ces groupes, une image me vient en tête. Je m'imagine en train de marcher dans une rue animée, de croiser l'habituelle foule de visages lugubres, d'anonymes que l'on se contente de frôler ou d'être assis dans les transports en commun au milieu de gens qui ont tous le teint blafard, lisent des torchons ou s'enfilent un mauvais sandwich et que seul le terrorisme peut rassembler. Dans les groupes où l'on se retrouve parce que l'on a mutuellement besoin les uns des autres, l'impression est différente : c'est comme si l'on marchait dans la foule anonyme du métro ou d'une ville et que quelqu'un levait les yeux vers nous et nous disait ce que l'on a sur le cœur : « Je me sens piégé dans mon mariage », « Je n'ai jamais réussi à surmonter le fait que j'ai été violé », « Je suis seul. » Grâce à ces vérités silencieuses et universelles, mon monde n'est plus rempli d'étrangers et de visages gris, car je ne peux pas m'empêcher d'aimer les gens qui comprennent la douleur qui me ronge. Même si la mélodie est différente, quand j'entends des gens parler honnêtement, je sais que les notes qui résonnent dans leur cœur sont les mêmes que celles qui résonnent dans le mien. Je sais que, même si la mélodie n'est pas la même, la racine est la même.

Je suis moi-même mentor de plusieurs types. Je sais… Ils m'appellent pour me parler de leurs problèmes. Je sais ! Libéré de mon égocentrisme et guidé par la feuille de route du programme, je peux voir clairement vers où ils devraient aller et je peux les aider. En m'entendant leur dire combien il est utile de « lâcher prise », de « méditer », d'« être honnête » ou d'« être reconnaissant », je comprends à quel point cette sagesse ordinaire, cette vérité universelle, s'applique à mes problèmes. Leur gratitude dope mon estime de soi : « Ces gens me font tellement confiance que je ne dois pas être si minable que ça. »

Donc, quand je suis plombé par les vicissitudes de la vie ordinaire, je me surprends à me sentir relié par des ondes positives à ces gens qui ont les mêmes blessures que moi et avec qui on s'entraide gratuitement. La seule chose que l'on attend les uns des autres, c'est la vérité et le soutien. Grâce à ces liens invisibles, je ne vis pas uniquement dans un monde défini par la compétition et le commerce. Je suis relié invisiblement à d'autres par l'envie de vivre dans un monde meilleur. Grâce à la popularité grandissante de ce programme et à la technologie, on peut se connecter à tout le monde. Mon ami Kevin Cahill, qui a dirigé l'association caritative Comic Relief pendant des années, m'a parlé d'un groupe de soutien de femmes dans un bidonville indien où elles parlaient de violences conjugales et de la façon dont elles pouvaient y survivre et s'en libérer. Il m'a raconté qu'une de ces femmes avait expliqué comment elle avait affronté son mari et l'avait fait pleurer et promettre de changer en lui disant à quel point elle souffrait de sa violence. Même si on ne connaît pas la suite de l'histoire, Kevin m'a dit que cela avait fait beaucoup réagir les autres femmes : « Comment as-tu fait ? Qu'a-t-il dit ? » En l'écoutant, j'ai été surpris de voir à quel point l'esprit de communauté et d'entraide fonctionnait, même pour des gens qui avaient une vie beaucoup plus dure que la plupart d'entre nous. Le programme en 12 Étapes est, pour moi, une philosophie populaire qui essaie sans cesse de germer, une façon simple de se connecter à soi-même et aux autres, d'accepter les clauses de la vie et de la mort.

Quand je souffre, je me sens vraiment seul et désespéré. Pour me soulager, j'appelle souvent un autre addict par réflexe. Je continue à fréquenter des groupes de soutien parce que j'ai besoin que l'on me rappelle sans cesse que, si je ne fais rien pour aller mieux, je peux avoir un comportement très destructeur. Et, surtout, j'ai besoin que l'on me rappelle que je ne suis pas le seul à être désespéré, que c'est temporaire, que je suis juste un être humain qui essaie de vivre sa vie. Si nous pensons tous être seuls, à quel point le sommes-nous vraiment ? Si nous nous trouvons tous nuls, à l'aune de quoi pouvons-nous mesurer la nullité ? Ce programme est un outil personnel et commun qui nous aide à voir la vérité que les croyants connaissent depuis longtemps et que les scientifiques ont prouvée : toute l'énergie qui existe a toujours existé et existera toujours. La forme et la séparation sont temporaires. Nous formons un seul et unique tout.

Exercices de la 5e Étape

Avouez à quelqu'un de confiance à quel point vous souffrez.

Avant de vous lancer, posez-vous les questions suivantes :

- **Ai-je été cent pour cent honnête dans mon inventaire ?**
- **Ai-je clairement identifié ce qui se cache derrière mes comportements ?**
- **Ai-je été au plus profond de moi et demandé que la vérité me soit révélée ?**
- **Suis-je prêt à entendre une nouvelle vérité ?**
- **Suis-je prêt à assumer l'entière responsabilité de mes sentiments, de mes points de vue et de mon comportement ?**
- **Suis-je prêt à dévoiler les facettes les plus intimes et les plus secrètes de ma personnalité à quelqu'un d'autre ?**

La personne à qui vous allez vous confier devrait elle-même avoir fait ce programme et ne devrait pas jouer d'autre rôle dans votre vie que de vouloir vous aider.

Si vous ne connaissez pas une personne comme ça, contactez le groupe de soutien qui correspond le plus à votre addiction et assistez à ses réunions jusqu'à ce que vous vous sentiez suffisamment bien pour demander à quelqu'un de jouer ce rôle. Les 12 Étapes acceptent depuis toujours que l'on demande l'aide d'un ecclésiastique, d'un professionnel de la médecine ou d'un étranger. Personnellement, je trouve ça dingue. Je n'ai fait mon inventaire qu'avec quelqu'un :

- qui a déjà fait ces 12 Étapes ;
- que je respecte et en qui j'ai confiance (car, comme vous vous en doutez, je ne fais pas confiance à tout le monde ; c'est un de mes problèmes, mais j'essaie d'y remédier) ;
- dont je n'attends rien.

Ceux que je considère comme des pros de la 5ᵉ Étape prétendent que cela ne prend que deux heures (c'est pourquoi il faut n'avoir que vingt rancœurs) et que, si on le fait correctement, ça aide à bien voir nos schémas, nos problèmes et les domaines que l'on doit changer.

Mes 4ᵉ et 5ᵉ Étapes ont révélé que, quand je suis pris dans une addiction, je suis égoïste, centré sur moi-même et que je crois que tous mes problèmes vont être résolus grâce à la célébrité, à l'argent, au pouvoir, aux applaudissements, au sexe et à la gloire. Que je me prends pour une sorte de Dieu/Hitler/Gengis Khan/Jésus. Et que je ne peux pas affronter ce monde et ses occupants sans me raccrocher à une puissance plus grande que celle que mon ego peut fabriquer.

Quand j'ai avoué mes traumatismes en détail et la honte que je ressens toujours, quand j'ai parlé de trucs que je ne pensais jamais dire à personne, je me suis senti soulagé. J'ai dû aussi reconnaître que j'étais désespéré, que j'étais brisé, que j'avais besoin de changer en profondeur.

Grâce à la compassion et à l'amour des personnes à qui j'ai tout avoué, j'ai senti la puissance de ce programme et la réalité du pardon et de la rédemption.

J'ai eu envie de changer non seulement mes comportements addictifs les plus évidents, mais aussi les schémas, les pensées et les sentiments qui me hantent depuis longtemps.

Demandez-vous :

- **Pourquoi suis-je en train de faire la 5e Étape ?**
- **Pourquoi suis-je en train de la faire avec la personne que j'ai choisie ?**
- **Quel est le but de cette étape ?**

- 6 -

Cela a révélé pas mal de comportements foireux. Voulez-vous y mettre un terme ? Vraiment ?

Étape 6 : Nous avons consenti à ce que Dieu élimine tous nos défauts de caractère.

Cette Étape est celle de la guérison. La dernière fois que je me suis fait une entorse, je suis resté assis pendant toute ma convalescence, à tambouriner des doigts, pendant qu'une force invisible la guérissait. Si ce miracle n'était arrivé qu'à moi, je serais en train de danser à poil dans la source de Lourdes. Mais pourquoi m'embêter à y aller, avec ma cheville qui a guéri toute seule alors que je savais que ce processus de guérison physique aurait lieu. Et je sais aussi qu'il existe un processus de guérison émotionnel. Mon cœur s'est brisé et s'est reconstitué tout seul un millier de fois. Je sais que, pour favoriser la guérison, il faut se reposer, bien manger et prendre des médicaments. Je dis ça juste pour, encore une fois, relier le rationnel et l'irrationnel.

Dans cette Étape, « nous avons consenti », nous devons nous concentrer sur le point sur lequel nous avons un certain contrôle. Lors des 4e et 5e Étapes, nous avons trouvé les comportements et les pensées qui nous déplaisent et nous font souffrir. Nous devons maintenant, dans cette 6e Étape, les changer, accepter qu'ils ne marchent pas. Ça peut paraître évident, mais quand j'ai vu le rôle que jouait le défaut de caractère « Luxure » dans ma vie, je n'étais pas vraiment prêt à y renoncer. J'essayais toujours de le justifier pour le conserver : « c'est naturel », « c'est drôle », etc.

La colonne « Mes fautes à moi » dans le tableau de la 4e Étape est très instructive, car elle fait la lumière sur nos « défauts de caractère ». Personnellement, j'ai trouvé cette citation tirée du livre *Serenity* (le livre officiel des 12 Étapes) très utile :

> « En règle générale, la plupart des défauts de caractère trahissent un déséquilibre dans l'énoncé et l'expérience de nos besoins les plus basiques. Par exemple, la sexualité et l'ambition ne sont pas mauvaises tant que l'on gère ses pulsions de manière équilibrée et que l'on ne sombre pas dans la codépendance. Quand on est accro au sexe ou si ambitieux que l'on ne jure que par le travail, ces caractéristiques deviennent des défauts de caractère qu'il faut corriger. Les prières de la 6e Étape ne seront

donc pas : "Faites que je devienne asexué" ou "Débarrassez-moi de mes ambitions", mais plutôt une formule comme : "Aidez-moi à vivre ma sexualité sainement" ou "Aidez-moi à canaliser mon ambition autant vers ma vie privée que vers ma vie professionnelle." »

Pour plus de facilité, partons du principe que ces prières sont une tentative de communiquer avec la Dimension la plus haute de soi-même, qu'on l'imagine personnelle ou impersonnelle. Dans ce livre, j'utilise beaucoup mon ressentiment pour ma mère ou une rancœur banale envers ma copine. Dans la 4e colonne « Mes fautes à moi », il y a donc :

- de l'autoapitoiement (mon pauvre Moi) ;
- de l'égocentrisme (mes sentiments priment sur tout le reste du monde) ;
- de l'égoïsme (je m'en fiche des autres !) ;
- de la cupidité (j'en veux encore plus même si j'ai déjà beaucoup) ;
- de la luxure (ma fâcheuse obsession pour le sexe) ;
- de l'envie (je veux ce que les autres ont) ;
- de la jalousie (je ne veux pas que les autres prennent ce qui est « à moi ») ;
- de l'orgueil (je dois être traité selon des règles que j'ai moi-même fixées) ;
- de l'intolérance (je trouve que les gens devraient être meilleurs) ;

- de l'impatience (dépêchez-vous et faites-le comme je le veux, moi) ;
- de la paresse (je déteste être dérangé) ;
- de l'arrogance (ressemblez-moi plus !) ;
- de la malhonnêteté (je réécris l'histoire en ma faveur).

Maintenant que j'ai identifié mes défauts grâce à mon inventaire, je dois prendre une décision : est-ce que je veux continuer à fonctionner selon ces schémas ou les transcender ? Même si personne n'aime être malheureux, très peu de gens sont prêts à faire le travail nécessaire pour changer.

> En justifiant la cause de son malheur, on l'entretient.

Personnellement, je crois que l'on accepte la souffrance et que l'on essaye juste de la gérer par des moyens extérieurs. Même lorsque l'on a identifié la Luxure comme étant un de nos défauts, un trait de caractère négatif et problématique, on ne s'en débarrasse pas forcément : « C'est naturel. J'ai le droit de m'adonner à la luxure. Si elle acceptait de faire l'amour plus souvent, je ne regarderais pas de films porno. » Toutes ces justifications nous empêchent d'avancer. En justifiant la cause de son malheur, on l'entretient.

L'odyssée de la guérison commence sérieusement quand on est vraiment décidé à changer. Non content de voir l'objet de sa dépendance sous un autre angle, on consent « à ce que Dieu élimine tous nos défauts de caractère ».

Hier, j'avais un rendez-vous que beaucoup qualifieraient de plaisant avec un directeur de théâtre et une actrice. Ma copine, qui est enceinte de notre premier enfant, avait besoin de la voiture. Pour vous, le simple fait de dire « enceinte de notre premier enfant » la rend instantanément prioritaire, et vous avez raison. C'est vrai, même moi j'en ai eu conscience, sans que l'on me le dise. Je l'ai juste réalisé, comme un roi Salomon demeuré : « Je décrète que toi, ma partenaire dans la vie et la mère de mon enfant, tu dois prendre la voiture. » J'ai bien sûr envisagé dans un premier temps de couper la voiture en deux pour voir lequel de nous deux l'aimait le plus. Mais j'ai vite compris que je devais, dans cette situation, renoncer à la voiture. J'ai donc capitulé. Je me suis donc sacrifié silencieusement en m'en étouffant presque. Après son départ, je me suis rendu compte que j'avais laissé dans la voiture des objets aussi nécessaires pour moi que ridicules comme des chaussures et mon portefeuille avec tous mes papiers. J'ai donc pris un taxi au lieu du train que j'avais réservé pour me rendre à Londres. Pendant le voyage, j'ai bombardé le chauffeur musulman d'encouragements et de conseils impatients avant de tenter misérablement de lancer la conversation pour me faire pardonner en la faisant dévier comme d'habitude de ma future paternité à Dieu. Tout ça reflète un aspect de mon programme et, bien sûr, un aspect de ma maladie.

> Je repars donc en sachant qu'il n'y a rien pour moi là-dedans, sauf des jeunes femmes qui, je le sais malgré tout ce que j'ai décrypté en les observant, sont des êtres humains comme moi et ont des vies intérieures qui se déroulent comme un vieux tapis reliant des passés douloureux à des futurs incertains.

Après avoir houspillé Adnan pour qu'il arrête de regarder son téléphone ou de lambiner et se mette à rouler vraiment, j'ai commencé à prendre conscience de l'inutilité de mon impatience tout en mangeant du porridge froid que j'avais rapporté de chez moi à l'arrière de la voiture. J'ai le défaut (c'est une constante de mon caractère) de croire que les choses devraient aller plus vite qu'elles ne le vont. J'ai cet étrange état d'esprit, ce schéma interne du monde tel que je voudrais qu'il soit et dans lequel je voudrais le faire entrer de force. C'est d'ailleurs ce que j'essayais de faire avec Adnan en lui criant dans les oreilles. Quelle drôle de philosophie ! Vraiment !

Je suppose que c'est parce que j'avais trop d'adrénaline dans le sang au début et qu'il m'a fallu un moment pour « redescendre », sans parler du fait que j'avais faim. Au fur et à mesure que ça s'est arrangé, j'ai pris conscience d'une réalité secondaire mais plus significative, du fait que nous étions, Adnan et moi, deux hommes enfermés dans une voiture, dans un minuscule espace, sur la M4 en direction de Londres. La vie est un éclair dans ce qui nous semble être une obscurité cosmique infinie. La vie est un miracle, une rareté, une merveille, et nous participons à un mystère indéfinissable. Finalement, et pas si lentement que ça quand j'y repense, nous sommes arrivés à la salle de répétition dans le sud-est de Londres. À ce stade, je bavardais gaiement avec Adnan sans jamais lui lancer : « Hé, j'ai beau être un homme blanc et riche du XXIe siècle et toi, un chauffeur de taxi musulman, prisonnier d'une capsule roulante, dans une époque difficile pour les gens de foi, nous avons les mêmes pulsions basiques et les mêmes ambitions spirituelles », même si c'est très proche de ce que je lui ai dit.

Et me voilà, soumis à la volonté de mes humeurs changeantes et de distractions légères sur lesquelles je switche automatiquement quand je prends mon téléphone, qui débarque par hasard avec une grosse envie de pisser et un bol de céréales et une cuiller à la main dans une agence de pub où des sirènes m'ont guidé, à utiliser leurs toilettes et à m'émerveiller de leur jeunesse. Tout le personnel semble avoir été casté et non embauché pour correspondre à la vision idéalisée d'une agence de pub londonienne. Ils sont en train de jouer (vraiment) au baby-foot et de boire des bières dans leur bureau-loft industriel avec, dans un coin, deux beautés au teint parfait qui jouent sur une console de jeux. C'est quoi, vraiment, leur travail ?

Ce sont des créatifs : ils créent des concepts pour des grandes marques. Ça veut dire, je suppose, qu'ils inventent des histoires ou des symboles attractifs pour rendre des objets plus désirables qu'ils ne le sont vraiment. Attractifs dans le sens « pétillants et trompeurs ». Je ne suis là que depuis une centaine de secondes et, comme je suis reconnaissable et toujours planté là, accroché à mon copain le téléphone, je scanne la pièce du regard pour trouver quelque chose à quoi me raccrocher, quelque chose qui ait du sens, pas comme quelqu'un qui est en train de se noyer mais comme quelqu'un qui est à la dérive. Leur beauté me sidère. Nous sommes à Southwark, ce qui veut dire qu'il y a un siècle, ce bâtiment devait être une tannerie puante. Avez-vous déjà senti l'odeur du cuir à tous les stades de son traitement qui vont lui donner cette merveilleuse texture dont vous draperez un jour vos épaules ? Ça ne sent pas vraiment la mort. Ça sent pire. Ça sent la vie qui n'a pas été vécue. Ou quelque chose comme ça.

Je repars donc en sachant qu'il n'y a rien pour moi là-dedans, sauf des jeunes femmes qui, je le sais malgré tout ce que j'ai décrypté en les observant, sont des êtres humains comme moi et ont des vies intérieures qui se déroulent comme un vieux tapis reliant des passés douloureux à des futurs incertains. « Où est la salle de répétition ? » La salle de répétition. « La vie n'est pas une salle de répétition », me dis-je alors qu'un facteur avec un accent qui me ramène dans le présent me demande gentiment s'il peut me prendre en photo, par pour lui, mais pour sa chérie. Et voilà que j'ai envie qu'il m'aime. Les rues du sud de Londres sont comme un plateau de cinéma. Son look normal détonne dans ce cadre, dans cette tannerie devenue une agence de pub nommée Pink Squid et dont l'entrée ressemble elle-même à une publicité. Personne n'y travaillait. Vraiment. Ils traînaient comme des gens dans… eh bien comme des gens dans une pub pour une marque pour les jeunes, un pub pour Coca peut-être, et ils s'amusaient simplement en jouant au baby-foot ou aux jeux vidéo. D'où venait l'argent et où allait-il ? Le facteur ne sait pas se servir de son téléphone qui est un iPhone vieux de cinq ans, bref quasiment une relique de l'ancienne tannerie. On fait une photo, en tournant le dos du téléphone vers nous comme à la préhistoire, pas en regardant l'écran. C'est pour sa chérie.

Comme c'est un facteur, quand je lui demande où se trouve la salle de répétition, il le sait. C'est dans une ancienne école. Bien sûr ! Où sont les enfants maintenant ? Hum ? Ne me demandez pas pour qui sonne la sonnette de la récré. Elle sonne pour vous.

Je pense un instant escalader le mur à l'arrière de l'école pour faire comme dans mon enfance, mais je finis par passer par un vrai portail. Quand j'étais plus jeune, quand j'étais un junkie, un pirate fragile, j'aurais grimpé en un instant sur ce mur et j'aurais sauté dans l'ancienne cour. Maintenant, je la traverse avec un bol de céréales et une cuiller glissée dans le tote bag bleu que l'on m'a donné à l'agence. Je vais dans la salle de répétition retrouver le directeur et l'actrice avec qui j'ai rendez-vous. Ça ne ressemble pas à une ancienne école victorienne avec les coups de canne et la bouillie. C'est inondé de lumière et il y a une sorte d'exposition dans le foyer percé par un puits de lumière, mais je ne le regarde pas. Je passe devant la première réception parce qu'il y a un message qui dit « SALLE DE RÉPÉTITION À DROITE ». Je m'arrête, je le prends et je le montre à la personne derrière le bureau sans doute parce que je trouve ce message un peu brutal et que j'ai besoin que l'on m'indique le chemin gentiment.

J'ai à peine le temps de demander où se trouvent Ian Rickson et l'équipe du théâtre. Aucun signe de profs victoriens ou même de profs de l'ère de Maggie Thatcher – des fantômes, tous disparus. En fait, ce n'est plus du tout une école, c'est un avion fantôme qui a été exorcisé. Je m'imagine sous les traits d'un hybride, errant un siècle plus tard dans une rue bondée d'engins rapides, en me souvenant avec nostalgie de l'époque où c'était une salle de répétition minimaliste – « à perte de vue ». Soudain, Ian apparaît derrière moi, vêtu de fringues d'été même si on a carrément passé le cap de l'automne avec une vraie fraîcheur qui m'a presque incité ce matin à mettre un pantalon en cuir. Mais je n'ai pas pu parce que je n'avais pas les bonnes chaussures – elles étaient dans la voiture que, en grand saint, j'ai laissée à La Mère.

Ian a dirigé la pièce à succès *Jérusalem* et pas mal d'autres trucs avec des vedettes de cinéma. Il est gentil avec moi, mais je le connais depuis longtemps. Me voilà donc en train d'aller vers la fameuse salle. Elle est vaste et du Scotch collé par terre reproduit les contours de la vraie scène sur laquelle Ian va jouer sa pièce. Ça fait donc comme si une autre pièce avait été assassinée dans celle-là, avec ses meubles, et que la police avait délimité les nombreuses victimes avec du Scotch. Il y a peu de monde dans la pièce : des acteurs, des gens du théâtre – des jeunes, mais pas des vieux comme on pourrait s'y attendre. L'un est un Irlandais très sympa qui m'a vu faire du paddle il y a quelques jours. Il est gentil et enthousiaste. L'autre est une femme. Elle a beau être jeune, elle dégage une normalité douce mais intense, maternelle. J'essaye de calmer mon esprit avide. J'ai beau me dire : « C'est un être humain », mon Moi sait déjà. C'est le genre d'être humain que j'aime. Ce n'est pas une représentation dénuée d'humanité. C'est l'incarnation des caractéristiques physiques de la femme idéale de ma liste secrète. J'ai parfois l'impression d'être Hannibal Lecter que l'on amènerait sur son chariot pour l'aider à commettre un crime (chariot qu'il a, je crois, lui-même aidé à concevoir, le salopard). Je suis attaché à une couchette. Je suis tout pâle. Je plonge mes yeux dans ceux de la femme idéale. Ce que je veux est élémentaire. De la chaleur, de la douceur, de la lumière. Je dois poser mon bol de céréales quelque part. Il est dans mon sac bleu et je ne suis pas l'homme du taxi, ni l'homme de chez moi, ni l'homme dans l'agence de pub. Je suis cet homme-là. C'est là qu'arrive Zoë Wanamaker. J'aime son nom. J'aime qu'il comporte les dernières lettres de l'alphabet. J'aime ses cheveux ébouriffés. J'aime les actrices et leur hystérie muselée.

Tout le monde finit par partir et je me retrouve avec Zoë et Ian à grignoter des bâtons de carotte autour de la table qui joue le rôle d'une autre table dans un autre monde.

Au début, on fait ce que tout le monde fait : on parle de tout et de rien. Je me concentre à fond sur les carottes car, comme beaucoup de gens, je n'ai jamais aimé les bavardages légers. D'après mon copain Matt, qui m'a dit ça il y a quelques jours, les carottes crues tuent les parasites intestinaux. Du coup, j'imagine l'apocalypse orange qui s'abat sur eux en écoutant à moitié la conversation et en regrettant à moitié d'être venu parce que je sais que je vais devoir bientôt parler et que, me connaissant, je vais probablement en faire trop. Ces petits parasites ne vont pas savoir ce qui les frappe. Ils sont là, à faire quoi ? Ils sont peut-être en train de bâtir une civilisation. Je ne les imagine pas méchants, plutôt gentils. Matt m'a dit que je les avais probablement chopés en Inde et que c'est pour ça que je pète autant. Mais ça m'est égal. En fait, j'aime ça. Je considère ces parasites comme mes alliés internes et je m'en veux de les bombarder comme ça à coups d'armes chimico-véganes.

Bon, c'est mon tour. Zoë W. a dit un truc sur une cannette de Coke qu'elle a vue au fond d'un étang à Yangon en Birmanie, et Ian est en train de faire une analyse brillante sur l'utilisation intelligente des stars et des mannequins afro-américaines sur fond de canne à sucre et d'esclavage. Mon vrai Moi veut dire un truc idiot, crétin, désinvolte, méchant sur les races et la consommation – mais il ne faut pas. À la place, je les impressionne en disant qu'il y a un siècle, on aurait trouvé étrange de voir une bouteille de Coca où que ce soit, que l'on est comme un peuple tribal qui s'éveillerait dans un monde d'agences de pub médiocres et d'anciennes écoles (c'est une chanson de Madonna, non ? Ah non, c'est du groupe Playground. Pas loin), que le guru Osho affirme que « la société n'est qu'une clairière dans la forêt » et que j'aime ça. Une clairière dans la forêt. La nature, à la fois à l'intérieur et à l'extérieur de nous, attend la cessation d'activité pour nous recouvrir de sa merveilleuse et piquante verdure. Dans mon esprit, c'est pareil. Juste une clairière dans la forêt, des structures linguistiques, des structures philosophiques empilées très haut les unes sur les autres mais qui ne servent à rien, comme l'échafaudage en plastique transparent que fabriquent les Doozers dans l'émission *Fraggle Rock*.

Nous sortons cloper dans la cour. Nous nous mettons à parler de la pièce de Pinter que nous allons peut-être monter. Ça s'appelle *L'Anniversaire*. Zoë W. est douce, et c'est ce que j'aime en elle. Je ne supporte pas la dureté dans le monde, dans ce monde dans lequel j'ai encore du mal à m'investir complètement, à 41 ans et avec un bébé en route. Heureusement, un carillon tintinnabule au loin, juste derrière moi, dans ce que je pense être une sorte de jardin potager en carrés. Et je sais, et vous savez, que ce son et cette lumière dansante signalent, au moins dans les légendes, la présence d'un être supérieur. Et s'il n'y avait pas de signes ? S'il n'y avait pas d'êtres supérieurs ? Dans ce cas, pourquoi continuons-nous à nous rencontrer, à nous taper des bouchons, à avoir des parasites ? Si ces signes n'ont aucun sens et sont juste les représentations d'eux-mêmes, à quoi servent le théâtre, la poésie, les écoles, les agences de pub ? À rien. Mais je sais, et vous savez (n'est-ce pas ?), que derrière ce flot de pensées, de montées téléguidées et de redescentes bileuses, il y a un code que l'on retrouve dans les chants soufis. Le Christ, même si ce n'était pas le Fils de Dieu, n'était certainement pas un débile à qui sont soudain venues toutes ces visions pendant qu'Il se rongeait les ongles. Que l'on croie en Mahomet ou pas, paix à son âme, qu'Il ait été le dernier prophète ou pas, Ses prophéties contiennent des vérités évidentes que l'on peut difficilement repousser d'un revers de main.

Je repars, gavé de carottes, bras dessus bras dessous avec Wanamaker. On flâne dans des petites rues, parsemées de beauté et flanquées de planches où sont perchés des centurions qui crient sous leurs casques. Je me sens libéré. Zoë sait jouer et sait être dans l'instant présent. Et ça, ça me soulage énormément. Chaque fois que j'ingurgitais du crack à pleins poumons et que j'avalais la queue du dragon Black Tar (une sorte d'héroïne), je priais pour vivre ce moment-là. Et m'y voilà. Zoë joue à la maman avec moi et j'aime ça. Je finis par retrouver mes manières de gentilhomme et la faire monter dans un fiacre. La solitude qui me précédait d'un pas m'envahit sitôt la porte du taxi fermée. Le monde s'ouvre sous mes pieds comme une vieille blessure qui aurait retrouvé de la vigueur. Je n'ai plus que trois pour cent de batterie, et pas seulement sur mon téléphone. Mon portefeuille est dans ma voiture. Je suis seul. Comme depuis toujours, sur The Cut à Waterloo, une de ces rues où le passé et le présent se battent pour s'imposer et où l'on voit les anciennes traces de ce qui a été et de ce que l'on a été. Des gens cachés sous des capuches m'effleurent. Je pianote coupablement sur l'appli Uber sous les « hé, hé » de chauffeurs de taxi noirs. J'aime regarder l'écran de l'appli avec ses taxis qui, tels des parasites, se déplacent autour du point bleu clignotant. Le visage de mon chauffeur apparaît à l'écran. Il n'est pas vraiment souriant. Combien de taxis disponibles vont passer avec leur « Hé, hé Russell ? » On dirait un défilé. Uber annule ma réservation. Je n'ai plus qu'un pour cent de batterie. Je commence à me sentir abandonné. Mon téléphone s'éteint. Retour en 1999. À l'époque, je vivais dans le coin. Au-dessus d'une banque Barclays avec Mark et Andy. Pas de téléphone, pas d'argent. J'ai l'impression d'être un personnage Disney, d'appartenir à un monde imaginaire. Ce n'est qu'une illusion, qu'un exercice parce que, bien sûr, je ne veux pas de ça. Je ne vis plus d'allocations et de drogues. Je suis pourtant toujours ce gars-là, même si ma vie a changé. Mon Moi essentiel se réfracte à travers un nouveau prisme. Mes nouvelles données externes, personnelles et sociales, me rappellent qui je suis. Je suis célèbre, il ne l'était pas. Le gratte-ciel The Shard n'était pas encore là alors que maintenant, il fend le ciel de toute sa hauteur et de toute sa fierté. J'y suis allé une fois pour un film de Ridley Scott : une membrane austère, tendue comme la peau d'un tambour, au-dessus de la ville inquiète. Je vais bientôt être papa. Je ne me drogue plus et je ne suis pas dans la misère. J'ai même plein de fric. Enfin pas mal.

Je marche dans une rue longeant un marché. Tous les vendeurs sont presque partis. Je cherche un endroit où recharger mon téléphone. J'ai l'impression d'être un attaquant cherchant désespérément à marquer un but. Je tombe sur un truc qui s'appelle Cubana, ce qui n'a rien d'étonnant pour un bar aux faux airs cubains. Des cocktails trop sucrés, le portrait du Che et une Kalachnikov accrochés à un mur avec du personnel qui semble être principalement espagnol. J'ai du mal à comprendre le concept : un bar pseudo-révolutionnaire et communiste en plein Londres en 2016. Dans le genre comique… surtout à une époque où l'on sent un vrai besoin de changement, un besoin de sincérité, un besoin de quelque chose à l'inverse d'un bar qui évoque la révolution cubaine ou un truc comme ça. Personne n'a de chargeur d'iPhone 6. Ce sont tous des pro-Samsung et je découvre tristement que je ne suis pas célèbre dans cette salle et que je suis cantonné au rôle d'un type qui a besoin d'un chargeur. Bref, que je suis tout sauf une version meilleure de moi-même. Je finis par atterrir dans un café-librairie bâti sur de bonnes intentions à quelques centaines de mètres de là et où je peux enfin recharger mon téléphone. « Tout le monde vient chez nous, me dit Abigail à la caisse. C'est parce qu'on est tout près de la gare de Waterloo. » L'endroit s'appelle le *Travelling Through* (la Traversée). Je reste assis un moment par terre et regarde la barre verte monter comme le thermomètre d'une émission pour le Téléthon jusqu'à ce que j'aie assez de batterie pour partir. Maintenant que j'ai commandé un taxi, je n'ai plus cette vague sensation de vie normale, de vie sans argent. Cette sensation de dédoublement n'aura duré que dix minutes. Dans le taxi qui me ramène chez moi, je suis en colère. J'ai l'impression d'avoir perdu quelque chose à Londres. La circulation est dense, sans raison. Je regarde par la vitre dans l'espoir de voir quelque chose qui ait du sens. Comme j'ai vécu partout à Londres, ces rues portent la marque profonde de souvenirs qui me torturent. Je me vois à 16 ans, sillonnant le métro, comme Puck (la petite fée du *Songe d'une nuit d'été* de Shakespeare) qui aurait inventé la drogue et danserait sur un léger fandango. Je me vois à 19 ans, vidant pinte de cidre sur pinte de cidre et usant mes chaussettes sur les planches de l'école de théâtre. Je me vois à 20 ans, me faire arrêter et savoir que ça irait, que quelque chose me tirerait de ses rues et me mettrait directement en haut de la pile. Et m'y voilà justement, survolté, à l'arrière de mon taxi. J'ai été plein de gens différents, célèbre et glamour pour plein de raisons. Et maintenant, c'est terminé. Je le sens comme je sentais la fin des effets de la drogue.

Dans ce taxi, je ne me sens pas comme le saint que j'aimerais être. Je ne me sens pas comme un prophète ou même un prêtre. Je me sens comme E.T. Je suis complètement largué. J'ai l'impression de ne pas avoir de foyer, de ne pas avoir de terre. Ma copine Amie m'appelle. Amie, qui se shoote à l'héroïne depuis le début de l'adolescence et qui a été tellement maltraitée que j'en suffoque rien qu'à y repenser. Elle s'est prostituée presque toute sa vie et a passé trop de temps en prison. « Tu as l'air d'être au fond du trou », me dit-elle. Je lui réponds que ça va mais que je veux que l'on me fiche la paix. Que j'ai eu mon quota de conneries. Ça la fait rire et elle se met à parler d'elle. Elle me dit qu'elle est allée voir *La Mouette* au *National Theatre* et évoque son vieux rêve de devenir une actrice. À un moment donné, elle fait une remarque sur la ténacité des addicts comme moi. Sur le fait que l'on ne lâche jamais. Que l'on ne se tue pas. Un ami addict m'avait lancé la veille : « Les gens qui admettent l'existence d'un Dieu unique ont observé le monde mécanique et matériel en profondeur mais ne se suicident pas. » J'aime cette phrase. Voir que tout n'est qu'un immense tas de conneries et ne pas se flinguer… Ça demande d'avoir la foi. Seule la foi peut nous aider.

Seule la foi, même si on est sûr à cent pour cent qu'il n'y a rien d'autre autour de nous que l'espace et des molécules débiles qui se heurtent et s'entrechoquent pour former de symphoniques et lointains futurs. Bref, si l'on pense qu'il n'y a que ça et que l'on tient bon, c'est que l'on est méga-costaud. On doit vraiment aimer le foot, ou baiser, ou l'argent, ou autre chose pour accepter qu'il n'y a rien d'autre au-delà de ce qui nous entoure, pas de pouvoir implicite, pas de drapeau flottant derrière tout ça dans un vent infini venant de l'époque précédant l'instant mystérieux de la création, quand le cœur de l'univers s'est mis à battre. Bizarrement, c'est Amie qui m'a aidé à aller mieux ce fameux jour où la terreur de l'ordinaire m'a démoli. Elle était la mieux placée pour comprendre la rage qui m'habitait et qui m'avait pris en otage, la nostalgie qui m'avait fait trébucher, mon errance dans ces rues terriblement familières, la difficulté de se connecter aux autres quand on n'a plus de batterie. Une fois rentré chez moi, j'ai vu que ma vie était réelle. J'ai bien une copine qui est enceinte. Elle est heureuse de me voir, aussi étonnée que moi que je sois revenu avec un bol de céréales à la main.

Exercices de la 6e Étape

Cela a révélé pas mal de comportements foireux. Voulez-vous y mettre un terme ? Vraiment ?

Durant les 4e et 5e Étapes, nous avons beaucoup appris sur nous-mêmes. Ce que nous avions pris pour des événements externes aléatoires, ou surtout de la malchance, commence maintenant à ressembler à une tragédie dans laquelle nous fonçons bille en tête. Bien sûr, la « malchance » ou les « connards » existent et ont peut-être toujours existé, mais quand nous faisons notre inventaire, nous nous rendons compte à quel point nos attitudes, nos pensées et nos comportements peuvent être problématiques et nous pourrir la vie. Faites la liste de vos attitudes/pensées/comportements réguliers de ce que nous appelons les « défauts de caractère ». (Vous pouvez utiliser la liste que vous avez faite dans la 4e Étape, quatrième colonne, « Mes fautes à moi ».)

Pour chaque défaut de caractère identifié, demandez-vous :

- **Pourquoi est-ce que je fais cela ? En quoi cela m'aide-t-il ? (Qu'est-ce que je veux ou qu'est-ce que je veux éviter ?)**
- **Si je ne change pas, que va-t-il se passer ?**
- **Si je décide de changer, comment ma vie va-t-elle s'améliorer ?**
- **Suis-je décidé à me débarrasser de ce défaut ? Suis-je prêt à le faire ?**
- **Si la réponse est « non », demandez-vous : Comment mon incapacité à changer cette attitude/pensée/comportement rend ma vie ingérable ?**

On considère souvent les défauts de caractère comme quelque chose de bénéfique. Ce sont des stratégies qui semblent avoir marché même si elles ont un coût spirituel et engendrent une douleur difficile à évaluer.

Par exemple, ma sexualité compulsive m'a empêché de remarquer que je me sentais seul, faible, sans valeur et sans attrait. Mon anxiété et mon angoisse sont en quelque sorte des signes d'alerte. En faisant mon inventaire et en le partageant, j'ai compris le véritable coût de mes défauts de caractère et je suis maintenant prêt à m'en débarrasser.

En fait, les comportements dysfonctionnels font immanquablement souffrir. Il faut donc vraiment vouloir s'en débarrasser complètement.

Demandez-vous :

- **Suis-je prêt à me débarrasser de ma vision égocentrique du monde ?**
- **Suis-je prêt à déchirer mon plan de vie ?**
- **Suis-je prêt à arrêter d'en vouloir aux autres ? À ne plus avoir de rancœurs ?**
- **Suis-je prêt à faire de ce programme mon nouveau plan de vie ?**
- **Suis-je prêt à accepter le fait qu'il y a des forces plus puissantes que moi dans l'univers et que, dans ce contexte, mes pulsions et mes concepts sont ridicules ?**

Je sais, c'est très béni-oui-oui. Mais si ça vous dérange, c'est sans doute parce que vous vous dites : « Je veux changer mais pas autant » ou « J'aimerais m'améliorer mais j'aime certains de mes défauts, j'aime ce conditionnement matérialiste et individualiste car il m'aide à être un bon consommateur. » C'est courant de penser ça. Là encore, si vous avez du mal à supporter le monde, cherchez ce que cache votre malaise. La route est parfois longue, mais à la fin, quand elle nous appelle, il faut l'emprunter.

Souvenez-vous, car c'est vital, que les 12 Étapes se font jour après jour. C'est un laps de temps suffisant pour mettre en place un bon nombre de stratégies qui aident à lutter contre le conditionnement égocentrique. Je suis encore sidéré par ma tendance à orner et adorer les barreaux de ma cage. C'est grâce et seulement grâce à ce programme que j'ai pu connaître la liberté.

6

- 7 -

Êtes-vous prêt à vivre autrement, c'est-à-dire sans penser exclusivement à votre précieux « Moi » ? Il le faut.

Étape 7 : Nous lui avons humblement demandé de faire disparaître nos déficiences.

Cette Étape est celle de l'humilité. Elle nous aide à accepter les limites de notre représentation de la réalité, à accepter qui nous sommes et à accepter celui ou celle que nous pourrions devenir.

S'il était là et s'il acceptait de coopérer, Foucault nous dirait que ce principe de connexion directe avec un être divin est une invention sociale et linguistique sans intérêt, et qu'au lieu de nous découvrir, nous nous inventons nous-mêmes. Pour une fois, je n'adhère pas à ses propos, notamment parce que j'ai déjà ressenti des manifestations directes et transcendantales (d'après moi) de ma « propre » conscience… et pas seulement quand j'étais défoncé. J'accepte que le pouvoir de ce livre soit limité, mais je vous invite, je vous implore même, de croire que votre représentation de la réalité, même si elle est douloureuse, peut être améliorée et que l'humilité et la foi, qui sont les composantes de cette « voie », vont vous libérer.

Une façon de prier plus moderne pourrait consister à « essayer de communiquer vraiment avec la partie de la conscience qui n'est pas entachée par des schémas de pensée que l'on a assimilés ou des fluctuations provoquées par des phénomènes chimiques ». Pouvons-nous tendre vers ça en dépit des crises de jalousie, d'envie, de rage ? Pouvons-nous, à travers la peur, atteindre le creuset de notre Moi, c'est-à-dire ressentir, penser et demander que l'on nous aide à ne plus avoir besoin de satisfaire nos besoins ? Nous savons tous que l'égocentrisme nous freine en permanence. Non ? Nous savons aussi qu'il est objectivement ridicule de ne penser qu'à nos besoins et nos désirs. Être humble, c'est reconnaître que l'on est relativement insignifiant – que l'on est insignifiant comparé à l'infini, ou même comparé aux autres êtres humains qui respirent le même air que soi. Cela ne veut pas dire que nous ne valons rien. Non. Nous avons une valeur immense, car nous sommes une part de l'infini. Pourtant, nos envies et nos besoins personnels sont soit provoqués par des pulsions biologiques automatiques, soit par des secousses neurologiques que nous cautionnons inconsciemment. Si je pense que je ne peux trouver le bonheur que dans une relation particulière et que la personne concernée n'a pas l'air de s'intéresser à moi ou n'est pas conforme à l'image que je me fais d'elle, ça a relativement peu d'importance quand on regarde la situation dans son ensemble. Si je laisse les sentiments que j'éprouve dans ce genre de cas se propager dans les autres domaines de ma vie, que ce soit dans mon travail, l'éducation de mon enfant ou mes amitiés, ça montre que je suis égocentrique et que j'ai perdu mon humilité. Les gens sont tristes. Les gens sont déçus. Tout ce qui compose le monde matériel va finir un jour par disparaître. Même le Soleil, même notre planète, vont un jour exploser. Et ce jour-là sera un jour comme un autre, comme aujourd'hui, comme maintenant si un espace-temps similaire existe à un niveau galactique. Sachant cela, mes soucis personnels ont peu d'intérêt. Au contraire, mon estime de soi devrait se nourrir de cette certitude que je fais partie d'un grand tout. Et si j'arrive à me débarrasser des schémas mentaux que j'ai acquis et des pulsions biologiques qui me nuisent, je peux vivre au service d'une force créative et positive.

La prière aux connotations très chrétiennes de cette 7e Étape (car ce programme a été conçu aux États-Unis dans les années trente) contient des termes étonnamment appropriés qui pourraient se traduire ainsi :

« Mon Créateur
Je Te demande de m'accepter tel que je suis, avec mes qualités et mes défauts.

Je prie maintenant pour que Tu me débarrasses des défauts qui m'empêchent d'être utile pour Toi et pour mes semblables. Rends-moi fort pendant que je sors d'ici pour accomplir Tes commandements. »

Mon « créateur » à moi est relativement moderne. Ou, du moins, il n'est pas sexué et n'a pas la lourde tâche d'être mon « maître ». Je peux donc facilement appliquer l'expression « mon créateur » à n'importe quelle grande question que je me pose sur l'évolution ou l'expansion de l'univers.

« Je veux maintenant que Tu m'acceptes tel que je suis, avec mes qualités et mes défauts. »

> Bien sûr, il m'arrive encore chaque jour de déraper. Je me surprends à penser en pleine conversation : « Attention, je suis complètement égoïste là. » Si j'en suis conscient, c'est grâce et seulement grâce à ce programme, c'est parce que j'ai un modèle.

Le secret de la réussite dans cette Étape est la volonté. Maintenant que l'on a fait notre inventaire, au lieu de dire : « Je suis comme ça » ou « Pourquoi on ne peut pas être égocentrique ? », on décide volontairement d'éliminer nos défauts, nos schémas personnels qui nous ont fait souffrir et ont fait souffrir les autres. Dans cette étape, on reconnaît que l'on a des qualités, que l'on est capable d'être gentil et d'aimer. Bref, que l'on n'est pas qu'un gros connard. J'aime la façon dont cette prière suggère qu'il y a un Big Boss, une autorité supérieure à laquelle on peut se soumettre. Le Dieu indien Ganesh est le dieu qui enlève les obstacles. Je l'imagine souvent en train de dégager ma jalousie et mon arrogance pour laisser passer une lumière claire et forte. De son côté, le mot « islam » signifie « soumission ». Dans ce programme, on soumet justement nos anciens travers égoïstes à une foi qui nous transcende, on libère la voie par laquelle une Puissance supérieure va s'exprimer.

> *« Je prie maintenant pour que Tu me débarrasses des défauts qui m'empêchent d'être utile pour Toi et pour mes semblables. »*

L'objectif de cette prière est encore plus honorable. On ne cherche plus à s'épanouir de toutes les façons, comme des moutons. On s'engage à être utile. On se laisse guider par le besoin de se rendre utile. On se prépare à entrer au service de l'utilité au lieu de chercher à tout prix à satisfaire ses pauvres petits besoins personnels. On se rend disponible pour une cause plus noble. On se rend disponible pour cette force telle qu'on la conçoit et telle que nous la vivons et, de façon concrète, on se rend disponible pour les autres. Comment puis-je être utile aux autres ?

Le concept du moment, en cette année 2017, est : « Aider les autres », faire quelque chose qui ne soit pas pour soi ni même pour une connaissance. Quand je suis gentil avec ma copine, c'est bien, comme quand je me brosse les dents ou que je tire la chasse d'eau. Mais si je ne le fais pas, j'en souffre. Nous avons une relation très concrète. À l'inverse, si je commence à être gentil avec des gens que je ne connais pas, avec des gens dont je n'attends rien, j'avance vraiment. Et pour avoir une chance de décrocher la ceinture noire, je dois essayer d'être gentil sans m'en vanter. Peut-être dans une prochaine vie !

> *« Rends-moi fort pendant que je sors d'ici accomplir Tes commandements. »*

C'est le point le plus important de cette prière. On veut être plus fort pour pouvoir être utile et pas seulement pour gagner *The Voice* ou ouvrir un bar à jus, sauf, bien sûr, si la Puissance supérieure nous le demande. Pour savoir ce que la Puissance supérieure veut de nous, le mieux est de demander à quelqu'un en qui on a confiance et qui a déjà fait ce programme. Quand je dis cette prière, quand je dis « pendant que je sors d'ici », j'imagine que je sors de mon cœur et que je vais essayer de vivre ma vie et de faire mon travail du mieux possible. Cette 7e Étape est particulièrement importante et j'y travaille sans arrêt. Bien sûr, il m'arrive encore chaque jour de déraper. Je me surprends à penser en pleine conversation : « Attention, je suis complètement égoïste là. » Si j'en suis conscient, c'est grâce et seulement grâce à ce programme, c'est parce que j'ai un modèle. C'est aussi parce que j'ai fait la 6e Étape et que je veux changer. Comme j'ai admis que l'égoïsme et la luxure étaient néfastes pour moi, quand je me surprends à mentir pour obtenir ce que je veux ou à fixer quelqu'un comme si son seul but dans la vie était de me donner du plaisir et de me changer les idées, je vois que j'ai dévié du droit chemin. Dire cette prière, c'est comme signer un contrat avec le Moi que l'on voudrait être. Et, grâce à ce programme, chaque fois que l'on voit que l'on s'éloigne de la personne que l'on veut être ou que l'on devrait être, on peut utiliser cette formule pour revenir sur le bon chemin avant d'être de nouveau happé par de mauvaises pensées et de mauvais comportements.

Quand je récite la prière de la 7e Étape, je pense à ce que je sais sur la théorie de l'évolution, à la beauté méconnue de l'univers, à la longue genèse de la Terre, à la naissance de la chimie et de la biologie, aux forces mystérieuses qui dirigent, facilitent et permettent ce processus scientifique, l'émergence de la vie cellulaire, son crescendo sur des millions d'années jusqu'à l'apparition d'une vie consciente – d'une vie capable de contempler sa propre création. Je pense à tout ça quand je dis « Mon Créateur ». Je pense aussi à cette partie de moi qui a assisté aux événements de ma vie sans jamais lever le petit doigt. Cette partie de moi qui a observé le chaos, mes désirs qui restent dans une certaine mesure insatisfaits. Mon Créateur. Le reste de la prière, même s'il consiste plus à se parler à soi-même qu'à prier, est une jolie façon de faire profil bas.

> *« Je veux maintenant que Tu m'acceptes tel que je suis, avec mes qualités et mes défauts. »*

J'aime que l'on puisse reconnaître les qualités et les défauts. J'aime cette nécessité de devenir humble pour pouvoir placer ma vie dans un contexte qui va au-delà de la satisfaction de mes petits et misérables désirs. Comme le dit le documentariste Adam Curtis : « On nous a appris qu'être libres, c'était pouvoir satisfaire nos petits et misérables désirs. La vraie liberté, c'est de nous libérer de nos petits et misérables désirs. » Ces paroles sont à mon avis très vraies, même si elles m'effraient.

Quand j'étais dans l'ashram de la grande mystique Amma au Kerala au sud de l'Inde, un swami m'a dit : « Le monde n'a plus rien à te donner, Russell. C'est à toi de lui donner maintenant. » J'ai senti un frisson me traverser. Comme si ce type sifflait la fin de la partie. Et il avait raison. Quand il m'a dit que je continuais à essayer d'utiliser le monde à mon avantage – pour le prestige, le pouvoir, l'apparence – sans que ça me profite vraiment, j'ai ressenti comme un vide dans mon ventre. Vous devinez bien sûr que je continue à me tromper tous les jours, mais maintenant, j'ai un vrai idéal vers lequel je veux tendre. En quoi puis-je être utile à cette entité universelle ou aux gens de la Terre, si je suis truffé de défauts ? À pas grand-chose.

Dans la seconde partie de cette magnifique prise de conscience, on nous demande d'être utiles à Dieu et à nos semblables. Cette prière m'a beaucoup aidé, moi qui lutte, chaque jour, contre un esprit qui retombe sans cesse dans ses travers égoïstes. Si je pense : « En quoi puis-je être utile à l'homme qui me sert mon café ? » ou aux gens que je rencontre chaque jour, ça m'ancre la réalité.

> Personne ne peut contrôler efficacement la météo interne des autres : ils sont gentils, ils sont méchants, ils arrivent, ils repartent. On n'a pas d'autre choix que d'affronter et de changer notre programmation interne si l'on veut que la réalité soit différente, si l'on veut avoir plus de choix.

Enfin :

« *Rends-moi fort pendant que je sors d'ici accomplir Tes commandements.* »

Quand je dis ça, je me vois toujours en train de sortir de mon cœur avec amour, avec gentillesse, et puis je regarde ce que devient cette belle image dans les embouteillages londoniens. J'observe ce qui se passe quand je veux devenir quelqu'un d'autre que Russell MK1 qui finit toujours par tout sacrifier pour combler ses désirs.

Être humble, c'est reconnaître que l'on est relativement insignifiant parce que l'on ne vaut rien. Ou plutôt que l'on a de la valeur seulement quand on se connecte à un grand tout, ce qui n'a rien à voir avec les schémas mentaux et matériels que l'on a acquis *via* le truchement de son ego.

Lorsque l'on est connu, l'intimité devient un besoin de première nécessité. J'ai échappé au glamour et à la nausée dont je me nourrissais pour vivre dans un foyer confortable. Sur la rivière, la nuit, je suis libre dans le silence éclatant et je vois ma copine dans l'obscurité telle qu'elle est vraiment : une entité indépendante qui partage sa vie avec moi. Ce jour-là, la « journée de la honte », la rivière grouillait comme les rues à Noël. La rivière a des écluses, des merveilles technologiques qui régulent le flot de l'eau et l'empêchent de déborder même si des forces naturelles plus subtiles échappent à leur contrôle. Je mène timidement ma barque en bavardant mentalement entre les révérences et les jugements sans appel de mon esprit boursouflé. Les tensions surgissent et disparaissent dans les moments les plus ordinaires.

Des pensées tyranniques m'assaillent. Je m'inquiète, je juge. Je cherche toujours à protéger ce gamin nu et sans défense, qui est là sans ses parents, sans cadre.

Me voilà donc à me démener misérablement avec mes cordes mouillées à la merci d'un paparazzi en goguette. Laura est enceinte et exposée. Le long de la rivière, derrière l'écluse, il y a une sorte de fun run, avec justement, au milieu, un paparazzi qui photographie à tout-va. Laura, qui n'est pas du genre à dire : « Casse-lui la gueule, John Wayne » à son copain, s'en irrite, ce qui est compréhensible vu son état. Nous passons donc à l'action. Concrètement, ça veut dire que je rame ou, plutôt, que je patauge vers la rive, que je m'élance vers la fun run, pas du tout dans l'état d'esprit que les organisateurs souhaitaient. Bref, je fulmine. Si quelque chose court, c'est la rage dans mes veines. Je m'efforce de bien respirer pour ne pas débarquer hors d'haleine dans cette foule de rondouillards et parce que je sais au fond de moi que je vais bientôt prendre ma désormais célèbre et trop fréquente (mais heureusement pas si fréquente que ça quand même) voix à la Ray Winstone (un acteur anglais célèbre pour ses rôles de méchant).

Je ralentis et pose une main menaçante sur l'épaule du paparazzi comme un fan du *Daily Mail* arrêtant une personne suspectée d'avoir tué la petite Maddie McCann. Je lui ronronne d'un ton menaçant : « Content de tes photos, mon pote ? »

Par cette mise en scène théâtrale et tapageuse de la masculinité de la classe populaire actuelle, j'essaie en fait juste de protéger l'enfant vulnérable et nu qui est coincé dans une écluse. Un programme se déroule. Un programme inconscient. Ce n'est pas nous qui décidons si un programme démarre ou pas.

Mais c'est nous qui passons volontairement d'un programme à l'autre : d'un programme inconscient qui fonctionne par défaut à un programme.

En faisant la 4e Étape, « l'inventaire moral minutieux de moi-même » et l'inventaire plus précis des peurs qui se tapissent derrière mes défauts, j'ai identifié les lignes du code du programme par défaut de mon inconscient. 1) J'ai peur de mourir. 2) J'ai peur de ne pas pouvoir prendre soin de moi. 3) J'ai peur de ne pas pouvoir faire confiance aux autres.

Dans l'histoire qui nous intéresse, c'est la peur numéro 2 qui me motive. Comme j'ai peur de ne pas pouvoir prendre soin de moi, je dois avoir la réaction inverse, c'est-à-dire, dans ce cas précis, faire le gros dur même s'il aurait été plus raisonnable d'ignorer la provocation. Le fait de me sentir menacé par ce paparazzi m'a directement relié à ma peur intérieure, celle qui me fait croire que je ne peux pas prendre soin de moi. Et, à ce moment-là, je n'avais pas de stratégie pour couper la liaison entre le circuit de mes pensées négatives internes et mon circuit externe. J'étais perdu. Personne ne peut contrôler efficacement la météo interne des autres : ils sont gentils, ils sont méchants, ils arrivent, ils repartent. On n'a pas d'autre choix que d'affronter et de changer sa programmation interne si l'on veut que la réalité soit différente, si l'on veut avoir plus de choix.

Bouillonnant de colère, je lance au paparazzi : « Supprime ces photos. » Je n'ai alors qu'une envie : saisir son appareil et le balancer dans la rivière, même s'il est attaché à lui comme le flingue de Rambo. J'entreprends donc de lui arracher ses lunettes pour les échanger contre son film ou à ce qui ressemble un film à notre ère post-numérique.

À cet instant, je ne suis plus du tout relié à moi-même. J'oublie complètement que j'essaye d'être un homme bien. Au contraire, en fin connaisseur de mes sentiments malveillants, Je me régale comme un vampire de ma colère froide envers ce petit porc voyeur. Quand des coureurs s'arrêtent et me demandent gentiment de faire un selfie, je joue le jeu tel un des personnages de l'humoriste canadien John Candy, avec force câlins et sourires pour montrer au porc que le personnage de Ray Winstone n'est qu'une corde à mon arc (avec mon canasson et mes deux canons de fusil fumants).

Vous devez bien comprendre que ce qui se jouait vraiment à ce moment-là ne se passait que dans ma tête. Mon programme malveillant m'a fait voir la scène d'une façon trompeuse avec des couleurs et un filtre particuliers pour que je sois obligé de réagir négativement. Les 12 Étapes offrent une autre solution. Pourtant, si la nature des défis que l'on doit relever varie, les algorithmes de notre programme interne sont limités comme sans doute la configuration de base de tout être humain : on a tous un cœur, un foie et des poumons. C'est pareil pour nos capacités internes ou émotionnelles. Que l'on soit un apprenti mécanicien tout en muscles et fort et gueule ou un grand ponte de Cambridge résolvant des casse-tête dans son fauteuil roulant high-tech, on a tous, dans la plupart des cas, un monde intérieur comparable, un panthéon parfois basique et binaire mais toujours universel de divinités et de démons dont on s'est imprudemment délesté dans notre course vers le rationalisme à tout prix. Les Grecs savaient que leurs dieux ne résidaient pas dans l'Olympe mais sur ses sommets, ses rochers, ses pentes. Ce royaume interne interagit avec les événements externes pour le meilleur et pour le pire. Le programme des 12 Étapes, comme tous les mythes, est une méthodologie pour gérer sa vie.

Ce jour-là, j'ai switché sur le programme qui prend le relais quand je ne suis pas dans l'instant présent. Après avoir beaucoup crié et piqué ses lunettes au paparazzi, je suis retourné auprès de Laura. Le son de la mélodie baissait déjà. Je commençais déjà à voir (peut-être parce que je venais de me procurer une nouvelle paire de lunettes) que j'avais agi de façon imprudente. « Je crois que j'ai fait quelque chose d'idiot, Laura », lui ai-je avoué en remontant dans le bateau.

Le paparazzi a appelé la police. La police me connaissait et savait où j'habitais. Tout ça était le fruit de la gloire et des raisons qui m'ont poussé à la chercher.

J'étais sorti. Laura était là avec mes beaux-parents qui avaient déjà dû faire un effort surhumain pour m'accepter et m'aimer. Quand les flics ont frappé à la porte, l'image du nouveau Russell, l'homme de paix, qu'ils avaient en tête a dû être remplacée par celle du junkie, de l'obsédé sexuel, du mec qui fait des canulars au téléphone, du narcissique qui cherche la merde. Je suis bien sûr ces deux personnages, et la personne que je suis à l'instant T dépend beaucoup de mon auditoire.

Si je choisis de voir ce genre de scène avec un œil matérialiste, je me fais prendre dans les filets du « Si le paparazzi peut me voler et profiter de mon image, pourquoi je ne pourrais pas lui voler ses lunettes ? » ou « Comment la police sait-elle où j'habite ? » Je n'ai alors pas d'autre choix que de considérer cet événement comme une conséquence de ma notoriété et d'essayer de comprendre le message qu'il essaie de me faire passer.

Et pour y parvenir, j'ai besoin de principes basiques, de gratitude et de tolérance.

Je suis heureux d'avoir une vie où je suis payé pour fanfaronner et où, par conséquent, je suis parfois pris en photo. Là, si j'étais vous et si j'étais déterminé à ne pas changer ma *Weltanschauung* (« vision du monde » en allemand), je me dirais : « C'est facile pour toi de dire ça. Tu es plein aux as et tu es sur une barque sur la Tamise avec ta chérie. C'est normal, dans ces conditions, d'accepter d'être un peu importuné. » Eh bien voici ma réponse : « Si vous déterminez votre vie en fonction de données externes, vous vous plaindrez toujours de quelque chose. Il y aura toujours des aspects de la réalité qui ne vous conviendront pas. Il y aura toujours des choses à acheter, des gens plus riches que vous et plus célèbres que vous. Pour dire les choses clairement, vous ne lisez pas ce livre (sauf erreur de ma part) dans un fossé au fin fond d'un bidonville de Kibera avec le canon d'un fusil dans la bouche pendant qu'un chef de guerre s'amuser à vous faire chier. » Et pourtant, cet horrible scénario (pas de lire ce livre, le reste) est réel pour certaines personnes. En fait, la moitié de l'humanité vit dans des conditions de pauvreté affreuses. Alors, quand on a eu la chance d'échapper à ce cauchemar, on ferait bien de ne pas passer son temps libre à se lamenter de ne pas être vautré dans un yacht en train de se faire lécher par une Kardashian parce que – et, en cela, les sages ont raison – le monde matériel est une illusion et ses trésors ne sont que provisoires.

Ce n'est pas une raison pour vivre comme un moine, même si ça peut être une solution. Ça veut juste dire que vous n'apaiserez jamais votre soif spirituelle par des biens matériels. Pour vous reconnecter à votre conscience, vous devez notamment avoir de la gratitude pour le chemin parcouru jusque-là et pour ce que vous avez. Nous sommes tous là où nous sommes censés être. Et, de là, nous pouvons grandir malgré les remous de notre résistance intérieure. Je ne vous conseillerai jamais d'accepter l'injustice ou d'être quelqu'un d'autre que celui que vous pouvez être. En faisant appel à votre Moi supérieur, cette Étape va vous aider à ressentir une paix profonde et une puissance qui est là et qui attend d'être libérée. On est donc loin d'une logique morale ou économique. Ces étapes forment un système qui nous aide à gérer nos tensions internes pour pouvoir affronter la réalité.

Nous avons tous un besoin vital de nous connecter aux autres. Mais la plupart du temps, nous ne sommes pas vivants, nous sommes débranchés. Quelle personne êtes-vous vraiment quand vous écoutez le point trafic à la radio ? Vous n'êtes pas vous-même. Vous êtes en pause. La plupart du temps, on nous laisse flotter, déconnectés, perdus dans le spectacle de la vie. Quand j'ai l'envie terrible d'assouvir mon addiction, c'est toujours parce que je crois qu'elle va m'aider à supporter d'être ainsi déconnecté. Même si, au bout du compte, cela ne fera qu'empirer les choses, je sentirai cette connexion. C'est pourquoi les addicts rechutent même quand ils ont la preuve que leur addiction est néfaste pour eux. Et lorsqu'ils sont coupés de tout, traumatisés, ils se retournent vers la seule chose qui, selon eux, peut les aider à aller mieux. En prônant l'humilité, cette Étape nous aide à renoncer aux techniques erronées et illusoires que nous avons mises en place pour nous sauver provisoirement. Et elle nous aide à nous connecter à la vérité que nous avons toujours cherchée : nous sommes en fait tous reliés.

Exercices de la 7e Étape

Êtes-vous prêt à vivre autrement, c'est-à-dire sans penser exclusivement à votre précieux « Moi » ?
Il le faut.

La voie de la guérison sur laquelle vous allez, je l'espère, vous embarquer n'est que soutien et puissance. Un ami à moi m'a dit : « C'est le GPS avec l'essence. » Maintenant que je me suis débarrassé de mes défauts, je dois demander de communier avec la Vérité suprême, le Grand Tout, Dieu tel que je Le conçois, pour qu'Elle ou Il me donne une nouvelle vision. Puis, je dois demander d'avoir la force de l'appliquer en sachant que les Étapes suivantes donnent le cadre nécessaire pour cette transformation.

Maintenant que « nous sommes prêts » à changer nos mauvaises habitudes et pensées grâce à l'Étape précédente, nous prenons une décision qui peut sembler similaire : nous leur demandons « qu'elles soient éliminées ».

Selon la plupart des religions, chaque défaut ou péché possède un attribut qui attend d'être appliqué. Au début de ma guérison, avec mon premier mentor, j'ai élaboré un système autour de mes quatorze défauts de caractère (tels qu'il les avait identifiés) qui préfigurait étonnamment cette idée.

Voici ces défauts tels que je les ai compris à l'époque, même si maintenant, comme vous l'avez vu, j'en ai éliminé certains.

Orgueil, autoapitoiement, égocentrisme, égoïsme, intolérance, impatience, jalousie, envie, luxure, paresse, cupidité, gourmandise, arrogance, malhonnêteté.

Quand vous demandez « humblement » que ces défauts vous soient enlevés (par Dieu !), cherchez le meilleur terme ou « attribut » possible pour les remplacer.

- Autoapitoiement – Compassion pour les autres
- Égoïsme – Gentillesse
- Égocentrisme – Empathie
- Intolérance, Malhonnêteté, Impatience – C'est évident, il faut mettre le contraire.
- Luxure – Amour
- Cupidité – Générosité
- Gourmandise – Pleine conscience
- Paresse – Application
- Arrogance – Humilité
- Envie – Gratitude
- Jalousie – Acceptation
- Orgueil – Élégance

Cet exercice, comme tous les conseils de ce livre, n'est qu'un guide pour vous aider à penser différemment. Quand je laisse l'amour guider mes actions, je suis heureux de vivre ma vie, ce qui est le but, au moins en partie.

Être humble, c'est reconnaître que l'on est relativement insignifiant, même si on a de la valeur, car on appartient à un tout et on a le droit d'aimer et d'être aimé. En revanche, on peut se permettre d'arrêter d'être l'artisan de son malheur.

Si vous êtes athée ou agnostique et que vous ne pouvez pas vous résoudre à demander à Dieu de vous débarrasser de vos défauts, mais que vous voulez quand même changer, voici la prière que je dis.

À réciter à voix haute :

« Je ne sais pas s'il y a un Être suprême tout là-bas, dans l'infinité du cosmos. En fait, je ne pense pas. En revanche, je sais que mes pensées sont limitées, car elles sont le fruit de ma propre connaissance qui est cernée par les murs de mon ignorance. Je suis prêt à croire que, au-delà de mes pensées et de mes sentiments, il y a un champ invisible qui maintient mon être physique en place et qui est composé de forces qui vont au-delà de la compréhension humaine, de modèles abstraits ou d'une structure spatio-temporelle à travers lesquels on analyse la réalité. Au sein de cette infinité, tout est possible. En tant qu'entité limitée qui essaie de s'éveiller, d'avoir une conscience personnelle infinie et qui renferme en elle toute la créativité, toute la joie, toute la beauté, je demande que ma vie et ma conscience accueillent ces puissances positives. »

Puis, si vous avez un super-sens de l'humour ou si vous êtes très avancé sur le chemin de la conscience, dites « Amen ». Ça ne peut pas vous faire du mal. Vous ne serez certainement pas parfait tout de suite. Personne ne l'est – que l'on croit en une autorité non expliquée et surnaturelle ou pas –, mais je vous promets que vos relations avec les événements externes et internes vont s'arranger, et que vous allez vous-même vous améliorer.

Demandez-vous :

- **Qu'est-ce que je veux changer ?**
- **Vais-je le changer ?**
- **Est-ce que je m'engage à le changer ?**

- 8 -

Soyez prêt à vous excuser auprès de tous ceux qui subissent votre « Moi » con.

Étape 8 : Nous avons dressé la liste de toutes les personnes que nous avons lésées et nous avons résolu de leur faire amende honorable.

Après avoir revu ma conception de Puissance supérieure (grâce aux trois premières Étapes) et commencé à me considérer autrement (grâce aux 4ᵉ, 5ᵉ, 6ᵉ et 7ᵉ Étapes), je me suis intéressé au mal que j'ai fait aux autres. Beaucoup de gens ont souffert à cause de moi. L'un des grands challenges de la 8ᵉ Étape est de ne pas la confondre avec la 9ᵉ. Dans la 8ᵉ Étape, on fait une liste et on décide de prendre les choses en main. Lorsque l'on écrit cette liste, on ne cherche pas comment on peut s'excuser ou on ne se demande pas s'il faut le faire ou pas pour ne pas interrompre le processus. Les gens qui ont conçu ce programme sont de grands sages. Ils ont compris que si on pensait aux excuses que l'on comptait faire tout en écrivant cette liste, on oublierait d'y mettre certaines personnes. C'est un travail minutieux qui doit se faire méthodiquement. La deuxième grande difficulté pour moi a été de pardonner, car « faire amende honorable à toutes les personnes que nous avons lésées » consistait dans bien des cas pour moi à pardonner à des gens qui, de mon point de vue, m'avaient fait du mal.

C'est pour cette raison qu'il faut bien comprendre ce que veut dire « faire amende honorable » et ce que ça signifie en anglais, c'est-à-dire « changer ou s'améliorer ». Même si ce programme aide à restituer, à réparer et à restaurer, son principal objectif est de changer. On ne veut plus jamais être cette personne qui a fait du tort aux autres, car ça ne marche pas, on le sait. On sait maintenant que l'on peut être différent. On a décidé d'apprendre à l'être. On a soigneusement regardé en soi et on en a parlé à quelqu'un. On a décidé de renoncer aux défauts que l'on a identifiés et on a humblement demandé à en être débarrassé. On veut changer. Mais difficile de repartir de zéro quand son passé ressemble à un champ criblé de mines et que sa conscience est paralysée par la culpabilité et la honte. Mon livre ne serait d'aucune utilité si je n'en profitais pas pour vous dire que « la culpabilité concerne vos actions passées » et que « la honte concerne la personne que vous êtes maintenant ».

> C'était, dans les deux cas, des diatribes furieuses et d'une haine totale. Quand je les ai lues aux autres addicts, j'ai senti une rage si intense et si incontrôlable m'envahir que je me suis mis à tourner dans la pièce comme un fou, que j'ai pris la chaise sur laquelle j'étais assis et que je l'ai fracassée contre le mur.

La culpabilité et la honte nous enchaînent à de vieux schémas de pensées, de vieux modes de fonctionnement. Il est très difficile de réécrire les programmes qui les produisent. Les 8e et 9e Étapes ont été intégralement conçues pour nous aider à changer notre vision de nous-mêmes. Je vais encore me prendre comme exemple. Quand j'ai fait la 4e Étape qui, comme vous commencez à le comprendre, est vitale pour progresser et pour pouvoir faire toutes les Étapes suivantes, je m'en voulais énormément. Je m'en voulais par exemple de « ne pas être assez bon en foot » ou de « ne pas être assez en forme ». Mais je m'en voulais aussi pour le mal que j'avais fait aux autres comme « tromper Elia », une fille avec qui je suis resté quelques années dans ma jeunesse, ou comme « ne pas avoir été présent la troisième fois où ma mère a eu le cancer ». Ces rancœurs m'ont obligé à me focaliser sur mon comportement, ce qui, concrètement, veut dire que j'ai dû voir chaque situation sous un nouvel angle. Ça ne sert à rien de se justifier quand on fait cette liste, de dire : « Elia aurait dû plus faire l'amour avec moi » ou « J'étais drogué, je ne savais pas ce que je faisais. » Ces pensées empêchent de grandir car elles valident un comportement et donc le cautionnent en permanence. J'ai regardé la situation telle qu'elle était : j'avais trompé Elia. Avec une de ses amies. Je lui ai fait subir mon égoïsme. Je l'ai utilisée.

Quant à la culpabilité concernant ma mère, ça ne sert à rien de dire : « Ce n'est pas ma faute si elle est tombée malade » ou « J'étais seulement un enfant », ou « Ce n'est pas mon boulot de m'occuper d'elle », ou « Je détestais mon beau-père. » Ces croyances, ces concepts sont des entraves dont il faut se débarrasser. Personnellement, je devais aussi travailler sur des rancœurs plus complexes concernant mon père et mon beau-père, deux hommes qui de mon point de vue m'ont fait beaucoup de mal. Quand je me suis désintoxiqué de mon addiction sexuelle peu avant de fêter mes 30 ans, j'ai dû entre autres leur écrire une lettre qu'heureusement je ne leur ai jamais envoyée pour leur dire ce que je pensais d'eux. C'était, dans les deux cas, des diatribes furieuses et d'une haine totale. Quand je les ai lues aux autres addicts, j'ai senti une rage si intense et si incontrôlable m'envahir que je me suis mis à tourner dans la pièce comme un fou, j'ai pris la chaise sur laquelle j'étais assis et je l'ai fracassée contre le mur. Cet incident a failli m'envoyer directement à l'asile de Philadelphie qui, comme j'ai pu le voir lors d'une brève visite, n'est pas un super-endroit où être enfermé. J'avais l'impression que mon beau-père me méprisait, qu'il ne faisait aucun effort pour être un père de substitution. Je me suis battu plusieurs fois avec lui quand j'ai grandi. J'ai suffisamment de souvenirs pour lui en vouloir. Mais à quoi bon ? Pourquoi me raccrocher à une émotion qui me fait souffrir ? Pourquoi accueillir dans mon corps et mon esprit cette douleur « légitime » ?

Ce programme m'a aidé à changer ma façon de penser dans des cas où j'aurais eu tendance à ne pas le faire et à me justifier :

« Si tu fais ce que tu as toujours fait, tu obtiendras ce que tu as toujours obtenu. » Si on veut changer, il faut changer. On doit faire amende honorable. Dans le cas de ma relation avec mon beau-père, ça signifiait deux choses : d'abord lui pardonner, ce qui a été assez facile une fois que j'ai été lancé. Je me suis juste dit que c'était un être humain, comme moi. Qu'il n'était pas parfait, comme moi. Que ce n'était pas mon rôle de juger les autres et de leur donner un moule pour les façonner à ma façon. En fait, ce n'est pas mes oignons. Il n'y a qu'un être humain que je peux contrôler et cet être humain, c'est moi. Et c'est sur lui que je dois me concentrer. Le pardon est un outil spirituel puissant sans lequel on serait damné en tant qu'individu et en tant que peuple. Pardonner veut dire lâcher prise. Ça veut dire accepter que nous sommes tous des mortels avec nos blessures et nos souffrances. Que nous sommes imparfaits et que nous faisons de notre mieux. Et que ça peut occasionner un clash d'instincts. Mon beau-père essayait de vivre sa vie, d'être bien avec ma mère. Il travaillait de nuit dans un boulot qu'il n'aimait pas et il subvenait aux besoins du fils d'un autre homme. Il faisait de son mieux. Pourquoi ne suis-je pas prêt à lui pardonner ? Pourquoi ai-je tant besoin que le monde fonctionne à ma façon ? Quel peut être mon avenir si je continue à penser ainsi, surtout en sachant que ça ne m'a apporté que de la souffrance jusqu'à présent ? Qu'est-ce qui me retient ? Qu'est-ce que je gagne à ne pas vouloir pardonner, à ruminer mon passé, à me cramponner à une douleur ancienne et à souhaiter tout le mal du monde à un homme qui me ressemble ? Rien.

Quand je pense à ma vie, je vois à quel point je me suis fourvoyé. Comment puis-je espérer que l'on me pardonne si je ne suis pas prêt à pardonner ? Et que faire de ces quelques fois où mon beau-père a abusé de moi dans mon enfance ? Dois-je les ressasser interminablement en cherchant de nouvelles raisons de m'en vouloir ? Bien sûr que non. Ce programme m'a permis de changer ma perception de ces événements et d'améliorer ma vie. Bien entendu, c'est bien sûr mal qu'un homme m'ait touché quand j'avais 7 ans et, à mon niveau, rien ne peut minimiser sa responsabilité. Mais je préfère me libérer de la douleur que j'ai inconsciemment portée en moi. Je n'ai pas besoin de dire, comme un horrible juge des années quatre-vingt, que j'étais un grand séducteur et que c'était donc ma faute, ce qui serait complètement crétin. À la place, je peux accepter que cet événement se soit produit sans que j'y sois pour rien, que c'est terminé, que c'est du passé. Et je peux l'empêcher de me bloquer l'accès à l'épanouissement mental et spirituel. En pardonnant mon agresseur, je me suis libéré. Je peux réécrire l'histoire. Je peux considérer que cet événement m'a donné plus de compassion et m'a aidé à mieux comprendre la situation. Je peux laisser tout ça derrière moi. Je n'ai aucun intérêt à continuer à être un juge dans ma tête qui punit les gens qui m'ont fait du mal. En laissant ce drame que j'ai longtemps gardé secret derrière moi, je me suis senti un peu plus libre, un peu plus utile. Ce qui m'est arrivé n'est bien sûr pas normal. Mais c'est encore pire de le laisser affecter la personne que je suis maintenant. Je ne peux pas contrôler le passé mais je peux contrôler le présent en pardonnant.

J'ai entendu de magnifiques récits de pardon. Et la place du pardon dans la vie spirituelle témoigne de son importance. Je pense à ces mères qui ont pardonné au meurtrier de leur fils, qui se sont liées d'amitié avec lui, qui ont appris à comprendre et à aimer la personne qui les a tant fait souffrir car elles savaient que, sans le pardon, elles ne seraient jamais libres. La prière de saint François d'Assise dit : « C'est en pardonnant que l'on est pardonné. » Ça veut dire, je suppose, qu'il y a un lien direct entre la clémence que nous exprimons et le monde tel que nous le ressentons. Le Notre Père que j'ai tant rabâché à l'école dit : « Pardonne-nous nos offenses comme nous pardonnons à ceux qui nous ont offensé. » La liberté a une condition importante : le pardon. Ou, comme disait Gandhi : « Soyez le changement que vous voulez voir dans le monde. » Si l'on veut être pardonné, il faut pardonner.

Après avoir pardonné mon beau-père, j'ai pu analyser plus clairement mon propre comportement. J'étais grossier, dédaigneux et colérique. Je volais, je mentais et je manipulais les autres. Je faisais du mal aux autres. Alors quand j'ai dressé la liste des personnes que j'ai blessées, je l'y ai ajouté. Je dois avouer que je me suis senti libéré quand j'ai fait cette modification, quand je me suis libéré du joug de mes opinions tyranniques. Ça m'a donné l'impression de sortir de l'image que j'avais de moi-même, que j'étais victime des circonstances de la vie quand j'étais petit et de mûrir, de devenir un homme. Quand on bâtit son propre petit musée de rancœurs, on s'y enferme.

On peut faire souffrir les autres ou les institutions d'une multitude de façons. Elles n'apparaissent pas toutes dans l'inventaire de la 4e Étape, car il est important de pouvoir faire la distinction entre les moments où l'on a vraiment fait du mal et ceux qui n'étaient que le prolongement de ses propres sentiments de culpabilité et de honte. Il est important de faire ce travail avec l'aide et avec le soutien d'un groupe pour être sûr de le faire soigneusement et prudemment, car la règle de base, c'est de ne pas faire encore plus souffrir les autres.

Je me souviens maintenant que je dois de l'argent à MTV. Quand j'y ai travaillé pour la première fois, j'avais 24 ans et j'étais plus addict que jamais. Je mettais tout en œuvre pour atteindre le stade ultime de la dépendance chimique et, comme MTV se trouvait dans le quartier de Camden à Londres, c'était l'endroit parfait pour y arriver. Les locaux – un capharnaüm de beautés étincelantes, de gadgets dernier cri, de cadeaux, de formateurs cool, d'optimisme – se trouvaient juste sur le canal, un canal qui était sans cesse emprunté par les dealers. Je passais d'un monde à l'autre comme *Alice au pays des merveilles*. Je n'étais bien sûr certainement pas la seule personne à me droguer. Et je n'étais probablement pas le seul à avoir des problèmes avec la drogue. En revanche, j'ai réussi à ce que mon problème se propage dans et interfère sur la vie de tous ceux avec qui j'étais en contact. À l'époque, j'étais, et je le suis encore, du genre intense et énergique, et j'étais capable de créer pas mal de problèmes en peu de temps.

Quand on vous offrait un job de présentateur à MTV, on vous ouvrait un compte chez Addison Lee, une société de taxi privée basée à Londres pour faire le trajet de chez vous au bureau et vice versa. Dans mon cas, ça aurait dû être deux ou trois voyages par semaine. Mais quand mon cerveau frustre et défoncé a enregistré mon numéro de compte, j'ai instantanément décidé de ne plus mettre les pieds dans les transports en commun. Mais ce n'est pas tout. J'ai utilisé ce service pour tout et n'importe quoi : pour me faire livrer gratuitement des pizzas, de la drogue, des prostituées et (et c'est moins embêtant) pour faire venir ma mère. Ça montre bien comment fonctionne mon cerveau. Si on me donne une opportunité qui, dans ce cas, était le privilège de pouvoir venir gratuitement à mon travail, je l'exploite comme La Compagnie britannique des Indes orientales avec les colonies. Je n'ai aucune limite, aucune frontière morale qui auraient pu freiner mon usage de ces taxis. Je n'ai douté qu'une fois, quand quelqu'un d'autre, mon cher ami Andy Milligan, le producteur qui m'a offert mon premier job à MTV, m'a appelé d'un club de Soho pour me demander s'il pouvait utiliser mon compte : « Désolé, mais c'est seulement pour les déplacements professionnels. » J'en frémis rien qu'à y repenser. Andy apparaît sur ma liste de la 8e Étape, mais pas MTV. J'ai été capable de justifier mentalement mon comportement avec eux pendant plus de quatorze ans. C'est une énorme boîte. Ils s'en fichent. Ce sont les rois du monde. Je faisais ce que tout bon drogué qui se respecte fait : je suçais une bonne opportunité jusqu'à la moelle. Je ne savais pas combien ça coûtait, ni même qui allait le payer. Quand j'y repense, je trouve ces excuses totalement inacceptables. Comme je vous l'ai déjà expliqué, ce programme et ses bienfaits ont mis du temps à infuser en moi. Je suis comme qui dirait tout au bout de la chaîne de la guérison. Mais maintenant, après quatorze ans et demi d'abstention, j'ai acquis un certain sens moral et je veux réparer mes torts envers MTV. Ça signifie que je dois chercher qui en est le boss maintenant, l'appeler, prendre rendez-vous, y aller et lui dire que je suis un addict et que, dans le cadre de mon programme, je dois faire amende honorable aux gens que j'ai blessés et aux gens envers qui j'ai une dette. Mais tout ça concerne la 9e Étape qui suit naturellement la 8e et qui dit : « Nous avons dressé la liste de toutes les personnes que nous avions lésées et nous avons résolu de leur faire amende honorable. » Pour l'instant, on en est là. À la 8ᵉ Étape où on arrête une bonne fois pour toutes de se justifier. Où on arrête de s'accrocher au passé. Où on admet que si l'on veut avancer, il faut changer. Ce changement est possible en partie si l'on pardonne et si l'on accepte de voir sa vie et le monde sous un angle différent. Demandez-vous : « Est-ce que je veux vraiment changer ou est-ce que j'essaye encore de justifier mes actes pour continuer sur ma lancée ? »

Exercices de la 8ᵉ Étape

Soyez prêt à vous excuser auprès de tous ceux qui subissent votre « Moi » con.

Relisez la 4ᵉ Étape, notamment la liste des personnes ou des institutions à qui vous avez causé du tort. Souvenez-vous de la liste que vous avez écrite sur tous les gens que vous avez croisés dans votre vie. Toutes les personnes dont le seul nom vous tord les boyaux devraient être sur cette liste. Si elles vous ont aussi fait souffrir, ce n'est pas grave, vous ne bossez pas pour un jeu télévisé ou un grand jury. L'essentiel, c'est de laver votre conscience. La 4ᵉ colonne « Mes fautes » va aussi beaucoup vous servir dans cet exercice.

Puis, pour chaque entrée ou, devrais-je dire, pour chaque personne de votre liste (ou, si vous voulez passer à la vitesse supérieure, de votre fichier), notez son nom puis écrivez :

- le mal que vous lui avez fait ;
- ce que vous auriez dû faire à la place ;
- qui en a souffert et comment.

Le mal peut être quelque chose d'évident comme « Je lui ai volé son vélo » ou plus flou comme « J'ai gâché sa tranquillité d'esprit. »

En vous référant encore à la 4e Étape, utilisez les sept domaines de votre vie que ça affecte, c'est-à-dire la 3e colonne, pour savoir précisément ce qui a été impacté.

La deuxième question aide à voir ce qu'il n'était pas toujours possible de faire car, parfois, les souffrances causées étaient inévitables. Exemple :

Arrêter mon chien d'agresser les moutons. (Que faire ? Le laisser ? Son irritation et sa souffrance sont donc nécessaires.)

Quitter quelqu'un quand ça n'allait plus. (Je devais partir sinon je serais devenu fou.)

Votre liste doit être objective, sans analyses ni supputations. Dans l'idéal, vous devriez être capable de voir le mal que vous avez fait rien quand vous relisant.

Dave – J'ai pris son vélo. Je n'aurais pas dû prendre son vélo.

Pas besoin de broder davantage sur les tourments intérieurs de Dave au sujet de son vélo. Si, parmi les nombreuses consignes du programme des 12 Étapes, il y a « Restez simple », c'est parce que l'on a tous une fâcheuse tendance à compliquer les choses pour rien. Il est donc impératif de rester simple dans cette Étape.

Quand vous aurez fait votre liste et répondu aux questions, demandez-vous au cas par cas :

- **Suis-je prêt à m'excuser auprès de cette personne ?**

Le but de cette Étape est de nous libérer de nos vieux schémas de pensée et de nous offrir une nouvelle vie. Si nous sommes vraiment décidés, ça montre que nous sommes prêts à vraiment changer.

Mais tout ça est impossible sans le pardon. En effet, même si ce n'est pas toujours facile à accepter, le pardon est un outil puissant pour changer notre perception du passé, nos valeurs humaines, et avancer librement vers notre futur.

- 9 -

Maintenant, excusez-vous. Sinon, cela ne fera qu'aggraver la situation.

Étape 9 : Nous avons personnellement réparé nos torts envers ces personnes chaque fois que nous pouvions le faire, sans leur nuire ou porter préjudice à d'autres.

J'ai secrètement toujours aimé cette Étape, car elle me fait penser à un film avec, en toile de fond, une quête. Je me voyais m'extrayant du passé, plein d'une sagesse et d'une force à la Sergio Leone, lançant des regards obliques et des excuses vertueuses à toutes les personnes que j'avais blessées à l'époque où j'étais un jeune chien fou. Mais, quand j'ai atteint la 9e Étape, ce romantisme nié m'avait quitté. La 9e Étape est le point de rencontre entre le pragmatisme et le mysticisme que l'on retrouve toujours et encore dans ce programme. Quel est l'intérêt de la spiritualité si elle n'aide pas à devenir meilleur ? Si, en faisant ce programme, on ne se sent pas mieux, on n'a aucun intérêt à le faire. Autant continuer à se comporter comme un taré. C'est une étape pragmatique parce que, en surface, on est à fond dans l'action. « Nous avons dressé la liste de toutes les personnes que nous avions lésées et nous avons résolu de leur faire amende honorable. » Et maintenant, il faut agir : faire ces fameuses excuses. Ça veut dire faire des recherches et de l'introspection. Des recherches parce que l'on peut, par exemple, pour reprendre mon exemple à moi, avoir besoin de savoir qui était le directeur financier de MTV UK dans les années quatre-vingt-dix. Et de l'introspection pour respecter la consigne : s'excuser « sans leur nuire ou porter préjudice à d'autres ».

Dans ma 8e Étape, j'ai eu parfois beaucoup de mal à avoir vraiment envie de pardonner. Je vous ai parlé du processus qui m'a amené à pardonner à mon beau-père. J'ai dû identifier tous les torts que je pensais qu'il m'avait causés pour bien discerner ceux que je lui avais faits de mon côté. Puis j'ai réfléchi à la forme que prendraient mes excuses. Quand je me suis senti enfin prêt à lui pardonner, il n'était plus avec ma mère. Comme il était donc plus compliqué de le contacter, ça m'a donné une bonne raison de renoncer. Je me suis aussi souvenu que c'était un homme calme qui n'aimait pas parler de ses émotions et qui trouverait sans doute ma démarche très embarrassante. Autant d'arguments bidon pour justifier mon inaction ! Quand je pensais à lui et au travail que j'avais fait, une pensée me traversait sans cesse l'esprit. Dans mon autobiographie *My Booky Wook* (non traduit en français), j'ai parlé de mon beau-père avec un manque total de retenue, pour ne pas dire une certaine jouissance. Je n'y exprimais que mon point de vue et l'avais aimablement décrit comme un méchant d'un livre de Dickens. Dans les années qui ont suivi, avec toute cette presse people qui fouille dans la boue et frappe à la porte de quiconque pourrait leur donner une bonne histoire, on l'a sans doute débusqué quelque part. Mais il n'a pas dit un mot. C'était en complet décalage avec l'image que j'avais toujours eue de lui. C'était incroyablement respectueux et gentil. Cette mini-prise de conscience a formé un trou par lequel j'ai vu une nouvelle aube se lever. La réalité qui est en moi n'est pas absolue, je l'ai construite. Si elle ne me sert pas, si elle n'est pas objectivement authentique, alors pourquoi ne pas la changer ? La lumière de cette nouvelle aube a fait fondre mes certitudes inébranlables. Jusqu'au jour où...

Tous ceux qui ont fait ce programme vous parleront, à un moment donné, de la fréquence des coïncidences, de toutes ces fois où les gens que vous devez rencontrer surgissent devant vous, de tous ces signes que vous remarquez. Certains s'agacent et flippent en voyant l'importance que donnent certaines personnes à certains événements, car ça leur rappelle l'aspect mollasson et farfelu de la spiritualité New Age qui rebute beaucoup de gens – ce qui se comprend. Toutefois, j'ai remarqué que, depuis que j'ai commencé à accorder moins d'importance au matérialisme et à mes besoins égocentriques, il se produit dans ma vie plus de coïncidences. Ou, du moins, j'en ai l'impression. Dans le cas qui nous préoccupe (mon beau-père), allons à l'hôpital pour enfants d'Ormond Street où je rends régulièrement visite aux petits malades (Je ne vous en ai pas parlé ? Je suis vraiment un type bien). Devinez quelle est la première personne qui se tenait près du premier lit de la première chambre où je suis entré dans cette vaste institution ? Le neveu de mon beau-père ! Son fils était malade. On a discuté. Je lui ai demandé des nouvelles de son oncle. Et il m'a donné son numéro de téléphone. J'ai essayé de l'appeler, mais il n'a répondu ni à mes messages ni à mes appels, ce qui montrait, d'une manière on ne peut plus évidente, qu'il ne voulait pas avoir affaire à moi. Je lui ai écrit une lettre où j'endossais l'entière responsabilité de mes actions et où je lui présentais mes excuses d'une façon qui pouvait lui convenir. Je faisais amende honorable, lui souhaitais d'aller bien et lui demandais si je pouvais faire quelque chose pour lui. Il ne m'a jamais répondu, mais maintenant, je vois notre relation différemment. Je lui ai présenté mes excuses et, grâce à cela, ma perception du passé et mon comportement ont changé. Je reconnais maintenant que j'interprète souvent mal le comportement des autres et que j'ai vraiment intérêt à ne pas les juger : un constat qui aurait été inconcevable pour la personne que j'étais, pour la personne que je suis quand je ne fais pas ce programme, pour la personne que je suis par défaut. Quand on arrive à s'excuser, ça montre que l'on change, que l'on change vraiment. J'ai parfois l'impression d'être toujours le même, même si en fait ce programme m'aide vraiment à travailler sur moi, à avancer. « C'est en faisant semblant que l'on devient ce que l'on veut être. »

Dans ma vie d'avant, et j'imagine que c'est le cas pour beaucoup d'entre vous, je n'accordais pas une grande importance à l'esprit et à la conscience. Comme la plupart des gens, je ne m'intéressais qu'au matériel sous une forme ou sous une autre, pris au piège (pour ne pas dire asservi) par les obligations de la vie ordinaire. Pas facile d'être en lévitation comme un soufi quand on a trois gosses, un prêt à rembourser ou que l'on essaie d'avoir une promotion pour se payer un logement démentiellement cher en ville. La plupart de ce qui contribue au bonheur ne se définit pas mécaniquement, car on ne peut pas mesurer le travail des rouages de l'âme et de l'esprit. Dans la 9e Étape, j'ai senti la présence du sacré chaque fois que je m'excusais « face à face ». Les mots et la syntaxe que l'on nous incite à utiliser agissent comme un ancien sort et appellent des témoins invisibles à comparaître, comme si un cercle de feu ou une chapelle apparaissaient lorsque l'on murmure ces mots d'aspect pourtant banal :

> *« Comme tu le sais, je suis un addict. Pour guérir de mon addiction, je dois notamment m'excuser auprès de ceux à qui j'ai fait du mal. Je t'ai fait du mal et je te présente mes excuses. »*

Cette simple phrase est le point de départ pour faire des excuses face à face, car ces mots forment une sorte d'arche sous laquelle on passe pour pénétrer dans un espace plus calme, dans un espace que l'on n'est pas le seul à occuper avec la personne auprès de qui on s'excuse. C'est comme si l'on évoquait en même temps quelque chose, un principe caché. Chaque fois que j'ai démarré comme ça, je me suis senti envahi par une légère crainte, à deux doigts de pleurer. Je me suis senti humble. J'ai senti la grâce qui descend sur soi quand on décide d'arrêter d'agir comme on l'a toujours fait pour accepter de prendre une autre voie.

Cela dit, c'est aussi une méthode pratique qui peut être appliquée de façon plus bureaucratique. Certains conseillent par exemple une approche prosaïque comme : « Je suis en train de passer ma vie en revue pour voir si j'ai fait du mal à quelqu'un. Et je pense que je t'ai fait du mal » sans faire référence à la spiritualité ou à des addictions particulières. Si vous faites cette Étape parce que vous voulez donner plus de sens à votre vie sans chercher particulièrement à changer un comportement particulier, cette approche peut vous convenir. Voici comment procéder :

1 Dites à la personne le mal que vous lui avez fait, restez focalisé sur ce problème et, à ce stade, ne faites pas d'excuse.

2 Demandez-lui s'il/elle a quelque chose à dire ou s'il/elle veut ajouter quelque chose, puis taisez-vous et écoutez. (C'est la partie la plus difficile pour moi.)

3 Faites les excuses que vous souhaitez faire.

4 Demandez-lui s'il/elle est prêt(e) à accepter ces excuses ou s'il/elle voudrait que vous lui en fassiez d'autres ou des différentes.

Les excuses que vous êtes prêt à formuler doivent correspondre au mal que vous avez fait. En ce qui concerne mon ami de MTV à qui j'ai refusé de donner les codes de mon compte de taxis privés (alors que, dans mon trip de pur égoïste, je l'utilisais pour n'importe quoi), je l'ai rencontré, je me suis excusé comme décrit ci-dessus et je lui ai commandé une voiture pour aller le chercher au travail et le ramener chez lui. C'est ce que l'on appelle une excuse « légère ». Il n'empêche que, lorsque je repense honteusement à ma conduite égoïste, ce petit geste a apaisé mon dégoût de moi et a réparé le mal entre nous. Et ne vous inquiétez pas pour lui. En ce moment, il écrit pour le duo de comiques And & Dec. Il s'éclate.

> Est-ce que quelqu'un, une connaissance ou quelqu'un que vous aimez vous a déjà dit : « Je suis désolé que *tu trouves* que j'ai été méchant ? » Quand on me dit ça, j'ai envie de le ou la balancer dans un ravin. Ce n'est pas un mea-culpa, c'est un tua-culpa.

Les excuses que j'ai faites à mes parents et à plusieurs de mes ex étaient beaucoup moins ampoulées. Je leur ai parlé d'un ton franc et navré et je leur ai promis de devenir un homme différent. Ma relation avec mes parents s'est énormément améliorée et est maintenant transparente et honnête. D'ailleurs, souvenez-vous, car c'est important, que le programme des 12 Étapes est désormais utilisé pour des douzaines d'addictions. Je suis toujours surpris de voir qu'une fois que l'on a reconnu son incapacité à contrôler son comportement ou l'objet de son addiction, on aborde un sujet beaucoup plus large : la façon dont on interagit avec les autres et avec la vie. On cherche à donner du sens à sa vie au lieu d'avancer aveuglément sans avoir conscience de rien.

Que se passe-t-il quand je présente mes excuses à des collègues ou à des ex ? Avec qui ou avec quoi suis-je en train de communier vraiment ? Avec moi-même dans un certain sens, car je m'engage à devenir un homme différent. Vous est-il déjà arrivé de vous excuser par hasard, en larmes ou complètement ivre ? Ou de demander timidement pardon à une fille que vous avez offensée car vous aviez conscience qu'il fallait le faire sans savoir vraiment comment procéder ? Moi oui. Mais ça ne sert à rien de balancer des phrases types du genre : « Ne cherche pas à t'excuser » et « Laisse-moi parler. » De même, est-ce que quelqu'un, une connaissance ou quelqu'un que vous aimez vous a déjà dit : « Je suis désolé que *tu trouves* que j'ai été méchant » ? Quand on me dit ça, j'ai envie de le ou la balancer dans un ravin. C'est pour cette raison que ce programme met en mots ce que l'on pense tous intuitivement : il y a une façon correcte de faire des excuses. Autrement dit, quand on s'excuse d'avoir fait « ressentir quelque chose à quelqu'un » au lieu de s'excuser de l'avoir fait tout court, ce n'est pas un mea-culpa, c'est un tua-culpa.

On ne peut pas s'excuser pour tout car, comme le dit la 9e Étape, « on nuirait ou on porterait préjudice à d'autres ». Le but de cette Étape, c'est de se sentir utile. J'allais presque dire de se rendre heureux, mais ça m'a paru idiot, léger, frivole, niais. Si on se focalise trop dessus, ça va disparaître, comme une érection. Ça ne sert à rien. Il faut que ça soit utile, que ça ait un but. Les idées véhiculées par ce programme sont suffisamment robustes pour supporter les turbulences internes de l'esprit. Si vous savez que vous allez blesser quelqu'un en lui présentant vos excuses, abstenez-vous. Si vous lui donnez des informations qui pourraient le blesser ou si le simple fait de le revoir peut le traumatiser, renoncez. Ces éventuelles complications montrent encore une fois l'intérêt d'être guidé dans ce travail. J'ai parlé à mon mentor à chaque stade de la 8e Étape, notamment des excuses que j'envisageais de faire. Ça veut dire que je ne nous croyais pas capables, moi et mon cerveau qui était responsable de tous ces problèmes, de les résoudre. De même, si en faisant des excuses, vous risquez de terminer en prison, je vous conseille la plus extrême prudence. Comme on doit être prêt à endosser les conséquences de ses actions, les gens du programme osent souvent dire : « Lorsque l'on est prêt à aller jusqu'au bout, on doit être prêt à faire, si nécessaire, de la prison. » Personnellement, j'ai commis peu d'actes criminels pour lesquels je devais m'excuser. Certes, j'ai volé de l'argent à MTV, j'ai aussi pris des drogues illicites, mais la plupart de « mes fautes » tournaient principalement autour de mon incroyable égoïsme et de ma tendance à mentir et à exploiter les gens. Avec l'aide de mon mentor, j'ai décidé que la meilleure façon de m'excuser auprès des personnes concernées était de leur écrire une lettre, car ils n'auraient certainement pas du tout envie de me voir revenir dans leur vie avec les cheveux bien peignés et bourré de bonnes intentions.

J'ai longtemps pensé que mon addiction sexuelle n'était pas un problème. Je trouvais même ça acceptable. Je savais que j'avais du mal à la contrôler et je savais, au fond de moi, que c'était plus une question de manque d'amour, de besoin de connexion et de sens qu'une quête effrénée de l'orgasme. En revanche, je n'avais pas du tout conscience du mal que je faisais aux autres. Maintenant je sais que, quand on influe d'une manière ou d'une autre sur le comportement inconscient de quelqu'un (surtout quand il est destructeur ou nocif pour leur estime de soi), on participe à sa douleur. Ce principe est d'autant plus déconcertant que lorsque l'on en a conscience, on peut aider la personne à guérir.

Certains ont refusé mes tentatives d'approche et j'ai dû l'accepter, car c'est la conséquence de mon attitude avec eux. D'autres, et c'est courant, étaient embarrassés par ma démarche mais plutôt contents. La première personne que j'ai contactée est Matt Morgan, un gars que j'aime beaucoup, dont je me suis beaucoup servi, avec qui j'ai beaucoup travaillé et que j'ai beaucoup plus fait souffrir dans la seconde phase de mon addiction que dans la première, quand les signes de mon malaise étaient plus visibles. Je lui ai présenté mes excuses dans ma chambre dans un hôtel chic de Londres. Matt a alors eu une réaction bizarre. Il s'est mis un coussin devant le visage alors que j'essayais de lui parler en toute franchise. « Mes fautes » envers lui étaient : lui donner de la drogue, l'entraîner dans un monde d'addictions sordide et désagréable et, dans le travail, le contrôler et lui mettre sans cesse des bâtons dans les roues. Quand il est réapparu de derrière le coussin, Matt m'a dit qu'il n'avait pas été autant influencé que ça par le sexe et la drogue, mais qu'il avait beaucoup souffert de mon besoin de contrôle au travail. Il m'a même listé tout le mal que je lui avais fait et que j'avais d'ailleurs complètement oublié. Si cette 9e Étape est aussi difficile pour la personne qui fait des excuses que pour celle qui les reçoit, c'est, à mon avis, parce qu'elle oblige à être authentique. On sait que quelque chose d'important est en train de se passer. On vit dans un monde dominé par le rationalisme où les émotions sont souvent mises de côté. Dans l'Angleterre de la reine Victoria, tandis que l'industrialisation et l'urbanisation consumaient les terres, certaines rivières londoniennes ont été recouvertes de pavés et de béton pour qu'elles continuent de couler et que la grande machine capitaliste puisse les emprunter.

Sous le béton de notre conditionnement coulent des rivières plus pures et plus belles qui attendent d'être libérées.

Même si j'ai programmé la majorité de mes excuses, dans certains cas, la 9e Étape m'a poussé à faire des « surprises », à agir « sur le vif ». Dans ma vie professionnelle, j'ai blessé beaucoup de gens en coupant tous les liens avec eux quand j'ai cru qu'ils ne pouvaient plus me servir. Je l'ai souvent fait d'une façon irresponsable qui les a fait souffrir. J'ai ainsi renvoyé froidement et sans explication un homme qui m'avait beaucoup et longtemps aidé dans ma vie professionnelle. Et, bien sûr, il en a été très blessé. Je ne m'en suis jamais rendu compte. En fait, je n'y ai jamais vraiment pensé jusqu'au jour où un ami commun m'a ouvert les yeux. J'y ai longtemps pensé jusqu'à ce que je comprenne ce que j'avais fait de mal, que j'avais été égoïste et irresponsable. Un soir, dans une émission en direct, je suis tombé sur lui. J'ai tout de suite senti mon estomac se nouer, preuve que, à un certain niveau, je savais que je l'avais blessé. Je n'étais donc pas en adéquation avec mes propres normes – et non celles que j'avais apprises. Mon corps me faisait viscéralement savoir que je devais m'excuser auprès de lui. Et ça n'avait rien à voir avec une quelconque espèce de moralité.

Cette Étape a été conçue pour nous aider à retrouver notre place dans le monde. Nous sommes en effet nombreux à être entravés par la peur et la honte, un sentiment renforcé quand nous ne pouvons pas sortir de chez nous sans croiser des personnes que nous avons blessées et qui bien sûr, ne nous apprécient pas plus que ça. Nous commençons vraiment à nous rendre compte que nos relations avec les autres font écho à des comportements négatifs que nous avons vis-à-vis de nous-mêmes : je crois que je suis moche, que je me comporte mal, puis je me comporte d'une façon qui va dans ce sens. C'est une croyance qui se perpétue d'elle-même. Si la personne que j'étais avant s'était retrouvée devant quelqu'un avec qui ça avait beaucoup chauffé, elle l'aurait évité ou elle aurait affronté la situation en montrant les dents. Comme la plupart des gens, je ne voulais pas changer. Je cherchais sans cesse à me justifier pour rester le même : « Si vous aviez eu mon enfance, mes problèmes, mes troubles mentaux, vous auriez agi comme moi. » Mais ce programme a été conçu pour nous faire changer. On accepte que l'on peut changer, on croit que c'est possible et on s'ouvre à des informations provenant de nouvelles sources – si possible d'un groupe, si possible d'un mentor, si possible d'une Puissance supérieure, idéalement des trois. Puis on cherche où on a fauté, on en parle et on s'engage à se comporter autrement. Et enfin, on s'attaque à tout le mal que l'on a fait quand on fonctionnait avec notre ancien logiciel qui était généralement constitué d'un conglomérat de clichés et de réponses justifiant des abus et des traumatismes.

Même si je me suis senti mal quand je me suis retrouvé face à mon ancien collègue, j'ai su que je devais agir. Je me suis approché de lui humblement et je lui ai dit qu'il fallait que je lui parle s'il avait le temps. Comme c'était dans le cadre d'une émission comique retransmise de l'Apollo Theatre à Londres et qu'il en faisait la promotion, il aurait eu tout à fait le droit d'éviter cette conversation pénible. Il m'a pourtant répondu « OK » et, quand il a eu un moment, il m'a conduit dans un bureau dans les coulisses. Entre-temps, j'avais eu le temps d'aller prier dans les toilettes. Ça peut paraître bizarre aux millénials, mais la plupart des gens ressentent cette pulsion, ce besoin occasionnel de se parler à eux-mêmes. Ça a été mon cas bien avant que ça devienne pour moi un acte spirituel. J'ai passé ma vie, enfermé dans les toilettes, à essayer de me transcender : enfant quand je me gavais de chocolat et que je me faisais vomir après, puis quand j'étais hypnotisé par le porno que je regardais frénétiquement, puis par la drogue et enfin par la prière. Chaque fois, le besoin était le même : sortir de ma tête, me sentir connecté à quelque chose, sentir qu'il y avait quelque chose au-delà de moi, dans un corps, sur une planète, dans l'espace infini. Bien sûr, on n'a pas tous forcément cette soif de connexion, même avec les autres. Pourtant, quelle est cette secousse transcendante que l'on ressent quand on assiste à un sacrifice noble ? Quel est ce sanglot que l'on étouffe quand des gens se rassemblent pour une cause commune ? Quelle est cette corde qui se met à vibrer quand on assiste à un acte héroïque ? Ces gestes de bravoure nous rappellent que l'enveloppe de l'individualisme est provisoire. D'ailleurs on s'en souvient et on en est soulagé quand le héros voit au-delà du monde artificiel de ses besoins et de ses désirs égoïstes, s'ouvre à la foi et tombe dans les bras d'une Unité supérieure. Quelle est la valeur de la fraternité ? Quelle est la force de la solidarité ? Quelle est la vertu de la gentillesse, si ce n'est nous faire admettre qu'en fait et en vérité, nous ne formons qu'un tout, nous sommes ensemble ici et que ce que nous faisons aux autres, nous le faisons à nous-mêmes ? L'héroïsme frappe l'imaginaire. Il nous rappelle ce que nous savons depuis toujours mais que nous avons oublié : nous sommes tous connectés.

Quand j'ai prié à l'Apollo Theatre, j'ai fait appel à cette Unité. Je me suis donné des forces en me rappelant que, lorsque je suis sur le bon chemin, je ne suis plus un tas de cellules et de désirs, une machine à plaisir dressée et salivante, mais que j'essaye au contraire de me caler sur la même fréquence que les autres. Mon ancien collègue m'emmène dans le bureau. C'est très bruyant dehors parce que le spectacle est sur le point de commencer. Mais dans la pièce, tout est calme. Je parle aussi bas que les circonstances me le permettent. Je lui dis que j'assume la responsabilité de mes actes aussi précisément que stipulé dans la 9e Étape. Il prend alors la parole. Il me dit combien il a souffert d'avoir été si froidement rayé de mon carnet d'adresses, des conséquences que cela a eu pour lui, sa carrière et sa vie privée. En l'écoutant, je me sens vulnérable. Je sens viscéralement à quel point mon inconscience et mon égoïsme ont fait souffrir cet homme. Ça me fait du bien de l'entendre. Ça me fait du bien de reconnaître que je souffre de l'avoir fait souffrir, de ne pas fermer la porte à sa souffrance. J'accueille ce qu'il me dit en silence. Quand il se tait, je lui demande si je peux faire quelque chose pour lui. Comme c'est un gars du Nord tout en testostérone, il se contente de me lancer, ce qui n'a rien de surprenant, un « t'inquiète » en patois local. Je rejoins les gens que je connais, un peu perturbé, car je ne suis pas certain d'avoir bien agi, c'est-à-dire d'avoir ressassé le passé et donc rouvert d'anciennes blessures. Est-ce que ça m'a fait du bien ? Est-ce que ça lui a fait du bien ? Avant que le comique arrive sur scène, mon ancien collègue réapparaît visiblement gêné et m'offre, très gentiment, quatre pass pour la soirée après le show. Dans le langage muet des hommes d'un certain milieu et d'un certain âge, c'est un geste de pardon. Il repart assez brusquement mais peut-être un peu guéri. Rien ne l'obligeait à me chercher pour me faire ce cadeau. Je sais que je l'ai mal traité, comme beaucoup des gens sur ma liste. Je sais aussi que je ne suis pas une mauvaise personne. Je suis quelqu'un qui a dévié du bon chemin, mais, grâce au programme des 12 Étapes, je n'ai plus besoin de me faire du mal ou de faire du mal aux autres.

Ces dix dernières années, j'ai été très exposé médiatiquement avec mes histoires d'amour, un mariage, des scandales et des controverses. J'ai essayé de faire cette Étape chaque fois que je le pouvais en faisant parfois des excuses plus générales. J'ai remarqué que depuis que je ne souffrais plus de mes addictions démesurées, grandioses et destructrices, j'ai facilement réussi à canaliser les pulsions qui en étaient à l'origine dans ma vie sexuelle, amoureuse et professionnelle.

> Ma stratégie pour m'excuser n'est pas mécanique, n'est pas conçue pour me faire revenir sur la liste des « gentils » du Père Noël. C'est une tentative pour être en adéquation avec une aspiration qui existe en moi, à mon insu, et qui me fait souffrir quand je ne l'entends pas.

On ne peut pas dire que je vivais en harmonie avec mon Moi supérieur dans ces trois aspects de ma vie. Ça ne veut pas dire non plus que je me comportais toujours mal. Certains de mes coups d'un soir étaient pleins d'honnêteté et de tendresse. Certaines de mes relations et de mes expériences professionnelles ont frôlé le sublime. Mais je m'accordais aussi des décharges d'adrénaline et des excès à certains moments. Si, comme moi à l'époque, vous êtes jeune et célèbre, on vous incite à mettre plein de femmes dans votre lit. Si vous êtes colérique dans le travail, que vous pétez les plombs sans raison, que vous avez des sautes d'humeur, on le tolère tant que vous rapportez de l'argent. Je ne parle pas, bien sûr, ni d'infractions à des règles ou des lois, ni d'activités illégales, ni de corruption, ni de vol ou de relations non consenties – qui font tous l'objet de sanctions. Je parle de notre logiciel interne, personnel, dont on n'a pas forcément conscience quand on est dans la transgression mais qui est toujours là, vivace, présent. Je me rends compte maintenant quand j'utilise physiquement une femme, quand je sais que ça ne va être bon ni pour elle ni pour moi en dehors d'un plaisir de courte durée – ce qui est, il faut bien le reconnaître, une façon très efficace et très divertissante de se gâter. Dans ces moments-là, je suis en pleine « mauvaise foi » parce que je sais que je ne peux pas être comblé par des plaisirs éphémères et que, en tant qu'homme qui aspire à la pleine conscience, je dois être tendre et généreux avec les femmes. Mon mal-être m'a poussé à considérer les gens et les choses comme une solution à mes problèmes. Ce n'était ni calculé ni conscient. Quand mon regard était happé par une jolie femme, je ne gloussais pas intérieurement comme un vampire. J'étais juste aveuglé par le besoin de combler une pulsion constante et inconsciente. Par rapport à ce que demande la 9e Étape, ce mode de fonctionnement a duré trop longtemps pour que je puisse faire des excuses directes et que je saute d'un coup de la case « sexe addict » à la case « monogame ». Il est en effet déconseillé de ressasser le passé, bourré de bonnes intentions et avec des yeux de biche fautive, avec ses ex. Dans ce domaine, mes excuses sont « vibrantes de vie », car ma vision des femmes et mon comportement avec elles ont changé. De plus, je cherche activement des occasions de les aider d'une manière appropriée, ce qui signifie pour moi de façon complètement désintéressée et, si possible, complètement anonyme. J'aimerais plus que tout, croyez-moi, pouvoir divulguer la liste des causes féminines que je suis fier d'aider. Mais je suis trop « saint » pour m'en vanter, et vous devez donc me croire sur parole.

Amie, une ancienne prostituée, addict chronique et très chère amie, m'a donné une formidable occasion de m'excuser auprès des femmes en général. Je n'ai pas agi pour elles mais pour moi, même si mon changement d'attitude et de comportement aura certainement des retombées positives sur les femmes de mon entourage. Je l'ai fait pour être en adéquation avec une vision plus noble de moi-même. La tension, la culpabilité et la tristesse que je ressentais quand j'étais addict m'ont fait prendre conscience que je pouvais être quelqu'un d'autre. Que je pouvais agir de façon plus correcte, plus noble, pas selon une règle sociale ou un idéal « petit-bourgeois », mais en harmonie avec une présence intense et forte qui veut apparaître comme un arbre qui se met à pousser seul à l'instant où la graine se fend, un arbre qui n'était peut-être avant qu'une vrille venue de l'origine des temps pour prendre vie.

Ma stratégie pour m'excuser n'est pas mécanique, n'est pas conçue pour me faire revenir sur la liste des « gentils » du Père Noël. C'est une tentative pour être en adéquation avec une aspiration qui existe en moi, à mon insu, et qui me fait souffrir quand je ne l'entends pas.

> Certaines personnes peuvent bien sûr détruire leur vie avec le sexe et le jeu alors que d'autres prennent du crack sans que ça ait vraiment de conséquence pour eux. Mais, en règle générale, plus on en apprend sur l'addiction, et les envies et les pensées qui l'accompagnent, plus les différences sont superflues, plus les dissemblances s'estompent.

La sensation n'est bien sûr pas la même quand on transgresse une règle sociale, en prenant par exemple le mauvais couteau avec la mauvaise main au mauvais banquet. Même si on peut rougir de honte quand on ne respecte pas certains protocoles, la façon dont on agit, dont on se comporte les uns avec les autres – dont on manifeste ou pas de l'amour –, est régie par une force plus profonde que nos pulsions et appétits primaires.

Si j'étais en train d'écrire un livre scientifique grand public, je vous régalerais maintenant avec des histoires de ballets d'ocytocine et de dopamine qui se déclenchent quand on est altruiste ou en compagnie des gens que l'on aime. Mais cette analyse biochimique ferait penser à un roman branché qui réinterpréterait ce que les yogis, les sages, les soufis et les saints nous disent depuis des millénaires et qui provient de leur travail incessant dans des laboratoires plus raffinés que ceux de verre et de béton : l'amour est la réponse.

Chez elle, Amie avait tout d'une Poltergeist, ces esprits bruyants que l'on voit dans les films d'horreur. Il y flottait comme un parfum d'addiction, un truc contagieux. Ça se voyait même dans la boîte de biscuits Weetabix, renversée sur un côté comme si quelqu'un avait donné un coup de pied dedans à un arrêt de bus. Amie est méga-addict. C'est blotti en elle comme un chat sans poils qui ronronne doucement. C'est une enfant effrayée et effrayante. Je suis agité quand elle est là, mais aussi quand elle n'est plus là, car je sais que c'est la patiente zéro, qu'elle souffre de la forme la plus pure de l'addiction. Je suis extrêmement prudent le jour où elle part au point de presque barrer la chambre d'ami d'une bande jaune. J'ai l'impression de toujours voir le sillage d'un fantôme. Je sens sa présence en moi. Je me retrouve, éclairé par la lumière du frigo, à manger du chocolat dont je ne me souviens pas d'avoir eu envie. Puis je pense au porno. Des pensées insidieuses me traversent l'esprit, comme les pensées médiocres et maladroites de ma jeunesse dépravée que je neutralisais à coups de branlettes brutales et d'héroïne. Mais mes nouveaux démons sont armés de mon intelligence et pourraient me refaire sombrer dans les égouts sans que je m'en aperçoive.

Je sens cette douce contagion dans mon ventre et mes os avant même que les pensées n'arrivent. Mes rêves ont beau être un terrain de jeu grisâtre, je ne veux pas y renoncer, même pour me retrouver dans le cadre paradisiaque et merveilleux de ma vie de famille. L'addiction reste là, paisible, dans mon ventre, comme la dernière filiale de toutes mes anciennes addictions. Elle est impersonnelle. Elle est au-delà de moi et en dessous de moi. Elle est si physique qu'elle me donne vraiment envie de passer à l'action, de me droguer, de boire ou de faire l'amour – n'importe quoi pour oublier ce que je ressens.

Amie a passé dix-huit mois sans toucher à l'héroïne dans un centre de désintoxication dans les Midlands au Royaume-Uni. Elle n'est pas comme ces visages pâles sur un escalator, ces prisonniers à l'air morose et aux mâchoires serrées accros au shopping, au boulot, au porno ou aux relations toxiques. On dirait plutôt un mannequin de pub. Sa lutte, d'une beauté sidérante, se passe dans un lieu évident et visible, éclairé par son visage.

Je la connais depuis dix ans et, dans ce laps de temps, elle a été clean un an, six mois, peut-être même deux ans à différents moments. Une de ses rechutes les plus spectaculaires a eu lieu lors de sa première année dans une école de théâtre. Elle avait réussi l'exploit de se faire accepter dans l'une des écoles de théâtre les plus prestigieuses du monde qui ne sélectionnait qu'une poignée d'étudiants par an parmi des milliers de candidats. C'est une femme qui a connu des souffrances qui ne concernent généralement que des peuples d'autres pays ou d'autres siècles. Des abus et des spoliations spectaculaires, une douleur insupportable qui rendent son addiction à l'héroïne compréhensible.

> Le consumérisme et le matérialisme créent une culture d'addiction. Nous sommes tous quelque part dans leur viseur, car l'époque dans laquelle nous vivons nous y maintient.

Durant le troisième trimestre, elle a rechuté méchamment. Il y a eu du sang sur les murs. De grands moments de torpeur dans des salles de classe. De l'argent qu'elle avait reçu du gouvernement pour ses cours dépensé en drogue. Elle a donc dû partir. C'était pénible pour les spectateurs, mais encore plus pour elle, car ça confirmait que sa maladie primait sur les paillettes et un semblant de succès. Les trois années suivantes, Amie a de nouveau décroché presque à chaque fois dans le même centre, où elle vivait et travaillait grâce à des thérapies de groupe, des thérapies individuelles, des stages d'intégration dans la vraie vie, des conférences sur la responsabilité individuelle, tout ça. Elle s'est représentée à son école de théâtre, a passé les quatre auditions nécessaires pour atteindre la sélection finale et a fait la paix avec le personnel qu'elle avait choqué et déçu. Puis, le vendredi, soit trois jours avant l'audition où elle devait tout casser, elle a repris du crack et de l'héroïne.

Elle s'était faite discrète les jours avant sa dernière audition : des messages vagues, polis mais brefs, quand elle daignait répondre aux miens. Quand j'ai appris l'horrible nouvelle *via* une relation commune à qui j'ai demandé : « Tu as des nouvelles d'Amie ? », j'ai à peine eu la force de soupirer. Je l'ai vue le jour d'après sur Finchley Road, une route malheureusement à deux voies. Elle s'est avancée vers moi, brisée, comme couverte d'un voile sombre. Elle était ailleurs. Je lui ai demandé de m'expliquer ce qui s'était passé, ce qui l'avait perturbée et où la route s'était séparée en deux, où elle avait lâché prise. Sa réponse m'a surpris.

Amie était ravie de passer cette audition dans son école de théâtre et d'avoir une seconde chance. L'école était devenue, dans le jargon de la guérison, sa « Puissance supérieure », la chose qui allait la remettre sur pied. Tous les addicts savent qu'il ne faut surtout pas faire ça : se choisir une sorte de totem ou une fausse idole, même si, bien sûr, on le fait toutes les dix secondes. Ça peut être un rôle dans un film, une inconnue qui passe ou une cannette de Coca Light : « Si je le ou la prends, ça ira mieux. » En fait, je ne pense pas vraiment ça. C'est plus rapide et plus insidieux. C'est mon attention, mon intention, qui dévient légèrement. Soudain, je ne pense plus que je suis là pour être utile, mais que je suis un robot concentré sur un objectif précis.

La petite fille seule et ravagée qu'est et que sera toujours Amie s'est dit, et c'est compréhensible, que si elle était (re)prise dans cette école, elle serait sauvée. C'est devenu son but ultime. Elle m'a expliqué qu'elle était à la fois excitée et effrayée, qu'elle avait du mal à contrôler ses émotions et que, pour se soulager, elle s'est mise à manger, à boire et à vomir. Chez les addicts (ou si vous en êtes officiellement un, vous le savez déjà), il y a une hiérarchie claire et totalement inéquitable des addictions. Les pires (et donc les meilleures) sont celles que l'on s'injecte dans les veines comme l'héroïne. Puis viennent le crack et l'héroïne que l'on fume ensemble. Puis un mélange d'alcool, de cachets et de beuh. Puis la nourriture, le jeu et le sexe. Et, enfin, les relations néfastes et le travail.

Certaines personnes peuvent bien sûr détruire leur vie avec le sexe et le jeu, alors que d'autres prennent du crack sans que ça ait vraiment de conséquence pour eux. Mais, en règle générale, en surface, on est plutôt dans le registre de la Champions League, du milieu de classement, de l'équipe qui lutte pour ne pas être reléguée. Plus on en apprend sur l'addiction et les envies et les pensées qui l'accompagnent, plus les différences sont superflues, plus les dissemblances s'estompent. C'est pourquoi ce n'est pas surprenant qu'Amie, qui consomme le top des drogues dures depuis toujours, ait fait une fixation sur le « travail », puis sur la nourriture. Ce fameux vendredi, alors que, *dixit*, « je vomissais dans les toilettes après avoir mangé des tonnes de chocolat, je me suis dit que si je faisais ça, si je vomissais comme ça accroupie au-dessus de la cuvette, je ferais carrément mieux de me droguer. Alors je suis allée retirer deux cents livres à un distributeur et je me suis rendue dans le district de Hackney où j'ai vu ce couple de SDF à qui j'ai proposé tout mon fric contre cinq de chaque ».

Amie était restée clean dix-huit mois avant de prendre cette décision. À ce moment-là, l'idée de demander de l'aide ou du soutien à un autre addict ou la promesse d'un futur meilleur ont, toutes les deux, été balayées par la vague de l'addiction. Que veut cette envie ? Qu'est-ce qui a provoqué cette nouvelle pulsion ? C'est l'instinct de détruire le vaisseau amiral. C'est de l'autodestruction totale.

Le cas d'Amie est intéressant parce que, sous son aspect excessif et grotesque, il montre des mécanismes qui sont invisibles dans des cas moins extrêmes, même si, je le maintiens, la forme et le cadre sont identiques. Comment cet exemple illustre-t-il les propos de Jung selon qui les addicts chroniques ont besoin d'une expérience spirituelle et d'un soutien collectif constant ? Quel est le lien avec les groupes des 12 Étapes qui ont vu le jour aux États-Unis dans les décennies qui ont suivi les travaux de Jung ?

Tous ceux qui souffrent de troubles alimentaires savent à quel point c'est terrible, avilissant. La famille de la personne concernée sent le même isolement, la même impuissance que celle d'un drogué. Les joueurs que j'ai rencontrés connaissent la détresse, la honte et le désespoir que procure l'addiction aux jeux. Tout ça caractérise un état de dépendance grave et donc observable. Nos pulsions naturelles, incontrôlables, sont activées et nourries par une société qui a besoin d'elles pour fonctionner. Le consumérisme et le matérialisme créent une culture d'addiction. Nous sommes tous quelque part dans leur viseur. Et l'époque dans laquelle nous vivons nous y maintient.

Les junkies comme Amie sont sur le sommet inversé. Son prénom est en lui-même une malédiction. Amy Winehouse ressemblait à Amie car, comme elle, elle vivait à la fois au paradis et dans les égouts. Sa voix vous faisait décrocher la mâchoire, mais le mal qui la rongeait vous brisait le cœur. Quand Amy est morte, je m'en suis voulu, sans doute en vain, de n'avoir rien fait. Je me suis dit, ou plutôt, je me suis juré que mon Amie à moi ne connaîtrait pas le même sort. Comme si j'avais ce genre de pouvoir ! Amie ricochette entre plusieurs mondes. Elle a plusieurs masques. Je ne la croise jamais quand elle sort s'acheter de la drogue. Je ne suis jamais capable de l'intercepter. Quand je la vois, c'est toujours cette femme douce et repentante qui veut s'en sortir pour ne plus souffrir. Quand les ténèbres fondent sur elle, elle se cache comme un animal. Je suis sur la ligne de touche d'où je regarde si le programme fonctionne pour elle ou pas. Elle risque encore et toujours de mourir de son addiction. Et cela me désespère. Je me dis parfois : « Peut-être que c'est inévitable. » Je vois qu'avec elle, ce programme n'est pas une méthode pour améliorer sa vie, comme du gel pour une âme qui aurait besoin d'être un peu plus stylée. Il se contente de faire ce que la religion faisait autrefois pour les gens. Tout le monde – moi et probablement vous – a besoin de changer complètement, a besoin d'une épiphanie, a besoin de se transcender. Mais, comme on aime la télé, on reporte ça à plus tard. Si je passe la journée à ne penser qu'à moi ou à me distraire bêtement, je m'en veux, mais ça ne me tue pas. Pour Amie, le chemin vers la rédemption est très étroit. Ce programme peut l'élargir un peu.

Pour certaines personnes, « l'appel » est très fort, que ce que ce soit celui des drogues fortes ou d'une « guérison dure », « dure » dans le sens « finies, les conneries ». Plus de petits quicks et de petits fixs. Plus rien qui les empêche de se connecter. La vérité. Le but. L'unité. Le moment. Ça veut dire qu'il faut se plier aux règles de la guérison. Plus de plaisirs, plus d'envies, plus de *memes* éphémères et de chimères. Non. Ce programme est un système conçu pour nous aider à changer de perspective, pour nous reconnecter, pour nous donner un but et le conserver. Dans la 9e Étape, nous renonçons à des choses auxquelles nous n'aurions jamais renoncé dans notre ancienne vie, dans notre ancien mode de fonctionnement. Ça illustre parfaitement le concept général des 12 Étapes : « Vous ne pouvez pas imaginer une meilleure façon d'agir, mais vous pouvez agir pour mieux penser. » Sous la supervision d'un mentor et avec l'aide d'un groupe de gens faisant le même travail que vous, vous avez réussi à vous extraire de votre isolement et à devenir une personne différente en appliquant ce programme. Même si vous avez l'impression de vous excuser auprès des autres au cours de cette Étape, c'est en fait à vous que vous présentez des excuses.

Exercices de la 9e Étape

Maintenant excusez-vous. Sinon, cela ne fera qu'aggraver la situation.

Ne présentez pas vos excuses si, en le faisant, vous risquez de faire du mal aux gens. Prenons un exemple évident : si vous êtes sorti avec quelqu'un qui est maintenant en couple, ne déboulez pas dans son boudoir pour mouiller ses napperons de larmes en lui disant que vous avez couché avec son mari. Ça ne rendra service à personne.

Mais cela ne doit pas vous empêcher de pas faire les autres excuses, comme un avocat rusé et brillant. Dans ce programme, il y a même eu des voleurs qui ont couru le risque de se faire prendre en revenant dans les maisons qu'ils avaient cambriolées pour s'excuser auprès de leurs occupants. Suivez les conseils d'un mentor, de quelqu'un qui vous a aidé jusqu'à présent, et commencez par faire les excuses les moins difficiles.

Les consignes sont simples : parlez de chaque excuse que vous voulez faire avec un mentor.

Puis :

Allez voir la personne concernée, décrivez le mal que vous lui avez fait, excusez-vous, proposez-lui de réparer vos torts de façon adéquate. S'il est d'ordre financier, c'est évident, sinon il faut que la réparation provoque le sentiment inverse que celui que vous avez provoqué. Puis demandez-lui si elle a quelque chose à ajouter et si elle est satisfaite de vos excuses.

Essayez d'être le plus calme et le plus humble possible.

Ce que l'on en retire varie en fonction de la nature du mal que l'on a fait et de la personnalité de la personne à qui on l'a fait.

Quand j'ai fait cette Étape, j'ai pris plus profondément conscience de mes comportements négatifs et des conséquences de mes actes sur les autres. En faisant amende honorable, j'ai vu à quel point je changeais, je m'améliorais, je devenais un homme différent.

Demandez-vous :

- **Suis-je prêt à changer ?**
- **Suis-je prêt à changer d'une façon dont je ne suis pas conscient ou que je ne peux pas contrôler ?**
- **Suis-je prêt à affronter tout le mal que j'ai fait et dont j'ai conscience ?**
- **Suis-je complètement honnête avec mon mentor au sujet du mal que j'ai fait ?**
- **Ai-je préparé soigneusement chaque excuse avec mon mentor ?**
- **Suis-je prêt à faire toutes les excuses nécessaires et à trouver des solutions créatives pour les personnes que je ne peux pas rencontrer ?**
- **Est-ce que ma priorité absolue dans la vie est de faire toutes ces excuses ?**
- **Ai-je terminé de présenter mes excuses ? Ne suis-je pas en train d'en éviter certaines ?**

- 10 -

Guettez vos pensées et comportements cons et ne vous voilez pas la face quand ils se produisent.

Étape 10 : Nous avons poursuivi notre inventaire personnel et promptement admis nos torts dès que nous les avons découverts.

La 10e Étape est la première de celles que nous avons coutume d'appeler les « étapes de maintenance ». J'ai toujours été réfractaire à l'idée de faire un inventaire personnel sans doute parce que la personne qui est censée le faire a toutes les caractéristiques pour échouer : l'indolence et l'obstination. Le principe utile pour cette Étape est celui de « conscience ». J'apprends à me regarder. J'apprends à repérer le moment où je ne suis plus connecté à moi-même, avec ma sérénité, et où je recommence à me comporter comme une « bête sauvage », ou le moment où je passe du mode conscient au mode inconscient. Imaginez par exemple que je me balade dans une jolie rue, entouré d'un nuage de papillons et d'effluves entêtants et merveilleux de lavande, quand j'aperçois soudain le cul de quelqu'un. Ça envoie directement un message à mon cortex orbitofrontal qui fait tomber les papillons comme du grésil et noircir l'atmosphère. Je dois prendre une décision. Je dois décider non pas d'agir ou de ne pas agir comme le loup de Tex Avery – je ne suis pas un sociopathe d'un feuilleton des années soixante-dix – mais de la façon dont je vais contrer ces pensées. Dois-je me laisser aspirer par la tornade de mes éventuels fantasmes ou dois-je faire la 10e Étape ? Ai-je accepté ou non d'être en phase avec mon Moi intérieur et de ne plus être le réceptacle de mes plaisirs et de mes satisfactions ? Ai-je renoncé ou pas à croire que je peux être comblé par ce genre de phénomène physique et éphémère ?

« Tu penses trop, Russell », m'a dit ma tante Janet à un Noël. J'étais inquiet, sans doute perturbé de voir pour une fois toute ma famille entassée dans une pièce alors que j'aurais préféré être collé aux jupes de ma mère. Là, dans le monde de mon père, j'étais perdu. Je ne me souviens pas de ce que je lui ai répondu. Mais je sais que les gens ont toujours pensé que je réfléchissais trop, trop vite et trop fort. Je comprends pourquoi. À l'époque des chaînes people comme TMZ, du shopping en ligne et de l'immédiateté, la vue de jolies fesses et le désir inné qu'elles provoquent en moi ne sifflent pas vraiment le départ d'une mission d'introspection. Pour les insatisfaits comme nous, c'est pourtant cette route qu'il faut prendre. Inutile de râler sur ceux qui n'ont pas ce genre de soucis. Dans le monde actuel, beaucoup de gens donnent l'impression de bien s'en tirer en misant tout sur la consommation, la gratification, la sensualité frénétique, un matérialisme à faire vomir, une indifférence volontaire à la souffrance, l'égoïsme et la malhonnêteté. Mais pour moi et pour vous, ce n'est pas le chemin. Ça ne peut pas marcher. Nous ne pouvons pas devenir heureux de force. Quand nous nous focalisons sur le plaisir, nous ne pouvons pas découvrir le bonheur. « Le monde n'a plus rien à te donner, Russell. C'est à toi de lui donner maintenant », m'a lancé un jour un swami barbu, rayonnant et couvert d'ocre. Quand j'ai entendu ces mots, j'ai senti mon estomac se tordre avant de réussir à me composer un visage serein : « Je sais. » C'était plus un rappel qu'un nouvel enseignement. « Oui, c'est ça », a murmuré une voix intérieure en entendant cette vérité qui revenait en moi comme un oiseau se posant sur une branche nue, un nouvel éclairage qui illuminait un nouveau coin obscur. Rien de nouveau. Juste la redécouverte d'un détail que j'avais négligé.

Maintenant, quand je suis attiré par une femme et que je sens mon vieux logiciel sursauter avec la vivacité d'un crocodile qui s'éveille, le nouveau se lance avec l'efficacité d'une application Apple toute neuve. Non, plutôt comme une machine à remonter le temps victorienne, ronronnante et sifflante, qui débarquerait dans ma vie chaotique dans un branle-bas de lumières et de sirènes. Pour que ça marche, je dois être en alignement avec moi-même, en conscience, car si j'avançais dans la vie d'un pas traînant comme un zombie raide et répugnant, je me raccrocherais à la première branche venue. Quand je suis en conscience, j'ai un trône en moi, je suis le souverain d'un royaume où je représente la loi et où, quand le monstre couvert d'écailles explose le mur de mon sanctuaire, je m'autorise à mater la propriétaire de ces fesses. OK, mais après ? Après, je vais être submergé par le désir, un désir qui me donnera envie de renoncer à mes engagements, qui, si je passe à l'action, aura des conséquences à l'intérieur et à l'extérieur de moi et qui, si je n'agis pas, troublera la paix qui est en moi. Je sais que c'est une illusion. Que je ne serai jamais comblé par le plaisir charnel. Que j'ai maintenant conscience de la vérité de la vie. Je sais maintenant ce qui est vrai dans ma vie et ce qu'il ne l'est pas. Que j'ai la chance d'être connecté à la beauté infinie et éternelle qui n'est, en aucun cas, un parc d'attractions pour ma bite.

> J'apprends à me regarder. J'apprends à repérer le moment où je ne suis pas connecté à moi-même, avec ma sérénité, et où je recommence à me comporter comme une « bête ». J'ai maintenant conscience de la vérité de la vie. Je sais ce qu'elle est et ce qu'elle n'est pas. J'ai la chance d'être connecté à la beauté infinie et éternelle qui n'est en aucun cas un parc d'attractions pour ma bite.

Je lance un appel à mon Moi, à ma Conscience supérieure, à ce nouvel outil que j'ai en moi qui m'aide à analyser mes pensées et mes émotions et qui me rend fort. Mon Moi est divisé en deux : un Moi supérieur et un Moi inférieur. Le Moi inférieur correspond depuis toujours à l'ego, l'objet mental que l'on pense être avant de faire une analyse sérieuse. Durant les phases d'accalmie, c'est bien d'avoir des idéaux clairs sur lesquels travailler, car ça permet d'accéder ensuite directement à une check-list, car, comme je persiste à le dire, la vie spirituelle a un côté très administratif. J'ai écrit pour chaque domaine de ma vie un « idéal sain » que je me suis promis de respecter. Je suis dans une relation monogame, ce qui signifie qu'un de mes « rôles » dans la vie, c'est d'être un *boyfriend*. Quel est mon *idéal* pour ça ? Vers quoi dois-je œuvrer ? Ça peut être très précis. Dans ma vie d'avant, tout était si flou que je pouvais tout réécrire, minute après minute, en fonction de mes humeurs. Tout ça est terminé, bébé ! En tant que *boyfriend*, mon idéal est très clair et très précis :

Je suis loyal – donc je ne la trompe pas (pourquoi vous me regardez comme ça ?).

Je suis gentil – donc, quand ma copine me dit quelque chose et que je pense : « J'en ai rien à foutre de ces conneries, peut-on parler de moi ? », j'entends une autre voix me dire (et je ne suis pas dingue) : « Psssst, Russell, tu te souviens que tu t'es engagé à être gentil ? C'est précisément dans ce genre de situation qu'il faut le faire. »

Je suis généreux – avec mon temps, mon argent et mon affection.

Je suis honnête – honnête mais pas stupide. Pas question de dire à ma copine toutes les pensées qui me traversent l'esprit. On est tous d'accord là-dessus. Je suppose qu'elle va lire un jour ce livre et donc apprendre des choses dont elle aurait pu se passer, même si, pour être honnête, elle est étonnamment capable d'ignorer mes « effusions créatives » (beurk !). Il ne devrait donc pas y avoir de problème.

Il existe un tas d'idéaux. L'important, c'est d'identifier les domaines qui vous posent problème et de créer un idéal qui vous aide à les combattre. Si vous êtes accro aux relations toxiques et que vous enquiquinez sans cesse votre partenaire auquel vous vous raccrochez désespérément, vous n'avez pas besoin de « vigilance » Vous l'avez gratuitement. En revanche, vous pourriez avoir un idéal pour faciliter l'« indépendance » et l'« autonomie ». Si ce programme marche, c'est parce qu'il n'y a pas de doctrine, pas de gourou. On est son propre maître grâce à ce que l'on a appris tout au long d'un processus d'acceptation, d'honnêteté et d'aveux. On fait ce travail avec un guide, pas un tuteur. Même si on est soutenu par un groupe, on ne doit pas renoncer à son individualité. Ce travail nous aide à être en phase avec un désir que, non seulement, on n'exprime pas, mais que l'on étouffe : le désir d'être entier, un désir que, si vous êtes comme moi, vous avez lamentablement mal interprété jusqu'à présent.

On joue aussi plein de rôles différents dans la vie. Mes rôles à moi sont : papa, *boyfriend*, collègue, usager de la route, membre d'un club de gym, fils, ami. Dans chacun de ces rôles, j'ai maintenant des idéaux auxquels je peux me référer mentalement ou concrètement en cas de conflit ou de grosse colère. Ça m'aide à vivre ma vie plus consciemment. C'est aussi très pratique sans être non plus miraculeux. On se plaint souvent de ne pas avoir de manuel d'instructions pour vivre sa vie comme ceux qui sont livrés avec les télés (même si je ne les lis jamais). À une époque où les institutions et les contrats sociaux auxquels on croyait disparaissent, il est plus important que jamais de vivre selon un code d'honneur personnel.

Personnellement, je trouve ça difficile. Faire son inventaire nécessite d'identifier quotidiennement, et parfois constamment, de nouveaux idéaux. Grâce à ma toute nouvelle conscience, je peux désormais observer mes hésitations et mes faiblesses. Même dans des situations agréablement banales, je sens le calme me quitter et mon esprit se transformer en un rodéo rapide, incessant et désagréable d'affirmations et de jugements compliqués. Dans mon esprit, une scène bucolique et magnifique peut devenir *Apocalypse Now*. Même dans ma vie de rêve avec mon chien Bear. Bear est l'enthousiasme-né paré de griffes. On a une barque et je le mets dedans. Avec ses zones d'ombre et de lumière, la rivière paraît vivante. À la surface, la lumière danse comme si elle affluait directement du paradis. Mais, quand on met le pied dedans, la vase et la boue au fond évoquent la merde dont on vient de s'extraire. L'image est complète avec la rivière représentant le chemin dans sa totalité, du début à la fin, sans cesse changeant, sans cesse présent. La rivière est-elle l'eau ou son berceau ?

Nous voilà donc en train de ramer, Bear et moi, après avoir âprement négocié nos places dans le bateau jusqu'à ce que je le jette sur mon épaule comme un sac parce qu'il est hors de question que je plie mes jambes en quatre. Chaque fois qu'un autre bateau passe et que les vagues qui se forment dans son sillage courent jusqu'aux berges, je deviens un peu trop conscient. Nous nous retrouvons coincés sous des branches. Bear réagit à cette mésaventure, la langue pendante, avec le même émerveillement avec lequel il accueille toutes les nouveautés. Nous nous recroquevillons pour nous dégager et nous suivons les courbes de la rivière jusqu'à la plage lilliputienne où nous jouons souvent. Et là je vois, en plus de l'étendue infinie de cacas d'oie que Bear adore mâchouiller quand je le laisse faire, la Tribu de Plage Parfaite. Trois hommes qui ressemblent à des top models quand ils décident d'avoir l'air normaux – dont l'un avec une grosse barbe et un autre avec les dents légèrement de travers. Dans ce cas précis, il s'appelle Bill et, en plus d'avoir à la fois la barbe et les dents de travers, il a aussi une femme chinoise calme et attentive, une petite fille nue et un bébé. Il y a aussi Harry, directement sorti d'un vase grec et frotté au savon australien, des gouttes tombant de sa tête couronnée de boucles blondes comme si un volcan bouillonnait dans son crâne. Et enfin, il y a Tom. Tom est grand et costaud. Et, même s'il l'ignore encore, il va me serrer la main d'une façon qui va me donner l'impression que j'ai quelque chose à lui prouver.

J'ai peur.

La Tribu de Plage Parfaite est très affairée mais cool. Ils ne se la pètent pas. J'ai envie de passer mon chemin. Si je m'arrête ici, il faudra que je leur parle. La peur est sous-jacente. On appelle ça de l'« angoisse ». Et moi, j'aime quand les choses sont claires. Je ne vois pas la peur tout de suite, mais elle est là, dans les herbes. Elle n'est pas encore parvenue jusqu'à mon cerveau, mais mes jambes la sentent. La Tribu de Plage Parfaite a deux chiens. Une sorte de chihuahua et un mélange de staffie (staffordshire bull terrier) et d'autre chose. Ils aboient beaucoup. Je décide de m'arrêter parce que sinon, ça voudra dire que j'ai peur, et je ne veux pas avoir peur. Alors j'amarre ma barque pour le prouver.

Pendant que je tire mon petit vaisseau de fibre de verre sur les derniers centimètres, Bear saute du bateau et se met à gambader en tortillant des fesses comme une nouvelle créature qui débarquerait dans *Jurassic Park*. Je parle calmement pendant que le grand Tom rattrape ses chiens et les balance dans son bateau parfait. Tout ça dans le plus grand calme. La peur est calme. La peur est un signal diffus mais insistant. « Fais gaffe. » La peur, la conscience de la blessure, la mémoire implicite. Le souvenir de moments où des signaux similaires ont précédé l'humiliation, la honte et l'embarras : les grands à l'école, la bande plus sympa, tous deux réfléchissant la potentielle méchanceté des autres. Je n'arrive pas à percevoir objectivement la réalité de la Tribu de Plage Parfaite. Tout ce que je comprends, c'est la façon dont ils me regardent. Tout ce que je comprends, c'est ce que je ressens. Et il en sera toujours ainsi tant que je n'aurai pas appris à fonctionner autrement.

Bill vient vers moi et me dit bonjour alors que je me tiens au milieu des cacas d'oie, l'air vaguement embarrassé par la ferveur bondissante de Bear. « Je t'ai entendu chez Joe Rogan », me dit-il. Joe Rogan est un ancien champion d'arts martiaux, un commentateur et l'animateur du podcast le plus téléchargé du monde. Il incarne un nouveau modèle de virilité qui fusionne individualisme de droite et tolérance New Age. Il est autodidacte et fier de l'être. Il est devenu le champion du libertarisme américain. Et il me fascine parce qu'il est intelligent et qu'il sait se battre. Quand quelqu'un me dit poliment qu'il m'a vu ou entendu quelque part, ça me détend. Bien que je sois complètement à jeun, je fredonne, tous les sens en alerte. On discute un peu. Bill me dit qu'il étudie à la SOAS, l'école des études orientales et africaines, dont j'ai parlé dans le podcast de Joe parce que j'ai prévu d'y faire un master. On parle un peu de Joseph

Campell et de la religion pendant que les autres membres de la Tribu Parfaite plient le camp. Ces gens ont l'air tout à fait à l'aise. Bill, sa femme et leurs deux enfants. Tom et ses deux chiens. Harry et son ventre parfait, debout sur son paddle comme un Huck Finn moderne sur son radeau. Ils insistent pour que j'essaye, ce que je fais - ce qui prouve à quel point j'ai changé. Je me tiens debout sur le SUP gonflable avec une rame qui est beaucoup trop courte pour moi et je me retrouve à dériver sur la jolie Tamise. Je suis debout sur l'eau. Je fais, comme il se doit, des blagues sur Jésus en montrant du doigt mon tee-shirt où le fils de Dieu est justement en train de faire comme moi : marcher sur l'eau.

Les gens peuvent vraiment m'angoisser. Parfois, quand je regarde les rendez-vous que j'ai avec des relations ou autres, j'aimerais pouvoir tous les annuler – ce que je fais parfois. Puis, sur mon canapé chic, à l'endroit où j'espérais atterrir, je reste assis devant la télé allumée avec la même angoisse qui frémit. Qu'est-ce que c'est ? Qu'est-ce que ça signifie ?

Je dois arrêter d'avoir instantanément des préjugés quand je rencontre quelqu'un. Harry le Magnifique a mis trop de temps à me proposer son paddle. Tom le Costaud m'a serré la main trop fort – petite parenthèse pour vous dire que je ne suis pas de ceux qui ont la main molle et humide et osent à peine secouer la vôtre. J'aime les poignées de main fermes sans que ce soit à qui broiera les phalanges de l'autre. Tom n'a pas atteint ce niveau, mais il était juste un cran en dessous. Vu ses proportions, je m'y attendais : il avait tout l'air d'une brute épaisse. Mais il était gentil et a tenté à plusieurs reprises de me parler.

La femme semblait enfermée dans sa bulle maternelle. Impossible de dire si c'est la vision que j'en avais ou si c'était la vérité. De toute façon, son indifférence et son effervescence m'intéressaient moins que mes petites interactions avec les mâles de la Tribu. Mes échanges avec ces étrangers, cette image, ce tableau, cette réalité que j'ai vécue brièvement à travers l'objectif sale de ma névrose, m'ont délivré de nombreux messages. Quand ils ont terminé de remballer leurs belles affaires de camping et de les mettre dans leur long et élégant bateau – jonché de coussins parfaitement coordonnés aux sièges en velours bleu roi (sans rire), sans toit, parfait, magnifiquement peint, avec de riches surfaces en acajou et un gouvernail argenté sur le côté (pas au centre) – les chiens, les bébés, la femme, les hommes et leurs jouets aquatiques ont disparu dans un ronronnement silencieux car, bien sûr, ils avaient un moteur électrique. Assis sur la berge, je les ai regardés partir en les admirant secrètement. Ils étaient d'une normalité parfaite, tous certains de leur rôle : la mère, les chiens, les bébés, les hommes.

Je ne sais pas quelle était leur « réalité » à eux. Mon âme me parle à travers eux, à travers leur image, la pensée que j'ai d'eux qui se projettent sur l'écran de mon esprit. Au contact du « monde extérieur », ma conscience essaie de me faire passer un message. Je dois le comprendre, voir où j'en suis dans l'histoire de ma vie. Nous vivons tous des choses uniques. L'auteur spirituel Jiddu Krishnamurti avait raison quand il disait : « La vérité est un pays sans chemin. » Et Brian aussi quand il disait dans *La Vie de Brian* : « Vous êtes tous des individus ! » Le matérialisme a raison. Le consumérisme a raison. Il y a quelque chose d'unique en nous, à l'intérieur de nous. Encore faut-il savoir ce que c'est et ce qu'il veut. En surface, il ne se passe rien. Mais à l'intérieur, notre logiciel fabrique un monde complexe et féroce en phase avec nos vieux schémas.

J'ai entendu dire un jour que le monde extérieur était comme un film que l'on regardait. Combien de fois vous est-il arrivé de vous sentir perdu dans ce film ? Combien de fois avez-vous senti se détendre le lien entre vous et la paix qui vous habite enfin ? Ça arrive parfois à cause d'une stimulation extérieure basique comme une explosion de rage sur la route ou un petit flirt passager. Mais ça arrive aussi parfois à cause d'une pensée. Je peux, par exemple, me retrouver seul dans une pièce sans avoir rien de particulièrement angoissant à faire dans mon agenda ou dans un futur proche, et commencer soudain à penser à des horreurs : « Et s'il y avait la guerre ? », « Et si ma copine me quittait ? » Et je réagis à ces monstres que j'ai moi-même créés. À d'autres moments, quand tout est relativement serein dans ma vie, je bascule dans le passé et en déterre des souvenirs douloureux que j'expose à la lumière pour voir si je n'aurais pas quelque chose à me reprocher. Même si la 9e Étape qui concerne le « naufrage du passé » aide à s'en libérer, je suis encore capable de trouver un bâton dans les annales de ma vie et de me donner une bonne branlée avec. (Bâton ? Annales ? Branlée ? Bonjour l'euphémisme !)

Le travail écrit de la 10e Étape est structurellement identique à celui de la 4e. Il faut faire quatre colonnes : une pour le nom de la personne, de l'endroit ou de la chose qui nous perturbe. La deuxième pour mettre la rancœur qui nous fait souffrir. La troisième pour expliquer comment elle agit sur nous. Et la quatrième pour nos fautes à nous.

En ce moment, j'en veux à ma copine. Elle est avec des amis en bas pendant que j'essaie d'écrire. Voyons comment gérer ça avec la 10ᵉ Étape.

Ça affecte :

Mon orgueil

Pas vraiment.

Mon estime de soi

Un peu : pourquoi je n'aime pas être avec les autres ? Pourquoi ai-je du mal à être avec les autres ? Pourquoi ne puis-je pas boire ? Ils boivent tous en bas.

Ma relation de couple

Peut-être : est-ce que je pense que Laura ne devrait pas recevoir des amis quand je travaille ? Peut-être un peu.

Mes relations sexuelles

Peut-être un petit peu : je me dis qu'au lieu de mettre autant d'énergie à voir ses amis, Laura devrait en mettre plus dans notre vie sexuelle.

Mon ambition

Je ne pense pas : à moins de vouloir contrôler quelqu'un en permanence, ce qui, je commence à le voir, n'est pas raisonnable.

Ma sécurité

Je pense en effet que j'ai besoin de beaucoup d'attention et que j'ai l'habitude de confier à mes partenaires cette lourde tâche.

Mes finances

Oui, je m'inquiète pour l'argent : j'ai fait de grands changements dans ma vie professionnelle et, quelque part dans ma tête, j'ai peur de ne pas être capable de subvenir aux besoins de ma famille, surtout si on ne me craint et on ne me vénère pas dans mon travail.

J'ai donc mis tout ça dans la troisième colonne :

J'en veux à	**Parce que**	**Ça affecte mon/ma/mes**	**Mes fautes à moi**
Laura	Elle reçoit des amis alors que j'essaie de travailler	ES / RP / RS / S / F	

Passons maintenant à la 4e colonne :

Quand ai-je fait une erreur ?

Quand j'ai pensé que je pouvais ou devais contrôler quelqu'un d'autre.

En quoi suis-je égoïste ?

Je suis un peu égoïste car je ne supporte pas qu'elle reçoive ses amis en bas.

Quand ai-je été malhonnête ?

J'ai été malhonnête par omission. Je pense que je devrais avoir aussi un groupe d'amis uni.

En quoi suis-je égocentrique ?

Si ça ne tenait qu'à moi, tout ne tournerait qu'autour de moi. Et à force de penser ça, je lui en veux de plus en plus.

Qu'est-ce qui me fait peur ?

J'ai peur de finir ruiné et seul, et je pense que si les gens connaissaient mon « vrai Moi », ils ne m'aimeraient pas.

En quoi suis-je responsable de ça ?

Question non pertinente dans ce cas précis.

Où ai-je fauté ?

Question non pertinente dans ce cas précis.

Où ai-je eu tort ?

Déjà dit.

Et revoici mes quatre colonnes :

J'en veux à	**Parce que**	**Ça affecte mon/ma/mes**	**Mes fautes à moi**
Laura	Elle reçoit des amis alors que j'essaie de travailler	ES / RP / RS / S / F	1. Erreur : **oui** 2. Égoïsme : **oui** 3. Malhonnêteté : **oui** 4. Égocentrisme : **oui** 5. Peur : **oui** 6. Responsabilité : **non** 7. Faute : **non** 8. Tort : **non**

Quand j'ai spontanément utilisé cet exemple, je n'ai pas réalisé que le message en arrière-plan était si important. Je n'étais pas dévoré par le ressentiment au point de faire lourdement les cent pas dans mon bureau (à l'étage) en soupirant et en faisant une scène. Maintenant que j'y repense, quand ses amis sont arrivés, j'ai commencé à crier après le chien qui aboyait dehors, ce qui, je le reconnais, est une attitude déplacée, une tentative inconsciente de m'affirmer en tant que mâle alpha. Mais, encore une fois, je n'avais pas conscience que ça me gênait. Mon agitation était toutefois alimentée par des peurs et des croyances enracinées depuis longtemps en moi. Je ne pense pas être, dans ce genre de situation, plus fou que vous. À certains moments de la journée, vous devez vous aussi perdre le contact avec votre Moi idéal, votre Moi supérieur, et retomber dans un mode de fonctionnement inconscient et préprogrammé qui est mauvais pour vous et pour votre entourage. Imaginez une société qui ne se développerait qu'à partir de désirs inconscients. Ou, pour économiser des calories imaginaires, regardez la société dans laquelle nous vivons, parce que c'est comme ça qu'elle fonctionne.

Si je n'avais pas pris cet exemple, je n'aurais pas vu où germent mes pensées. Je n'ai heureusement pas pris de mesures radicales cette fois-là, sinon j'aurais dû « admettre mes torts » aux gens que j'aurais blessés. Maintenant, je dois parler de tout ça à quelqu'un en qui j'ai confiance, pas ma chérie, mais une personne avec qui j'ai passé un accord spirituel, mon mentor. Quand je confesse mes fautes à quelqu'un, je les confesse aussi à moi-même et à ma Puissance supérieure. Puis, parfois, je prie pour demander que mes défauts qui sont, dans ce cas précis, l'égoïsme et l'égocentrisme, disparaissent. Là encore, cette prière peut prendre la forme d'un engagement fort envers mon Moi supérieur, mon Moi qui n'a plus envie de s'empêtrer dans le bourbier caché de mes désirs et de mes peurs inconscientes. Mon Moi idéal.

Dans une journée, il y a souvent des trucs qui m'importunent. Si c'est une bricole, je peux faire cet exercice dans ma tête. En revanche, si c'est plus conséquent, je le fais par écrit. Parmi les gens que je fréquente, il y en a beaucoup qui essaient, comme moi, de vivre leur vie selon les préceptes de ce programme. C'est important, car même quand rien ne me trouble, ils m'aident à m'engager à vivre encore plus en accord avec mes nouveaux idéaux. Autrefois, j'étais entouré de gens qui n'avaient pas ce genre d'aspirations. À l'école que j'ai fréquentée, les gens ne parlaient pas d'objectifs spirituels ou de moyens d'y accéder. En règle générale, les gens trouvent ces idées complètement ésotériques ou d'un sentimentalisme répugnant. Ce programme nous donne des buts spirituels clairs qui ont une fonction évidente. C'est de ça dont j'ai besoin et c'est probablement de ça dont vous avez besoin. C'est pourquoi j'espère qu'il sera à l'origine de votre nouveau Moi, de votre nouvelle vie.

Exercices de la 10e Étape

Guettez vos pensées et comportements cons et ne vous voilez pas la face quand ils se produisent.

La 10e Étape est comme la 4e, la 5e, la 6e et la 7e (et peut-être même la 8e et la 9e). On peut la faire quotidiennement, au pied levé, en utilisant le tableau pages 308-309. Et on peut la faire aussi avec l'aide d'un mentor.

Les gens avouent souvent avoir complètement foiré la 9e Étape et ne pas avoir suivi à la lettre le protocole comme pour les huit premières Étapes, ce qui me rend très fier de moi. Bien qu'il y ait un tas de façons d'interpréter les 12 Étapes (regardez sur Internet), il y a quand même une sorte de consensus.

La 10e Étape montre que notre ancienne nature, nos anciennes tendances, notre ancien plan peuvent ressurgir si nous restons les bras ballants. Bref, que si nous n'agissons pas, nos vieilles habitudes vont immanquablement réapparaître.

Cette Étape sert à éviter les ennuis.

La prochaine fois que vous merderez, ce qui arrivera certainement, analysez ce qui s'est passé, faites-en l'inventaire, parlez-en à quelqu'un et suivez ses conseils. Si vous faites tout ça dans votre tête sans l'aide d'un crayon, d'une feuille de papier et d'un mentor, ça peut marcher dans certains cas, mais c'est rare. Quand on ne se fie qu'à son propre jugement au lieu de suivre des instructions, on redevient l'esclave de son ancien problème, du tyran qui est en soi.

Demandez-vous :

- **Suis-je prêt à grandir quotidiennement ? Comment puis-je le montrer ?**
- **Suis-je prêt à vivre en pleine conscience et à être attentif aux inévitables écarts qui surviendront ?**
- **Suis-je prêt à rendre des comptes aux autres quand quelque chose me dérange ?**
- **Puis-je avoir de la compassion pour moi-même et croire en ma conception d'une Puissance supérieure ?**
- **Suis-je prêt à m'excuser chaque fois que je fais du mal à quelqu'un ?**
- **Est-ce que j'essaie consciemment de vivre ma vie en renonçant aux pulsions malsaines qui la gouvernaient autrefois ?**

- 11 -

Restez connecté à votre nouvelle vision du monde.

Étape 11: Nous avons cherché par la prière et la méditation à améliorer notre contact conscient avec Dieu tel que nous Le concevions, Lui demandant seulement de nous faire connaître Sa volonté et de nous donner la force de l'exécuter.

Quand je suis sous l'emprise de mes addictions, je me coupe de tout, ce qui est l'une des grandes caractéristiques de la dépendance. Je cherche à me reconnecter, à me recalibrer avec la drogue, l'alcool, la technologie, le sexe, la nourriture, la domination ou autre stimulant externe. C'est une démarche très individualiste et égocentrique. L'horizon de ma vie intérieure est seulement peuplé d'objets censés m'aider à combler mes besoins personnels. La 11e Étape m'a permis de consacrer une grande partie de mon temps à la prière et la méditation, qui m'aident à me détacher du brouhaha extérieur et à chercher d'autres façons de me connecter.

Par exemple, quand je me réveille le matin, je sens souvent instantanément, avant même d'ouvrir les yeux, une espèce de morosité, d'angoisse et de fragilité. Dans ces moments-là, les pensées négatives peuvent vite s'enchaîner. Je dois intervenir pour les arrêter. Et je le fais en disant cette prière :

> *« Dieu, je Te demande humblement de contrôler mes pensées aujourd'hui, de me montrer comment je peux être utile aux addicts qui souffrent encore. Montre-moi comment je peux leur rendre service, comment je peux être patient, tolérant et gentil. »*

En écrivant ces mots, je ne peux pas m'empêcher de douter moi-même de ma sincérité. Je suis un habitué de l'ironie, de la distance, de l'intellectualisme à tout prix. Je suis un produit de mon époque et de ma culture. Pour que cette prière soit vraiment sincère (ou pour réinitialiser mon logiciel de syntaxe interne, si vous êtes plus à l'aise avec cette image), je m'arrange pour que son contenu soit l'exact contraire de ce que je ferais si j'étais en proie à l'une de mes addictions : « Dieu, je Te demande humblement de contrôler mes pensées aujourd'hui. »/« Il n'y a pas de Dieu. Il y a juste moi, mes besoins et mes sentiments dont tout le monde se fiche. Humblement ? Pas question. Ça me détruirait. Être utile aux autres ? Qu'ils aillent se faire foutre. On est le propre artisan de sa chance. Alors autant la fabriquer avant que quelqu'un d'autre s'en charge, comme le dit l'acteur Terry Molloy. » Je ne deviens pas patient, tolérant et gentil facilement. Pour cela, je dois reprogrammer mon cerveau. Et c'est à ça que me sert cette prière. Inutile de vous lamenter, de vous mettre à genoux, de supplier, à moins que ce soit votre truc. En fait, pourquoi pas ? Soyez théâtral. Personnellement, j'ai besoin d'éloigner ma conscience des schémas de pensée improductifs et douloureux qui sont profondément ancrés en moi. J'ai aussi besoin de méditer pour ne pas être tout le temps happé par le monde, les gens et les opinions. J'aime avoir un endroit tranquille à l'intérieur de moi où la paix et la sérénité ne dépendent pas de l'attitude des autres. Cette Étape est aussi une sorte de mise en garde, car on demande à Dieu et seulement à Dieu « de nous faire connaître Sa volonté et de nous donner la force de l'exécuter ». En effet, prier ne sert pas à grand-chose si on convoque le pouvoir des sphères et de la matière noire de l'Univers pour avoir un nouveau vélo. Maintenant que je suis relié à une Conscience supérieure, j'utilise cette connexion pour obtenir ce dont nous avons tous besoin (surtout si nous n'en avons pas conscience) : un but dans la vie.

Pour vous montrer l'efficacité de ce programme et vous faire comprendre pourquoi j'en ai tant besoin et pourquoi je suis certain que ça marche pour tout le monde – même dans ses aspects les plus mystiques, je vais vous raconter ce qui s'est passé la dernière fois qu'il m'a vraiment servi. J'utilise ce programme tous les jours. C'est mon référent interne, mon sanctuaire, mon guide, le point vers lequel je reviens toujours quand je doute. Mais par moments, je me souviens que ce programme a d'abord été conçu pour faire arrêter les gens de boire jusqu'à ce que mort s'ensuive. C'est un programme qui marche en cas de crise. Et la crise finit toujours par arriver.

Les différentes couches de mon autoexploration (le sol, les roches puis le magma) sont disposées ainsi : d'abord, quand la pelle ouvre le sol, je suis un addict, je suis un drogué et un buveur chronique qui engloutit des produits chimiques pour rester vivant. En dessous, il y a mon addiction au sexe et à la nourriture, mes fantasmes, mes obsessions, mon avidité et ma luxure. Lorsque l'on perce cette couche, on voit apparaître mon obsession du travail, de l'argent, du pouvoir, des addictions toujours présentes et qui, plus on creuse, prennent des formes plus subtiles, plus acceptables socialement, plus légales, voire approuvées par la société. Quand on examine plus attentivement toutes mes relations, on se rend compte que je les ai bâties astucieusement et plus ou moins involontairement pour maintenir un état inconscient d'addiction, de codépendance, dans le langage de la 12e Étape, c'est-à-dire avec des frontières vagues ou pas définies, et des obligations et des besoins flous. Même si je me suis constitué une tribu pour parcourir avec moi les cercles du doux enfer de la gloire, je réalise maintenant que je suis conscient, que chacune de ces relations correspondait à un besoin en moi qui n'était pas assouvi.

Quel genre de relations entretenez-vous avec les autres ? Qui fait quoi pour vous et que faites-vous pour eux ? Ces relations sont-elles le reflet de vos qualités ou de vos défauts ? Sans doute des deux. Où allez-vous et qu'est-ce qui vous anime ? Et, pour paraphraser le roi Arthur : « À qui profite le Graal ? » Votre relation avec votre partenaire ou votre mère est-elle la trame de vos faiblesses ou d'une dépendance que vous n'avez pas encore découverte ?

Je sais par expérience que chaque couche d'addiction que l'on dévoile contient une leçon, et que cette leçon est douloureuse pour celui qui la reçoit. Dans le langage des 12 Étapes, la condition indispensable pour s'éveiller est le « niveau zéro », quand on ne peut pas tomber plus bas. J'ai vécu plus ou moins douloureusement ce sentiment de crise perpétuelle dans chacune de mes addictions. Elles ont toutes leur propre douleur. Que vous soyez en proie à des souffrances quasi hollywoodiennes ou plongé dans un malheur banal, lent et terne, votre douleur est la vôtre, rien que la vôtre.

Lors de ma dernière grande descente aux enfers, lors de ma dernière grande crise, j'ai eu besoin de la puissance de ce programme pour sortir de mon habituelle et familière boucle de douleur. Grâce au travail d'inventaire, j'ai vu comment mes vieux démons influaient sur mes relations amoureuses, familiales, professionnelles, dans les écoles que je fréquente et lors de mes déplacements occasionnels. Je ne comprends ces modes de fonctionnement inconscients que lorsque je les examine méthodiquement, administrativement. Voici un exemple rapide et étonnant : les deux ruptures qui m'ont le plus affecté avaient toutes deux des thèmes et des effets qui, quand on y regarde de plus près, étaient comiques, car ils semblaient marqués par le même sceau indélébile du malheur. J'ai en effet été confronté aux mêmes problèmes, aux mêmes disputes avec des femmes différentes. Dans les deux cas, ça s'est terminé autour du partage d'un animal comme si c'était la seule problématique de la séparation. Je ne m'en suis rendu compte que le jour où je l'ai vu écrit noir sur blanc. À chaque fois, j'ai pensé : « Je sais que ça va aller, mais mon chat ou mon chien va vraiment me manquer. »

Les choses les plus importantes sont trop profondes et trop simples pour pouvoir être exprimées par des mots. C'est tout l'art de la poésie. Dans chacun des moments de notre vie, ces schémas inconscients alimentent nos légendes personnelles. Toute la symbolique autour de l'animal que j'ai perdu va au-delà de ce que je comprends et ou de ce que je peux exprimer avec des mots. Dans mon mythe personnel, l'animal est un totem pour des raisons que je ne peux pas expliquer et qui sont présentes depuis toujours en moi. Si on ne prend pas la peine d'y réfléchir, certaines leçons de la vie passent inaperçues.

Il y a quelques années, je me suis retrouvé mêlé à des élections principalement parce que j'avais exprimé, sur Internet, ma méfiance à l'égard de la politique. Tous les jours, je faisais une émission d'actualité comique dans laquelle je m'amusais à montrer l'hypocrisie et les agendas cachés des politiques et des médias. Comme elle est devenue populaire, j'ai commencé à m'impliquer dans des campagnes pour des bonnes causes comme le logement et les droits des ouvriers. Pourtant, à un moment donné, le fragile équilibre entre mes bonnes intentions et mon besoin de gloire s'est rompu, quand je me suis trouvé en conflit direct avec des barons de la presse et des leaders mondiaux, comme une mouche qui se serait retrouvée face à un journal roulé sur lui-même.

Je ne regrette ni les critiques qui ont fusé sur moi, ni même ce que j'ai dit publiquement, car ces critiques venaient d'opposants avec lesquels n'importe quel mégalo imbu de sa personne rêverait de se frotter : Trump, Murdoch, Cameron.

> La seule solution, comme pour tous ces protagonistes, c'est de se rendre et ainsi de s'ouvrir à la conscience qui englobe tout, qui est présente en chacun d'entre nous.

Je maintiens d'ailleurs ce que j'ai dit à l'époque : « Ne votez pas s'il n'y a pas de vrais changements et seulement pour des hommes politiques qui représentent le peuple contre les puissants. » Le problème était que, sans que je le remarque, ce positionnement étouffait mon Moi supérieur, comme de la vigne vierge qui se serait agrippée à mon esprit. Je me suis laissé séduire par mon ego et le pouvoir, par l'idée que je pouvais devenir meilleur grâce à des moyens externes, des applaudissements, des approbations. Je sais maintenant que l'approbation du public ne peut pas me façonner et que sa désapprobation ne peut pas me détruire. Ça ne m'empêche pas pourtant de monter dans les tours quand je me retrouve en pleine tempête médiatique, étalé en une des journaux, ou que je fais l'objet d'une discussion sur Fox News. Et chaque fois que je monte dans les tours, je suis en danger.

Quand j'ai raconté cette histoire à Radhanath Swam, un ami, maître à penser et grand guide spirituel américain que je cite souvent, il m'a raconté une histoire intéressante. Voici donc la légende de Gajendra, le roi des éléphants, revue à la mode légèrement dubitative d'un autodidacte enthousiaste et naïf.

Il était une fois un éléphant qui s'appelait Gajendra. C'était le roi non seulement des éléphants, mais de tous les animaux de la jungle. Il était vénéré et juste, quoique, paraît-il, un peu fanfaron mais pas assez pour que l'on le déteste. (Ce n'était pas le genre à arborer de fausses médailles en or, à faire des pets avec ses aisselles ou à vous crier, sous l'effet d'un degré d'alcoolémie élevé, des anecdotes à l'oreille à un mariage.) Il était plutôt beau gosse et fier comme un athlète, mais très terre à terre. Plus du genre Gareth Bale que Ronaldo.

Gajendra et sa famille, qui – je dois le préciser – était composée de nombreuses femmes (j'ai remarqué que la polygamie était un thème récurrent dans les mythes et les légendes), vont passer quelques jours de vacances près d'un lac. Le lac est magnifique mais, si je me rappelle bien, il est aussi boueux et vaseux. Bref, c'est plus un lac fécond et fétide que de l'eau transparente à peine sortie d'une bouteille d'Évian. Et voilà donc qu'arrive Gajendra, roi de la jungle, pour une petite baignade avec ces gracieux mouvements de trompe en arrière que l'on peut admirer au zoo de Londres. Au milieu de ces douces festivités, un crocodile nommé Makara attrape soudain Gajendra par une patte. Makara plonge ses dents acérées dans la chair du roi des éléphants et garde implacablement et patiemment ses mâchoires fermées comme un étau. Sous l'effet de la terrible douleur qui pince les cordes de sa rage, le roi des éléphants grogne et barrit d'une voix de basse.

Gajendra se bat de toutes ses forces royales. Dans certaines versions, la lutte va durer un millier d'années au fil desquelles les eaux marécageuses vont se rougir de sang et les épouses de Gajendra détremper les berges de leurs larmes. Toujours d'après la légende, Gajendra finit par accepter son sort et, dans son dernier soupir, il lève de sa trompe une fleur de lotus hors des eaux sanglantes et l'offre à Vishnu, son dieu, qui, ému par ce qui lui arrive, vient le libérer, le transformer et lui ouvrir les portes du paradis Vaikuntha.

Mon ami aimait beaucoup raconter cette histoire parce que, selon lui, les marécages ou les lacs sont des territoires familiers et propices aux crocodiles, mais pas aux éléphants. D'après lui, le monde politique est un marécage et ceux qui y vivent s'y sont adaptés et ont évolué pour s'épanouir, notamment grâce aux compromis qu'ils font et à l'éducation qu'ils reçoivent. Bref, c'est un environnement qui convient parfaitement aux crocodiles, mais pas aux éléphants. J'ai beaucoup aimé cette histoire, surtout d'être comparé à un grand roi éléphant doté d'un harem. Son message entre les lignes m'a aussi beaucoup aidé. Je n'ai ni l'entraînement, ni les crocs, ni les cachettes pour être à l'aise dans cet environnement. Ça faisait dix-huit mois que je souffrais et que je saignais, et j'étais au bout du rouleau.

Mais, comme tout bon récit spirituel crypté, l'histoire a plusieurs niveaux d'interprétation. Si l'on analyse cette légende d'une manière classique, l'éléphant est l'homme, le crocodile est le péché et le lac est la vie.

> Si vous devez absolument vous débarrasser de votre addiction, qu'elle vous paraisse light ou qu'elle soit carrément illégale, c'est parce qu'elle va finir par se retourner contre vous.

Quand j'analyse plus sérieusement et plus honnêtement mon altercation avec l'« Establishment », je comprends maintenant que ce qui avait commencé comme un projet noble et sincère

– même si, à l'origine, je voulais juste faire rire et divertir les gens (ce qui est tout à fait honorable) – avait fini par se faire happer par mon crocodile intérieur (et inconscient), avec sa soif de pouvoir et d'attention. Mais le crocodile finit par être vaincu, que ce soit celui de la légende ou celui qui est en moi et qui se nourrit de ma cupidité. Ce genre de symbole revient souvent dans les légendes : saint Georges sur son cheval luttant contre le dragon, le Christ sur sa croix, en contact avec l'au-delà, le flan percé par un soldat bas de plafond, revêtu d'une armure. Ces histoires contiennent de grandes vérités comme dans les rêves, comme dans la vie. Nous jouons tous un rôle : celui du dragon, de l'éléphant, du soldat, du Christ. Tous ces personnages sont présents en nous. L'intérêt de ces récits est de nous placer au centre de notre propre histoire, de nous réveiller, de nous faire comprendre que nos désirs inconscients peuvent parfois nous immobiliser et nous tirer vers le bas. La seule solution, comme pour tous ces protagonistes, c'est de nous rendre et ainsi de nous ouvrir à la conscience qui englobe tout, qui est présente en chacun d'entre nous.

Je me suis donc effondré, fatigué d'entendre ces voix intérieures et extérieures. J'avais l'impression de me retrouver à un endroit familier du cycle, dans un désespoir facilement reconnaissable. Ça m'a rappelé le moment où les médicaments cessent d'agir, mon mariage, Hollywood. Quand j'ai vu le chemin devant moi – le chemin sur lequel j'avais espéré courir et j'avais imaginé que je continuerai de courir – s'emmêler, se détacher du sol et tomber précipitamment dans un ravin, j'ai pilé net.

On a bien sûr des réserves dans lesquelles on peut puiser, des modes et des comportements de rechange. Dans ce genre de cas, l'addiction n'apparaît pas comme un ennemi, mais comme un ami qui serait un tueur de la mafia que vous connaissez bien et dans les bras duquel vous vous pâmeriez de plaisir. Quand on se débarrasse de certaines habitudes, on sent la poigne forte de l'angoisse nous enserrer. On commence par ne plus pouvoir dormir. Puis une envie de gras et de sucre nous traverse par vagues successives qui nous font nous lever et nous laissent desséchés et abandonnés.

J'ai un besoin pitoyable de compagnie, tout en étant terrifié par mes propres couloirs et leurs ombres perçantes, terrifié de voir l'heure de me coucher arriver. Quand j'ai arrêté de faire mon émission, la peur a surgi sous moi. Je me suis arrêté comme un boxeur qui a été mis KO et qui tente inconsciemment de se protéger. J'ai ouvert ma vie comme des rideaux, comme un paquet de corn flakes, sans rien en espérer. J'ai envoyé un message à un autre addict. Je l'ai appelé. Un addict clean. Je lui ai dit : « Je ne veux rien de la vie. Je pourrais tout quitter. Je pourrais la poser comme un panier dans un magasin et partir. Je pourrais la plier impeccablement sur le rivage et m'enfoncer doucement dans le fracas infini. » J'ai 40 ans. Je n'ai pas d'enfant. Je sais que la drogue, le sexe, l'argent, la célébrité, les autres, les endroits somptueux, les objets désirables sont tous des placebos. J'ai ouvert toutes les gélules et regardé dedans. Même les causes qui paraissent valables sont plus ou moins creuses. Et me voilà donc assis au milieu de leurs minuscules carcasses, sans vraiment frissonner, sans vraiment claquer des dents, sans bien comprendre ce que ça signifie.

Comment quelqu'un comme moi trouve-t-il la foi et le chemin vers Dieu ? Vous croyez que je n'ai pas lu Stephen

Pinker (un psychologue cognitiviste canado-américain) ou Richard Dawkins, que je n'ai pas assisté à des messes sur fond de raclements de gorge ou que je n'ai pas pensé : « C'est une putain de ruse. C'est du pipeau. Regardez ces chapeaux dorés, ces bougies, ces calligraphies. C'est une ruse ! C'est du pipeau ! » ?

J'ai juste arrêté mon émission. Comme j'ai arrêté la drogue. Je devais le faire. On m'a envoyé ailleurs. Dans des villes anciennes, dans des villes en bord de mer, dans des endroits avec de drôles de noms et des plaques en bronze sur les places. Dans des endroits où on est surpris de voir un *Caffè Uno* et où le logo de McDonald's est encore vert, comme une marque de respect moqueuse.

Oh mon Dieu.

Cette fois-là, ces quelques jours à Glastonbury. Je respire profondément. J'évite de trop penser. Comme quand on se reparle après une dispute. Super-poli. Désolé.

Grâce à ce programme, on peut se connecter à la partie de soi qui sait déjà ce qu'il faut faire pour nous aider. On peut créer l'accalmie nécessaire pour entendre ce que nous dit notre conscience, car elle a la solution. Comme on vit en fonction d'une structure, d'un schéma qui régulent nos mécanismes primaires, on a beaucoup de mal à s'arrêter pour se connecter à la sagesse qui est en soi, à la part de divin qui veut nous guider.

« La sagesse de savoir que l'on peut être différent. » Quand vous sentez la température monter, quand vous sentez que ça chauffe, vous savez maintenant que vous pouvez intervenir. Vous sentirez toujours la brûlure du traumatisme, mais, grâce aux outils de ce programme, vous pourrez empêcher les vieilles habitudes de revenir.

C'est très difficile de mettre fin à une pathologie. Comment puis-je me transcender ? Quel casse-tête ! D'ailleurs, qui se transcende ? Si je me transcende, comment puis-je être moi ? Dans cet embrouillamini se cachent des vérités qui sont difficiles à transcrire en mots, et même difficiles à comprendre. On ne peut que les ressentir. Ce programme a sa part de mystère. Beaucoup le considèrent comme un outil moderne pour se convertir, pour accéder à la connaissance, comme une méthode pour s'autoanalyser, pour communier avec soi-même et avec les autres. Etc. Moi, je l'utilise parce que c'est un moyen simple et efficace d'affronter mes obsessions et mes pulsions car, quand j'en suis débarrassé, je suis un homme différent.

Nous avons appris à vivre avec la honte et la douleur. Nous avons appris à vivre déconnectés, rejetés du paradis. Et nous avons oublié que nous pouvons y retourner.

Si vous devez absolument vous débarrasser de votre addiction, qu'elle vous paraisse light ou qu'elle soit carrément illégale, c'est parce qu'elle va finir par se retourner contre vous. Pourquoi ? Parce que ce qui la nourrit, ce qui la propulse, son essence est légitime et son but aussi (se connecter). Et elle ne va pas se contenter de rester dans l'ombre. Elle va être visible. C'est pourquoi vous avez de la chance si vous êtes addict au crack ou au smack, car le corps lâche vite et se met à saigner. Certes, ils anesthésient et ils distraient, mais les hémorragies sont si spectaculaires et si malsaines que l'on ne peut pas faire semblant longtemps. L'addiction au sexe et à la nourriture peut passer inaperçue plus longtemps. On voit en effet beaucoup plus de gens prostrés dans leur entrée à cause de la meth que de la crème glacée. Pourtant, tous ceux qui connaissent quelqu'un qui a des troubles alimentaires vous diront qu'il souffre autant qu'un autre addict. Et, comme le but ultime de ce programme est de s'éveiller à la spiritualité – post-religieuse –, nous devons finir par affronter notre démon intérieur.

Quand on commence à boire, à se branler, à manger, à dépenser de l'argent, à être obsédé par ci ou par ça, on se détache de la grande puissance à l'intérieur de soi, de la grande puissance des autres, de la grande puissance autour de tout. Une petite voix en nous essaie de nous parler, mais on ne la comprend pas parce que l'on n'a pas appris son langage. Alors on essaie de la faire taire avec du porno ou en consommant à tout-va. Mais c'est notre esprit qui nous parle et qui a un besoin vital de connexion. Et, pour le comprendre, il faut passer du temps seul, écrire, prier, méditer.

Si vous faites ce programme, si vous lisez ce livre, ça va vous aider à être mieux dans votre tête parce que, pour le moment, vous n'aimez pas vraiment ça. Vous êtes malheureux. Les pensées et les sentiments qui la traversent vous font souffrir.

Faisons un petit point. On a admis que l'on avait un problème. On a admis qu'il était possible de changer. On a accepté d'apprendre. On a analysé en profondeur les causes de nos problèmes et on en a parlé à quelqu'un. On s'est préparés à changer en tenant compte de ce que l'on a appris, on a fait appel à une Puissance supérieure auprès de laquelle on s'est engagé à être différent. On a fait l'inventaire de son passé et on s'est engagé à réparer ses torts à condition de ne pas blesser plus les gens. Puis on a décidé de surveiller ses vieux schémas et de les débrancher chaque fois qu'ils tentaient de réapparaître. On en est là : enfin prêt à avoir une vie intérieure différente, une relation différente avec soi-même et, par conséquent, avec les autres. Le mot « swami », qui qualifie les prêtres hindous, signifie « celui qui est maître de lui-même ». Ça sous-entend que l'on peut être bien seul ou en compagnie des autres, bien ancré, pas ligoté au monde par un million de fils invisibles qui peuvent sans cesse nous extraire de notre sérénité.

Avant de faire ce programme, je ne passais pas beaucoup de temps avec « moi-même ». Je ne m'asseyais pas seul pour réfléchir tranquillement ou me concentrer sur ma respiration ou un mantra. Si je m'asseyais seul, je paniquais, je ruminais, je m'inquiétais, je faisais des projets et je me tracassais. C'était systématique, c'est pourquoi j'évitais de le faire. J'aimais bien être seul à condition d'avoir beaucoup d'herbe à fumer et de pouvoir locher devant la télé ou d'utiliser n'importe quelle drogue qui ralentissait l'esprit et créait un paradis chimique temporaire. Quand j'ai arrêté de me droguer pour la première fois, l'une des choses qui m'ont le plus surpris, c'est mon incapacité viscérale à rester seul. Je ne le supportais pas. À chaque fois, même quand je m'étais préparé à l'être, une menace se glissait sous ma porte comme un brouillard. Même la présence d'amis arrivait rarement à m'apaiser. Je voulais le confort d'une intimité sans conséquence, ce qui bien sûr voulait dire une aventure sans lendemain. Cette habitude était très tenace car elle était très facile à cacher. Personne ne le remarque. Tout le monde s'en fiche. C'est d'autant plus vrai si vous venez d'arrêter les drogues dures et si vos écarts sexuels sont bénins. Il faut du temps, de l'autoanalyse et une bonne dose de lucidité pour arriver à admettre que ce comportement est toxique et doit donc cesser.

Quand je suis seul, je réagis encore parfois de façon pas vraiment naturelle. Je ressens une petite mais reconnaissable montée de peur quand je rentre chez moi et que ma maison est vide ou que je sais que ma copine n'est pas là. Qu'est-ce qui provoque cette peur ? On sait maintenant, vous et moi, grâce au gros travail que j'ai fait au fil de ces Étapes, que j'ai des peurs profondes qui dominent mes pensées et se nourrissent du vide. Il n'y a pas de position neutre. Si je ne fais rien, mes tendances négatives reprennent le dessus. Si vous démarrez à peine cette aventure, vous n'avez peut-être pas conscience de votre rapport à la solitude. Alors passez du temps en compagnie des gens qui vous aiment et qui comprennent que vous vivez différemment maintenant.

À mon âge, sur l'échelle du temps et de la guérison, il est important d'être à l'aise avec le principe de solitude. C'est là qu'un aspect de cette Étape peut nous aider. Le mot dont nous avons besoin à ce stade est « cherché ». J'ai toujours cherché quelque chose. Je m'en rends compte maintenant. D'aussi loin que je me souvienne, j'ai espéré qu'un objet ou qu'une expérience pourraient me guérir, pourraient me faire sentir entier. Parfois, avant Noël, je devenais si euphorique en pensant aux cadeaux que j'allais avoir que je vibrais jusqu'à ce que j'aie l'impression de pouvoir me métamorphoser. Était-ce à cause du *Faucon Millenium* ou d'un autre truc que j'espérais ? Quelle est la pulsion féroce qui se cachait derrière ça ? La certitude que ces objets m'aideraient à me sentir complet. C'est comme si j'étais né avec ce besoin vital d'être entier et que j'avais continuellement espéré que chaque nouvel objet ou chaque nouvelle rencontre, surtout s'il ou elle avait du panache, m'apporteraient la rédemption.

J'admets que les frissons anodins et ordinaires qui me parcouraient quand j'avais 7 ans à la veille de Noël portaient les graines de tous mes futurs et faux désirs. Je comprends facilement comment j'ai fini par être obsédé par la nourriture, le porno, le sexe, la drogue, les relations avec les autres, le statut social, l'argent, tous les objets, les représentations mentales qui, de loin, représentaient une forme de salut. Être sauvé de quoi ? Être sauvé de l'imperfection de la vie qui se déroule dans le faux cadre de l'ego, soutenu par une culture qui persiste à dire que le bonheur dépend des biens matériels. Si seulement on avait les bons coachs, la bonne voiture, la bonne petite amie, le bon boulot ; si seulement les gens nous respectaient, ne nous rejetaient pas, nous protégeaient ; si seulement on ressemblait à Sophia Loren, à Sean Penn, à Mohamed Ali, à Lady Gaga ; si seulement on était plus mince ou quelqu'un d'autre, ou n'importe qui d'autre... On a toujours envie d'en avoir plus. On essaie toujours de justifier nos écarts de conduite et les pulsions qui nous tourmentent à notre insu.

Quand on prie et que l'on médite, on prend conscience du flot rapide de ses pensées sans croire qu'elles sont correctes, qu'elles vont générer de nouvelles croyances ou de futures actions. Je n'aurais pas été capable de prier ou de méditer avant d'avoir fait ce programme une première fois. Mon esprit crépitait trop, n'arrivait pas à se fixer. Maintenant, je peux rester assis tranquillement, me couper de toute stimulation et entrer en moi. Mon esprit récalcitrant s'agite et gargouille. Je porte mon attention sur mon visage. Est-il détendu ? Rarement. Je sens des tensions autour de mes yeux, de mes mâchoires et de ma bouche. Je les relâche consciemment. Je détends mon cou et mes épaules. Je passe mon corps en revue à la recherche de tensions qui seraient toujours là et je les relâche. Je fais ça deux ou trois minutes et puis, quand je suis bien installé, confortablement assis, sur un coussin sans rien pour me caler le dos (mais ce n'est pas nécessaire), je m'autorise à m'allonger ou à m'asseoir sur une chaise et je me concentre sur ma respiration. J'aime imaginer qu'elle est calme et profonde, qu'elle passe par mon corps et apporte la vie jusque dans mon ventre. C'est d'ailleurs ce qu'elle fait grâce à quelques techniques respiratoires complémentaires. J'ai appris la méditation transcendantale, une forme de méditation avec un mantra durant laquelle on se concentre en silence sur un mot et sur lequel on revient gentiment et sans effort chaque fois que l'esprit vagabonde. Une des grandes constantes de la méditation est l'autocompassion, qui aide à accepter, sans culpabiliser, les errements de l'esprit. Ça aide à ne rien attendre de la méditation et à l'accueillir telle qu'elle est.

Deux fois par jour, pendant environ une demi-heure, j'ai un besoin vital de me couper du monde extérieur, que ce soit de ma relation avec ma copine ou de ma relation avec mon téléphone. J'ai toujours vécu dans ma tête. Nous vivons tous dans notre tête, et pourtant nous l'entretenons très mal. La méditation m'aide à prendre soin de cet espace dans lequel je passe tout mon temps. Quand je sors me promener avec mon chien, je remarque rarement comme il est mignon et drôle parce que je suis prisonnier de mes mauvaises pensées : « Et si ça arrivait ? », « Pourquoi est-ce arrivé ? » Je pourrais être n'importe où parce que je ne suis pas présent. L'état d'esprit que l'on essaie d'acquérir en méditant aide à mieux voir sa vie dans son intégralité. C'est d'ailleurs l'intérêt de la méditation. Ça ne sert à rien de faire des « om » en regardant une bougie pendant dix minutes, si c'est pour vous lever juste après pour aller hurler après un éboueur qui ne veut pas prendre votre poubelle. Quand on médite, on cultive une facette ignorée de soi-même et qui va nous envelopper quand on va revenir dans le monde matériel.

Pour moi, la prière est une intention. La phrase : « Nous avons cherché par la prière à améliorer notre contact conscient avec Dieu, Lui demandant seulement de nous faire connaître Sa volonté et de nous donner la force de l'exécuter » nous met, à mon avis, en garde contre la tentation de considérer notre Puissance supérieure comme un Père Noël cosmique dont la seule utilité serait de nous trouver une nouvelle copine. C'est aussi une façon de reconnaître que, dans notre ancienne vie, avant de reprogrammer notre esprit, les besoins de notre ego étaient pharaoniques. Mon ego me dit que j'ai besoin d'une nouvelle et meilleure chérie. Et moi, en bon petit valet obéissant, je vais en chercher une. Mon ego me dit que je dois être riche et célèbre. Je sors donc de chez moi avec un haut-de-forme et des guêtres. Bref, je le dis et je le répète, les exigences de l'ego ne conduisent qu'à la souffrance. Désirer, c'est souffrir. Nous sommes heureusement libres de renoncer à ces petits besoins insignifiants pour nous caler sur une nouvelle fréquence où notre vie aura plus de sens que de se dire : « Je me demande de quoi je vais avoir l'air avec ce nouveau chapeau ? »

Voici comment je prie. Je m'installe dans le calme un instant. Je lis quelques courts passages de mon livre spirituel du moment (en ce moment, c'est *Les Aphorismes du yoga* de Patanjali). Je réfléchis à la façon dont je pourrais appliquer ce que j'ai lu à ma vie, puis je fais silencieusement une prière de gratitude. Concrètement, ça veut dire que je me considère comme une personne extrêmement chanceuse qui est née au bon endroit, au bon moment, qui est en bonne santé, qui s'en est bien sorti jusque-là, qui a eu la chance de ne pas se blesser gravement ou de ne pas blesser gravement quelqu'un dans le passé et qui a la chance d'avoir une vie remplie de gens magnifiques. J'allume quatre bougies (!) : une qui représente les liens qui me relient à une Conscience supérieure quand je médite ou que je rêve ; une pour ma relation avec ma copine ; une pour ma relation avec le travail, que j'espère mue par une noble motivation, et la dernière pour me connecter vraiment à tous les gens que je rencontre. J'ai un peu de mal à parler de ce petit rituel parce que c'est très privé, mais si je le fais, c'est dans l'espoir que l'honnêteté et la transparence m'aideront à me relier à mon but suprême. Après avoir fait une prière de gratitude, je prie pour avoir le courage, la volonté de ne plus me cantonner à mon vieux schéma de pensée, de ne plus voir le monde comme une source de plaisir mais comme un endroit auquel je peux contribuer. Puis je demande à faire du bien aux gens que je rencontre, à interagir avec eux pour des raisons plus nobles, à parler à la personne qui fait le plein de ma voiture avec tolérance et amour et non pas, comme j'ai eu si souvent l'habitude de le faire, par un : « Sers-moi de l'essence. Le reste je m'en fiche. » Enfin, et c'est sans doute là où je suis le plus farfelu, je demande à recevoir des signes, à être à l'écoute du monde autour de moi, à comprendre que ma réalité est une danse entre le monde matériel que je perçois et ma propre conscience. Je demande à voir les choses dont j'ai besoin, à recevoir les messages qui vont m'aider sur mon chemin.

Vous vous doutez bien que j'échoue souvent. La plupart du temps, mon ego et mon inertie prennent le dessus. La plupart du temps, mon vieux mode de fonctionnement reprend du poil de la bête. Quand je suis dans les bouchons, quand rien ne va assez vite pour moi, quand je me sens inférieur ou menacé, mes bonnes résolutions sont fortement mises à l'épreuve. C'est pourquoi je ne fais pas ce programme seul. Je consulte d'autres gens car je sais que je ne suis pas le mieux placé pour évaluer mon état mental. Pour faire cette Étape d'une façon plus pragmatique, on peut aussi tout planifier le matin et s'y tenir en essayant de ne pas être égoïste, malhonnête ou de s'apitoyer sur son sort. Puis, en fin de journée, on regarde si on y est arrivé, ce qui implique de savoir admettre quand on a « perdu le contact » avec son objectif suprême, quand on a recommencé à être envahi par la rancœur, l'envie, la luxure ou n'importe quel autre poison parce que l'on est un être imparfait avec des instincts contradictoires. Personnellement, la 11e Étape m'aide comme jamais à me connecter à une conscience, à vivre autrement en pleine conscience selon des préceptes spirituels, à vivre en acceptant mes défaillances et celles des autres. Mon but final est de vivre en aimant et en étant gentil avec les autres, en sachant qu'ils sont plus ou moins comme moi. Nous souffrons tous sur Terre, et notre travail est de nous aimer et de nous entraider.

Exercices de la 11e Étape

Restez connecté à votre nouvelle vision du monde.

Moi qui vous parle du sommet de mon ego, je dois admettre que je ne suis pas beaucoup plus avancé que vous.

Je continue à présenter mes excuses, car ma 9e Étape n'est pas encore terminée. Elle ne le sera peut-être jamais. Ma 10e Étape, elle, est souvent imparfaite. Ces deux aveux expliquent peut-être pourquoi je suis toujours aussi complexe. Mais, grâce au principe et à l'aide de ma Puissance supérieure, j'ai parcouru un long chemin depuis l'époque où j'étais un junkie désespéré. J'ai maintenant les problèmes d'un homme avec un cerveau vigoureux qui a une fâcheuse tendance à ne penser qu'à lui mais qui sait qu'aucun fruit de l'ego n'a de saveur.

La 11e Étape est la phase de compensation suivant l'arrêt de la drogue qui, dans mon cas, m'aidait à « sortir de ma tête ». Et j'adorais ça. Mais pourquoi avais-je ce besoin ?

Ça a toujours été une pulsion destructive. Dans la 11e Étape, je « sors de moi » d'une façon qui n'est pas douloureuse et qui me connecte à la Grande Réalité, à la Conscience au-delà de mon être paranormal et biochimique. Ou, plus simplement, quand je médite, j'arrête d'être moi.

Voici comment je prie et je médite pour améliorer mon « contact conscient » avec « Dieu ».

J'allume quatre bougies. Une qui symbolise mon lien avec la conscience au-delà de la peur, de la mémoire, du corps et des sens, une pour mon lien avec ma famille, une pour mon lien avec mon travail et une pour mon lien avec les autres. Je demande à tous ces liens, toutes ces connexions, d'être régis par l'amour.

Je lis des livres spirituels souvent en lien avec la 12e Étape, mais pas toujours.

Je médite avec des mantras pour transcender mon « esprit pensant ». Ça consiste à se répéter mentalement un mot sacré. Et parfois, je fais des méditations guidées disponibles sur YouTube, et je n'en suis pas fier.

Je fais ça pendant environ vingt minutes, en espérant que pendant ce temps, le bla-bla incessant de mon esprit s'arrête et que la paix m'envahisse. Ça nécessite de la pratique. Soyez patient et ne vous jugez pas.

Je demande de la gratitude et je cherche des moyens d'exprimer la mienne aux autres. Je demande du courage et d'avoir la possibilité de le montrer. Je demande de guérir les gens que je rencontre. Je demande de remarquer les signes que je croise chaque jour et de les laisser me guider vers mon Moi supérieur, vers mon Moi meilleur. Je demande que mes pensées, mes actions, ma conscience proviennent d'une Source supérieure.

Je répète mentalement trois prières que je connais par cœur et qui sont toutes tirées des livres conseillés dans la 12e Étape.

Puis, j'essaie de rester connecté à cette paix toute la journée malgré les provocations et les tentations du monde extérieur. Et, chaque fois que j'ai envie de réagir ou d'attaquer, je dis : « Guide-moi. Utilise-moi. »

En plus de la 10e Étape, j'observe à quel rythme je sors de moi-même et je suis tenté de revenir à mon ancien mode de pensée, à mes « défauts de caractère ». Je reste connecté aux personnes qui sont plus avancées que moi sur le chemin. J'essaye de me souvenir que « je n'ai rien à en tirer », que « rien de tout ça n'est réel », que « ce n'est qu'un rêve ».

Demandez-vous :

- **Suis-je prêt à accepter que le monde matériel et mécanique tel que je le vois n'est pas la réalité objective ? (Y a-t-il des choses que je ne sais pas, que personne ne sait ?)**
- **Suis-je prêt à accepter qu'une partie de ma conscience n'est pas régie par des processus biochimiques primaires et un formatage génétique, social et familial ? (Mon esprit se limite-t-il à ce que l'on m'a inculqué et ce que mon instinct animal réclame ?)**
- **Suis-je prêt à vivre au service de ce Moi supérieur, de ce Royaume suprême ? (Ai-je envie d'être plus qu'un entrelacs de désirs, de besoins et de peurs ?)**

Créez votre propre incantation, votre propre code secret, pour vous connecter et utilisez-le chaque jour.

Exemple : « Je sais que je ne peux pas trouver le bonheur en suivant mon instinct et mes désirs. Je m'engage à transmettre l'amour, à servir la beauté. »

- 12 -

Ayez une vision moins égoïste de la vie, soyez gentil avec les autres, aidez-les quand vous le pouvez.

Étape 12 : Grâce à ces Étapes, nous avons connu un réveil spirituel ; nous avons alors essayé de transmettre le message aux autres addicts et d'appliquer ces principes dans tous les domaines de notre vie.

Cette Étape est archi-complète. Elle ouvre à un mode de vie différent, avec des objectifs différents réalisés dans une perspective nouvelle. Quand je fais cette Étape, je ne suis plus la personne qui s'est lancée dans cette aventure.

Les trois défis de cette Étape sont tous reliés. Son altruisme – « transmettre le message » – se présente souvent sous cette forme pour moi : une personne me demande de l'aide, je pense : « Pas question. Quel est mon intérêt ? », puis je me souviens que j'ai une autre vision de la vie et j'accepte de l'aider, si c'est possible. C'est ainsi que je me retrouve, par exemple, dans une prison en train de parler d'addiction à la drogue. Et je pense, et je dis même parfois : « La personne que j'étais n'aurait pas fait ça. Elle était trop égoïste. Le fait que je sois ici prouve que je ne suis plus cette personne. » J'évite généralement de préciser que le « avant » date seulement parfois du matin même. Quand je fais la 12e Étape, je comprends que j'aurai toujours tendance à être égocentrique, que si je ne travaille pas sur mon état mental et spirituel, je redeviendrai automatiquement égoïste et indifférent à la souffrance des autres. Un de mes amis m'a dit : « Travailler sa spiritualité, c'est comme essayer d'échapper à une cascade dans un canoë. Si on arrête de ramer, on revient en arrière. »

Mes vieux démons vont toujours ressurgir, me ramener au sexe, à la drogue et à l'égoïsme. Avec la 10e Étape, on peut repérer les schémas de pensée qui risquent de réactiver nos comportements destructeurs avant qu'ils ne reprennent possession de nous. Avec la 11e Étape, on apprend à rester serein et connecté, ce qui rend ces comportements néfastes moins attractifs. Avec la 12e Étape, on s'engage à vivre différemment et à avoir une raison différente de vivre. Cette Étape confirme que, à ce stade du programme, on doit s'éveiller spirituellement, comprendre que l'on vivait dans une prison égocentrique et que l'on doit dorénavant être mû par le désir d'aider les autres. Tout ça m'interpelle toujours beaucoup. S'il est une chose dont j'ai toujours été certain, c'est que je suis le nombril du monde. Moi, mes sentiments, mes causes, mes espoirs, mes rêves, mes victoires et mes échecs. Pour le meilleur ou pour le pire – souvent le pire –, je suis le héros de cette histoire et, croyez-moi, je suis capable de vous faire un sacré show ! Ces données de base malsaines ont toujours été à l'origine de mes comportements destructeurs parce que, comme je le crois maintenant, tout au fond de moi, dans l'endroit qui est resté intact malgré des décennies d'autodestruction, j'ai toujours su que mon besoin de satisfaire mes intérêts était creux et n'était qu'une manœuvre de diversion. Cette certitude est notre vraie demeure, car c'est là où résonne la voix de notre héroïsme. C'est là que nous faisons preuve d'empathie et que nous aimons. C'est dans ce sanctuaire interne permanent que nous désirons retourner de toutes nos forces. Toutes mes addictions me semblaient très impies, très charnelles. À mes yeux, tout n'était qu'hédonisme et décadence. Et cela était exacerbé par la certitude que seul le plaisir était réel et que rien d'autre n'avait de sens. À titre d'excuse, je dirais qu'en dehors d'histoires pittoresques et de religions obscures, le monde n'a cessé de me répéter que c'était comme ça, que tout ce qui comptait était ce que l'on pouvait obtenir, contrôler, posséder. Ma vie ne m'a pourtant jamais permis de confirmer ce mythe : la gloire ne m'a pas satisfait, ni le sexe, ni l'argent, ni le glamour, ni le pouvoir qui vous file entre les doigts. Rien de tout ça ne pouvait parvenir jusqu'à l'endroit où je résidais vraiment, à l'intérieur de l'endroit où j'étais seul. « La route de l'excès mène au palais de la sagesse », a dit le poète William Blake. Jim Morrison était d'accord avec lui, et j'ai moi-même essayé d'appliquer ce précepte à la lettre. Mais il est plus sage de penser qu'il n'y a pas de « palais », que la route de l'excès ne mène nulle part et qu'il est temps de rentrer à la maison.

En m'éveillant spirituellement, j'ai compris que je ne pouvais pas vivre seulement pour moi, que je devais servir les autres quand ils en avaient besoin, qu'« appliquer ces principes dans tous les domaines dans notre vie » est le principe essentiel et final de ce programme, qu'il est gravé dans la pierre, imprimé en petit mais avec un grand message, que c'est la clause : « il n'y a pas d'autre solution ». Les gens qui ont conçu ce programme savaient probablement que ceux qui le suivraient saboteraient leur propre guérison et sauteraient du bateau de sauvetage pour replonger dans l'océan d'illusions et de souffrances à la moindre opportunité. Qu'ils reprendraient leur pipe à crack, retourneraient vers la personne qui les fait souffrir, reprendraient un verre, décideraient de rester un an de plus dans un travail qu'ils détestent, reporteraient leur régime au lendemain. Tic-tac, tic-tac, on recommence quand ? Nous avons besoin de souffrir pour ne pas oublier. L'ego est un ennemi discret et, quand il voit que le Moi supérieur nous apaise, il pense que c'est grâce à lui et nous renvoie dans la jungle.

> Ce que je considérais comme le bonheur n'était qu'une distraction pour me faire oublier la douleur. La douleur d'être déconnecté, d'être séparé de vous.

En m'éveillant, j'ai pris conscience que « pour être heureux, je dois avoir un but » et que ce but n'est aucun des trucs que j'ai déjà rayés de la longue liste de mes distractions : le sexe, la nourriture, le prestige, le pouvoir, l'argent ou le plaisir. On peut bien sûr, et pourquoi pas, essayer de rationaliser tout ça, bien que, à mon avis, la raison se trouve au-delà du seuil de notre compréhension. Il n'y a pas de « moi ». Quand je dis « je », à quoi fais-je référence ? À mes souvenirs et mes besoins ? À mes projections mentales et mes croyances ? À ma voiture ? À mes ongles de pieds ? Tout n'est que poussière et énergie perdue, funérailles futures suivies d'une décennie ou deux d'anecdotes lors de conversations ponctuelles entre apprentis des 12 Étapes cadavériques et maudits. Mon indépendance, mon « moi, moi, moi » ne vont pas m'être d'un grand réconfort. Vivre exclusivement pour satisfaire les besoins de l'étrange et temporaire conglomérat que je dirige, c'est comme essayer de faire une jolie coiffure à un cadavre. Parfois, dans le silence, mes pensées et mes désirs s'apaisent. Il n'y a plus de « je ». Mais la conscience est toujours là. Je n'observe ce phénomène qu'à la fin de la méditation, quand le « je » se réactive. Et si ça voulait dire que la conscience est universelle ? Que le champ de la conscience qui héberge mon individualité héberge aussi la vôtre ? C'est ça, le vrai sens de « nous sommes tous un » ? C'est pour ça que, quand je suis gentil avec les autres, je me sens en paix, je me sens bien, je sens que j'ai dépassé les barrières de mon corps pour accéder à l'illimité, accéder à l'infini, accéder à l'endroit auquel j'appartiens vraiment ? Pas facile d'arrêter le mécanisme de la machine biologique dans laquelle ma conscience est sertie. Je n'y arrive pas si on ne m'aide pas. Mais, quand je communie avec vous, je me souviens que le moi n'a jamais été réel, que nous ne faisons qu'un, que nous sommes indivisibles, que nous formons un océan agité et infini, que nous nous éveillons et que nous oublions, que nous nous levons et que nous retombons au gré des marées de nos vies, que nous sommes heureux seulement quand nous sommes unis.

Ce que je considérais comme le bonheur n'était qu'une distraction pour me faire oublier la douleur. La douleur d'être déconnecté, d'être séparé de vous. J'apaisais tous mes manques, tous mes désirs, toute ma soif à grands coups de substituts abjects, de fausses idoles qui continuaient de nous relier involontairement.

Dieu sait si je ne veux pas passer pour un de ces prêcheurs cinglés que l'on voit dans les rues, mais la partie a commencé, vous le savez, et l'heure du changement est arrivée. Les vieilles idées ont échoué, le temple s'est effondré et les banques ont été dévalisées. Tous ces empilements de briques et toute cette poussière témoignent de quelque chose de plus profond, et c'est sur cela que nous devons nous retrouver car nous sommes maintenant convaincus que ce à quoi nous renonçons n'est pas réel.

En ce moment même, lors des réunions annuelles des plus grandes entreprises mondiales, les grands patrons reconnaissent que l'ancien système a échoué. Ils pleurent toutes les larmes de leur corps, ils supplient que l'on les ramène chez eux. Dans les petites villes de province luisantes de pluie, de ravissants étudiants rayonnant de bonheur éclairent l'obscurité glauque car ils ont réussi à réunir un peu d'argent pour créer un foyer pour les démunis. Ces deux exemples cachent la même vérité : l'égocentrisme mène à la douleur et l'amour, au salut.

Avec mon penchant pour la démesure, je favoriserai toujours les grands changements et les grandes révolutions, les déclarations d'intention grandiloquentes et enflammées, le martyre et les miracles. Mais il est temps maintenant de faire des offrandes modestes, de s'opposer silencieusement avec amour. Aimer est une forme de résistance. Devenez la personne que vous êtes censé être, libre de tout lien. Piratez votre logiciel interne malveillant. Défiez la mentalité actuelle en étant gentil, en tendant la main avec amour. Défiez les autres en les aimant, en sachant ce qu'il y a en eux. N'en attendez rien. N'espérez aller nulle part. Seul l'amour est réel et on peut le prouver au quotidien.

Et maintenant, jouons cartes sur table. Je crois vraiment qu'il y a une Conscience supérieure en chacun d'entre nous et au-delà de nous. Et je crois que si nous sommes connectés (par ce programme, car c'est le seul moyen d'y arriver), nous pouvons communier avec elle. Ça a beau avoir l'air surnaturel (les sceptiques diront superstitieux), j'y crois et je pense que c'est le socle de beaucoup de religions. C'est ce ressenti, né de ma propre expérience, qui me permet de vous transmettre le flambeau, même si, comme je n'arrête pas de vous le dire, l'idée que je m'en fais est personnelle et individuelle comme devrait l'être la vôtre.

L'expression « une Puissance de compréhension supérieure » empêche tout endoctrinement et évite de prendre des chemins de traverse. Nous avons tous une vision de la réalité différente. Nous avons tous notre propre système sensoriel. Nous nous approprions tous les mots et nous leur donnons un sens unique et particulier. En ce qui concerne la Puissance supérieure, l'important est qu'elle soit au-delà de votre ego et qu'elle ne soit pas malveillante. Au début, quand je me suis lancé à contrecœur dans cette bataille, j'avais un plan basique : être capable de rester clean en assistant régulièrement aux réunions des 12 Étapes et en acceptant de ne pas boire ni me droguer jour après jour.

C'était comme ça et seulement comme ça que je concevais la Puissance supérieure, et ça m'a aidé à atteindre le but que je n'avais jamais pu atteindre jusque-là : arrêter la drogue et l'alcool. C'est loin maintenant, et vous ne saurez donc jamais à quel point ça a été phénoménal. Je passais mon temps à boire et à me droguer. Je ne m'intéressais qu'à ça et ça m'aidait à soulager la douleur qui me définissait. Le passage du 12 décembre 2002 au 13 décembre 2002, jour où j'ai arrêté de prendre de la drogue, représente un tel changement qu'il a fallu qu'une force me pousse pour y arriver. Ce qui est dingue c'est, qu'un jour après l'autre, je n'ai plus jamais retouché à l'alcool ou la drogue, preuve qu'une « Puissance supérieure » existe, une puissance qui n'existait pas avant en moi ou que je n'utilisais pas.

J'ai parfois envie de boire et de me droguer. Comme vous le savez maintenant, j'ai des pensées et des sentiments pénibles chaque jour. Je suis en perpétuelle négociation avec mon ancien Moi. Quand j'ai dû relever de gros défis au cours de ma guérison, c'est ce programme qui m'a le plus aidé. Il m'oblige à capituler, à renoncer à essayer de naviguer entre les écueils de ma douleur avec des cartes que j'ai moi-même dessinées. J'utilise encore et toujours ce programme. Quand je me connecte aux autres, il me rend gentil, empathique, complice et m'aide à partager mon expérience avec ceux qui sont sur le même chemin que moi. J'utilise les outils de ce programme pour mieux comprendre les caractéristiques et les racines de ma détresse. Je peux maintenant calmer mes peurs, grâce à la prière et la méditation, et en me rappelant que ma vie ne se résume pas à des interactions avec le monde extérieur. Et, plus important encore, je me rends disponible pour les autres. Je suis un mentor, c'est-à-dire quelqu'un qui, comme je vous l'ai déjà expliqué, aide les autres à faire les 12 Étapes, car, bien sûr, il les a déjà faites. Personnellement, je ne ferais pas confiance à un sherpa qui, au pied de l'Everest, me dirait : « Je ne suis jamais monté là-haut, mais je sais que l'on va y arriver. »

J'ai moi-même un mentor et un groupe de gens en qui j'ai confiance et que je peux appeler et (c'est très important) que je peux écouter quand j'ai peur ou que je suis agité. Si mon instinct me souffle de quitter ma famille pour aller vivre avec des moines dans l'Himalaya (avec le sherpa dont je viens de parler), ils me disent que c'est une mauvaise idée et me rappellent que je suis un chef de famille. Et je suis leurs conseils. C'est très simple mais inestimable. Pas besoin d'avoir un sherpa pour ça, (Pourquoi suis-je obsédé par les sherpas ? Je n'ai pas l'intention de faire de l'alpinisme !) Et s'il vous suggère un chemin pour monter jusqu'en haut, courez dans la direction opposée ! Le fait de savoir que des gens comptent sur moi pour faire ce programme a plusieurs avantages. D'abord, ils sont aussi égocentriques que moi. Donc quand ils m'appellent pour parler, je suis projeté hors de mon étroit tunnel d'introspection vers la métropole grouillante de leur vie. J'écoute d'autres personnes me parler de leurs difficultés, des trucs complètement dingues qu'ils font ou qu'ils comptent faire (quand ce sont de bons « disciples »), pour essayer de trouver une solution à un problème que nous avons en commun. Ce problème est la déconnexion. Les conseils que je leur donne ne bondissent pas de ma bouche comme un saumon pris dans le flot tumultueux de mon esprit malade. Non. J'écoute attentivement ce qu'ils me disent et je cherche un outil dans ce programme pour les aider à s'extraire de leur folie. Si un addict vous donne des conseils sans suivre ce programme, c'est un junkie.

Franchement, je suis aussi fou qu'eux, aussi fou que vous, parfois même plus. Mais ce n'est pas pour ça que j'utilise mon propre et dément évangile. Je me réfère aux principes de ce livre tels que je les comprends. Quand je suis au service des autres, mon égocentrisme, qui est le principal moteur de mes addictions, ralentit. Ce programme est un antidote très utile pour soigner ma folie. Quand je m'entends dire des trucs sensés, je pense comme un sombre crétin : « Hé, je devrais faire ça aussi ! » Quand je m'entends dire aux personnes dont je suis le mentor : « Ce n'est pas en regardant du porno que tu vas te sentir moins seul ou plus utile », j'ai du mal, après avoir raccroché, à baisser mon pantalon sans me sentir un peu ridicule. Ça fait penser aux Grecs (allez !) qui croyaient que des « humeurs », des « divinités » et des « furies » prenaient possession des héros de leurs mythes et téléguidaient la moindre de leurs actions. Ou à Joseph Campbell – un anthropologue, écrivain et mythologue américain – qui disait que, quand on est en colère ou dévoré par la jalousie ou la luxure, ces mauvaises énergies nous tiennent dans leur poing. Quand j'arrête de penser à ma vie et à mes problèmes pour penser à ceux de la personne que j'ai à l'autre bout du fil, je suis obligé – et il doit y avoir un truc biochimique là-dessous – de dévier le cours de mes pensées vers un autre circuit. L'attention et l'intention sont le système de navigation et le carburant de la conscience.

Aider quelqu'un à faire correctement toutes ses Étapes prend beaucoup de temps, comme le montre ce livre. La 5e Étape en particulier est un acte d'amour. On reste assis pendant des heures à écouter quelqu'un parler de lui dans le seul but de l'aider. Et là, vous pouvez soulever votre chapeau à bibi, car c'est l'inverse de ce que ce bon vieux Russell faisait. Avant, quand j'écoutais quelqu'un, c'est parce que l'on allait faire l'amour ou parce qu'il ou elle allait me donner de l'argent. Maintenant, quand j'écoute un pauvre type me déballer sa vie, comme si on lui avait demandé d'ouvrir sa valise lors d'un contrôle aléatoire à l'aéroport, je me branche directement sur la compassion, l'empathie et la gentillesse que j'ai longtemps négligées. Je les sens renaître en moi.

Il faut avoir un nouveau but dans la vie pour être disponibles pour les gens qui ont vraiment besoin de nous, pour « délivrer le message à l'addict qui souffre ». Quand je suis en compagnie d'autres addicts qui sont, comme moi, dans la seconde partie de ce programme, au bout de cette maladie, je me dis que j'ai eu de la chance. Si je n'avais pas réussi à décrocher, ma vie aurait empiré, alors que maintenant, je me sens libéré de mes addictions un jour après l'autre. Quel soulagement ! Les livres qui ont aidé à élaborer ce genre de méthodes les décrivent non pas comme une « cure » mais comme un « sursis quotidien ». La maladie, l'addiction est toujours là. Nous la sentons bouger en nous. Elle a peur, elle enrage, elle s'agace. Elle voudrait reprendre possession de nous. La seule façon de l'en empêcher, c'est de faire continuellement ce programme et, dans le cas de la 12ᵉ Étape, de « transmettre le message aux addicts qui souffrent encore ». Pour quelqu'un d'égocentrique comme moi qui vit dans un monde égocentrique, ce concept est révolutionnaire. Qui ou quoi d'autre promeut ces valeurs ? Où sont-elles appliquées ? Seulement à la marge. Quand je rencontre des gens qui travaillent dans des foyers de SDF, dans des camps de réfugiés ou dans des hôpitaux, j'ai l'impression de voir des saints et, dans un certain sens, ils en sont, parce qu'ils sont sortis du cadre des valeurs de notre culture pour s'engager sur un autre chemin. Je suis sûr qu'il y a des gros cons égoïstes dans les hôpitaux et les associations, mais je n'en ai jamais rencontré. Qu'il s'applique aux individus ou à la société, cet altruisme ne peut plus être à la périphérie, il doit être central.

Maintenant que l'on est en pleine conscience, c'est-à-dire que l'on a conscience de qui on est vraiment et que l'on a compris que l'on n'est pas le centre de l'univers, nos pensées égocentriques n'ont plus de raison d'être. Et si, en plus, elles ne nous rendent pas heureux, il faut les laisser partir pour laisser en venir de nouvelles. « Nous avons essayé de transmettre le message aux addicts qui souffrent encore. » Désormais, on est gentil avec les autres et on essaye de les aider au lieu de les considérer comme des distributeurs vivants de sachets de plaisirs quand on insère la bonne pièce dans la fente. « Et d'appliquer ces principes dans tous les domaines de notre vie. » On essaye maintenant d'être prévenant, attentif et gentil avec sa famille, son partenaire, ses collègues et sa voiture. C'est plus facile à dire qu'à faire, car la perfection n'existe pas ! Mais on peut au moins se fixer un objectif et essayer de l'atteindre pendant le reste de sa vie.

Pas la peine d'aller à Jérusalem pour ça. Le mieux, c'est de le faire de chez soi. Ou peut-être à Slough, une ville à l'ouest de Londres.

Le centre d'accueil des SDF de Slough a une large clientèle. Il y règne un étonnant sens de la communauté. C'est d'ailleurs plus qu'une communauté. C'est une famille. À Slough, ça vit entassé les uns sur les autres, ça se dispute, ça sourit et ça fait la gueule. Les jeunes des rues se droguent désormais au « Spice », du cannabis de synthèse qui rend amorphe et fait souffrir le martyre. Ce nouveau produit, qui a toujours une longueur d'avance sur la loi comme le Joker, cette drogue facilement accessible, ne coûte pas plus cher qu'un paquet de chips et est aussi néfaste pour la santé. Les jeunes hommes sont secs comme un coup de trique et toujours prêts à basculer dans la violence. Des gosses. Les filles ont des cheveux rose et bleu fluo. Elles ont l'air de toutes se prostituer et ont les veines apparentes, même sur le visage. Il y a aussi des Polonais qui ressemblent à des agents spéciaux prêts à partir en mission. Leurs visages fermés expriment une grande dureté. Difficile d'entrer en contact avec eux. Difficile même d'être sympa avec eux. Leur dureté et mes préjugés semblent conçus pour se télescoper et j'en conclus qu'ils sont bâtis pour supporter la souffrance. Ils ne se sont pas disloqués. Ce sont des survivants qui se sont adaptés. Les boutiques alentour reflètent les besoins de leur clientèle, comme doivent le faire je suppose tous les commerces. Elles vendent des bières polonaises avec des noms compliqués et hérissés de consonnes, alignées sur les étagères de magasins tenus par des Indiens.

> Le légendaire Gruffy est un SDF++ en partie grâce à sa longévité, mais aussi grâce à la légende qu'il s'est façonnée au fil des années. Son courage et son caractère vous frappent autant que son odeur. Même si l'odeur est courante dans ce lieu, la sienne est unique.

Avec quelques amis de ma bande des « on ne boit pas », j'y suis allé un samedi pour me rendre utile. Dans la cuisine, des hindous font leur truc habituel, toujours le même truc, rendre service. On évite soigneusement une conversation digne du « Front populaire de Judée » comme dans *La Vie de Brian* en résistant à la tentation de leur dire d'aller se faire foutre et de revenir un autre jour. On essaie plutôt de faire ami-ami et de se concentrer sur la musique. Un de mes potes, Kane, a amené des musiciens qui jouent de façon bruyante et appliquée dans un coin de la cantine municipale décrépite, décorée de dalles de lino craquelées et de chaises d'école toutes griffonnées. Les hindous font donc ce que les hindous font : ils servent des bols en aluminium de salade et de curry aux Polonais aux visages fermés et au regard intense, aux filles moqueuses aux cheveux fluo et aux garçons avec des ongles sales et ventres plats comme des planches à laver. Mon amie et contact sur place, Vicky, tente de m'appâter avec les manières à la fois douces et dures qu'ont ces femmes qui ont connu la rue, qui ont connu les défaites, qui ont connu les hommes, qui continuent à porter des bas de jogging gris et qui ont la confiance désinvolte des personnes qui souffrent d'un grand décalage horaire.

Le légendaire Gruffy est un SDF++ en partie grâce à sa longévité, mais aussi grâce à la légende qu'il s'est façonnée au fil des années. Son courage et son caractère vous frappent autant que son odeur. Même si l'odeur est courante dans ce lieu, la sienne est unique. Il est accro à l'héroïne et à la bière Tennent's Super, ou son équivalent en polonais, même s'il est anglais comme seul un ancien combattant peut l'être. Il est tellement patriote qu'il en serait mort pour ça. Et maintenant, il dort dehors. On n'obtient que ce que les autres sont prêts à nous donner. C'est comme ça que ça marche chez les SDF. Gruffy fait dans le genre « service minimum ». Il grogne des expressions familières et bourrues. Il dit : « OK, Sir. » Son baragouin à demi étouffé dresse une barrière entre lui et les autres. Et il a beaucoup de charisme. Les cheveux fluo et les planches à laver s'agitent et pépient autour de lui, impressionnés par sa légende. « Il est en conditionnelle. Il doit rester dans un périmètre de quinze kilomètres autour de Slough. Il est en conditionnelle. S'il se fait piquer avec de l'alcool, il va retourner directement en prison. Il est en conditionnelle.

— C'est quoi, la conditionnelle ?

— C'est quand on peut te remettre en prison si tu ne respectes pas les termes de ton accord. »

Gruffy ne réagit pas en nous entendant parler de lui. L'effet de nouveauté est passé, car il est dans la rue depuis très, très longtemps. Trop longtemps pour le compter en chiffres et en années. Depuis ce jour lointain où il a quitté l'armée.

Les gens qui vivent dans le malheur ont tendance à vous considérer comme une commodité comme une autre. C'est ce que nous faisons d'ailleurs tous plus ou moins subtilement. Que pouvez-vous faire pour moi ? Avec un addict aussi confirmé que Gruffy, le deal est clair comme de l'eau de roche. Donne-moi une bonne note. Je suis reconnaissant de lui rendre service. C'est pour ça que je suis là. Une fois mon objectif atteint, je reste assis avec lui. Il se passe quelque chose. Je mange la salade pendant que Gruffy bricole au lieu de manger : il boit sans doute un peu ou il tente de faire rentrer une baguette humide trop étroitement emballée dans un sac trop rempli. Mais ni lui ni moi n'allons nulle part. Moi, je suis en plein trip christique, en communion avec le Christ que l'on trouve dans la souffrance, dans ce genre de moment quand soudain l'univers est nu parce que la souffrance est là, bien visible, et que l'on sait avec certitude que le temps et l'espace vont continuer indéfiniment, aussi sûrement que les corps vont mourir. Nous restons là assis, à nous tenir les mains. Nos yeux se remplissent de larmes. Nous pleurons pour nous deux. Nous pleurons pour nous tous. La douleur se dilue dans les larmes.

Nous levons le camp pour aller dehors dans l'espace fumeurs fait de planches de bois comme ces structures que l'on voit dans les jardineries et qui, à ce que je sache, a été érigé par les résidents du centre dans le cadre d'un projet officiel. Cette oasis tout sauf charmante est composée d'un bureau exigu, d'une cuisine modeste noircie de mauvaises graisses, d'un salon qui fait office de salle d'attente (être SDF, c'est attendre constamment), d'une douche et de quelques WC. À l'étage, quelques « espaces de conférence » (j'ignore qui en donne) et une boutique de vêtements de récupération. Beaucoup de jeans et pas assez de chaussettes et de pantalons. « Ce dont ils ont le plus besoin, c'est de sous-vêtements », m'explique Vicky en ouvrant la porte de cette caverne d'Ali Baba merdique pleine de trésors de troisième main. « Les gens trouvent ça gênant de donner des sous-vêtements ». Pourquoi ? Parce que ce sont des vêtements intimes qui soutiennent les bijoux de famille ou serrent le minou pour leur rappeler leur banalité, l'horreur absurde car non volontaire de leur calvaire. »

Nous nous rassemblons sous la structure des fumeurs où un jeune gars grimpe avec l'agilité d'un orang-outan. « Il peut rester s'il ne fait pas le con », dit Vicky. Ce à quoi il lui lance un sourire aussi jaune que son top citron. Sa copine me parle de sa folie et de sa gentillesse tandis qu'il s'enroule sur les planches comme de la vigne vierge. D'autres gens arrivent. Ils allument leurs clopes roulées ou leurs cigarettes bas de gamme – ils ne fument pas de Marlboro, je peux vous le dire. Naturellement et nécessairement, ils se mettent à parler de Gruffy, de son service dans les Malouines, du nombre d'années incroyable qu'il a passées dans les rues de Slough, de ses peines de prison, des conditions injustes de sa conditionnelle qui le ramèneront immanquablement un jour sous les verrous. C'est un peu comme avoir le choix entre marcher ou rester immobile sur un tapis roulant d'aéroport.

« Montre-lui tes jambes, Gruff », dit Jaune Citron, provisoirement immobile avant de se relancer dans un crawl à la verticale. Ce que fait Gruff. On sait que l'on nage dans l'horreur quand notre sens le plus malmené n'est pas la vue mais l'odorat. Tandis que Gruffy défait les bandes couleur nicotine enroulées en bourrelets et en bosses irrégulières autour de ses mollets, des panaches d'odeur montent et la foule, sidérée, recule comme des Américains devant un tour de magie (pour ne pas dire de sorcellerie) de David Blaine. Lorsqu'arrive ce qui a dû être de la peau, quelqu'un soulève le bandage comme si c'était un ingrédient indésirable et découvre enfin une sorte de crème brûlée remplie d'ulcères et de cratères, tous suintant de pus. J'essaie de ne respirer que par la bouche pour ne rien sentir, mais j'ai l'impression de manger les molécules qui se dégagent de ce buffet macabre de chair morte. « L'addiction tue, pensé-je, elle grignote son corps avant même qu'il l'ait quitté. »

Encore vaguement euphorique à cause des ondes altruistes qui vibrent autour de nous et pour rester en phase avec les signes de l'au-delà que je pense recevoir quand je ne suis pas branché sur « Je-ne-pense-qu'à-mon-cul.FM », je décide qu'il est de mon devoir de soigner les plaies de Gruffy. En fait, c'est plutôt l'idée de mon pote Nick. Oui, je suis quasiment certain que c'était son idée, mais comme je tiens à vous faire comprendre à quel point je me sentais connecté, pour ne pas dire presque saint au milieu de cette épouvantable souffrance, on va dire que c'était mon idée à moi. Avec Nick et Jaune Citron, nous partons donc héroïquement acheter de quoi nettoyer ce genre d'ulcères quand on ne sait pas vraiment comment s'y prendre. Des bandages neufs, de la gaze, du désinfectant, des gants en plastique… Bref, nous voilà en train de parcourir les allées du magasin Boots comme des justiciers.

Nous nous arrêtons dans un magasin d'alcool polonais tenu par un Indien pour acheter quelques cannettes à Gruffy et aux autres. Je n'ai jamais prôné l'abstinence quand la personne a visiblement besoin de boire et de se droguer. Ce n'est pas à moi de juger la façon dont les gens qui dorment dans la rue gèrent leur inqualifiable douleur. Je trouve que la compassion et la compréhension, même sous cette forme critiquable, procurent plus de confort et d'espoir et peuvent même plus inciter à changer que la pitié impuissante et le jugement de gens mal informés. Comme l'humoriste américain Bill Hicks le dit : « Oui, cet argent est pour la drogue. La drogue est très importante pour ceux qui en sont accros. »

En partant, je hurle à Jaune Citron d'une façon très (trop) familière de se dépêcher. Il me balance : « Je m'en fiche que tu sois Russell Brand. Je vais t'en mettre une. » Je me tais même si je pense secrètement que je peux probablement avoir le dessus grâce aux épices que je viens d'avaler et à mes récents cours de jiu-jitsu. Quand j'y repense, ça aurait été très déplaisant et j'aurais gâché l'intention louable qui m'avait fait aller travailler ce jour-là à Slough. De plus, à ma connaissance, les gens qui n'ont rien à perdre sont de terribles adversaires même s'ils sont maigrichons. Tout ça pour dire qu'en fait, nous avons probablement bien fait de ne pas nous battre.

La vie des addicts de Slough est basique, épurée en un seul et unique point de douleur. Après avoir failli nous battre (ce qui s'est résumé pour moi à lui crier des excuses de l'autre côté de la cour pendant qu'il faisait des tractions dans le couloir du bureau), Jaune Citron et moi sommes retournés voir les autres d'un pas nonchalant. Ce jeune homme, qui est clairement une tête de con incontrôlable, habitué à dormir dehors et toujours prêt à entrer dans la mêlée, est visiblement ravi de jouer aux secouristes dans le seul but d'aider Gruffy. Il a un objectif clair, altruiste. Alors que nous revenons de chez Boots, nous sommes tous les trois en train de suivre un programme. Trois addicts à trois stades différents du voyage, reliés à ce moment précis par un objectif simple au-delà de leurs différences. Nous extrayons Gruff du groupe des fumeurs dans la cour et allons prendre l'un des bols de salade en aluminium. Nous filons ensuite dans une salle de conférences à l'étage, moi, Nick, Jaune Citron et Vicky. Gruff se laisse tomber sur une chaise en plastique. Nous fermons la porte dernière nous. Lorsque nous remontons son jean au-dessus du genou et commençons à défaire ses bandages, l'odeur nous agresse de nouveau les narines comme si les effluves précédents étaient les rayons du soleil et celle-ci, celle du Soleil lui-même et qu'elle nous brûlait sans la moindre pitié. Vous auriez dû voir ça. C'était dingue.

Vicky est une professionnelle et a elle-même été SDF, Nick a fait de la prison et Jaune Citron est encore un électron libre. Au milieu de tout ça, j'ai l'air du petit Lord Fauntleroy. Alors j'essaye de rester au premier rang pour ne pas avoir l'air d'un notable. Nous avons à peine découvert une jambe que Nick (encore !) décrète que c'est trop compliqué pour nous, qu'il faut appeler un médecin. Difficile de dire le contraire devant la peau de Gruff qui fait penser à un marécage extraterrestre percé de bulles de gaz. Et, bien entendu, il est ivre. Pas ivre comme quelqu'un qui n'est pas alcoolique et qui est à deux doigts d'aller faire la chenille à une fête. Non. « Ivre » dans le sens « consciencieux ». C'est son état normal comme quelqu'un qui fait des ablutions, qui se peigne les cheveux. Il n'empêche qu'il est derrière un mur d'alcool, un mur d'orgueil derrière lequel se cachent les gens résignés. Il donne l'impression d'être loin, au fond d'un puits.

> J'ignore si je me redroguerai, reboirai, recoucherai à gauche et à droite, recourrai après l'argent et la gloire un jour. En revanche, je sais que, quand je vis ma vie un jour après l'autre et que je suis un programme simple, je me sens plus entier et plus utile.

Il n'est pas spécialement fou de joie à l'idée d'aller voir un médecin, car il ne fait absolument pas confiance aux institutions. Qui l'en blâmerait ? Si j'avais passé ma jeunesse à esquiver des balles à Goose Green dans les Malouines pour Thatcher et que j'étais revenu en Angleterre pour échouer dans les rues de Slough, je n'aurais pas non plus super-confiance dans les autorités. Mais je crois surtout qu'il pensait que ça ne servait à rien d'essayer de résoudre son problème. Trop de couches de tissu rance à dérouler, toujours plus de douleur… Pour Gruffy, c'était sans doute plus simple de continuer d'avancer jusqu'au cimetière que de se retourner et d'essayer de changer.

Alors que nous essayons de faire entrer un Gruff très réticent dans mon adorable Mini avec Nick et Bear (oui, j'ai mon jeune berger allemand fou-fou avec moi), j'observe comment mon esprit réagit à des stimulations qui ne me sont pas familières. Comme nous le savons, l'égocentrisme est au cœur de l'addiction. Dans mon cas, c'est vrai : j'injecte toujours délicatement un peu d'intérêt personnel et d'instinct de conservation dans l'égocentrisme qui réside toujours imperceptiblement en moi (de mon point de vue). Je ne pense qu'à ce que je veux. Je ne vois le monde qu'en fonction de son utilité ou de son inutilité pour moi et je réagis uniquement par rapport à ça. Et quand je le fais, ça me paraît moins égoïste que ça en a l'air. Par exemple, quand je ne vivais qu'à travers le prisme de mes addictions sexuelles, ce qui dans mon cas voulait dire avoir des aventures hétérosexuelles, je n'avais pas conscience (et je l'aurais nié si on me l'avait dit) que je me fichais complètement de l'impact que cela avait sur les femmes avec qui je couchais. Ça ne veut pas dire que je n'étais pas gentil ou affectueux avec elles. D'un point de vue extérieur, je n'ai d'ailleurs jamais franchi de limites morales. C'était juste une distraction, un sédatif que j'utilisais de façon obsessionnelle et compulsive et que j'étais incapable de contrôler ou d'observer parce qu'elle occupait le siège de ma conscience.

Ce n'est qu'avec le temps que le sentiment de culpabilité et de vide (associé à la prise de conscience de plus en plus forte des torts que j'avais causés aux femmes avec qui j'avais fait l'amour) est devenu suffisamment fort pour que je me remette en cause. Ma vision de la vie était très marquée par la culture ambiante. Dans un monde matérialiste, mécanique, le fait d'avoir des « relations sexuelles avec des adultes consentants » quand on est un homme célibataire a peu de conséquences négatives, même s'il y en a quelques-unes : maladie, infidélité passagère qui peut mener à une dispute. Ce n'est que lorsque l'on commence à avoir une vision plus noble que ce comportement devient critiquable et se détricote complètement. Quand on a une vision mécanique du monde (quand on pense que l'homme est une sorte de robot biologique et que son cerveau est une sorte d'ordinateur), l'espèce de colle sociale à la « on coopère ! » que l'on nous sert en guise de morale et qui semble sortir tout droit de *1, rue de Sésame* n'est pas d'une grande efficacité sur le long terme. Même les belles valeurs athées auxquelles on fait appel quand on parle de notions comme le « bien » et le « mal » semblent confuses. D'un point de vue humaniste et dualiste, le « bien » (ou le « bon ») n'est pas fondamentalement meilleur que le « mal » ou le « mauvais ».

En arrivant tant bien que mal à modérer mes pulsions matérialistes et sensuelles, je suis parvenu à m'éveiller à une autre sorte de conscience qui semble proche de celle de Shakespeare, saint Augustin, Mahomet, Siddhartha, Martin Luther King, Gandhi, Rûmi, Jésus et de milliers d'autres dadais conformistes que l'on appelle « Dieu ». Ne m'en voulez pas. Nous vivons juste dans une époque laïque. Je viens d'aller voir un prêtre avec ma copine car nous voulons nous marier dans son église. Nous n'avons pas une seule fois parlé de Dieu, comme si c'était une source d'embarras. Je sens encore cette tension alors que j'écris ces lignes. Ce n'est pas parce que les athées ont de meilleurs arguments (même si certaines personnes que j'admire sont cent pour cent athées), mais c'est l'époque dans laquelle nous vivons, avec son dôme mécanique qui nous protège de l'éternel et qui, personnellement, me consterne. Le refus d'ouvrir nos cœurs au mystère. Même une phrase comme ça, « ouvrir nos cœurs au mystère », semble manquer de sincérité. Pourtant, rien ne m'a permis d'appréhender autant le sens du Grand Inconnu que d'entendre des scientifiques, des guides spirituels, des gens qui ne sont ni l'un ni l'autre, confesser que l'on ne peut pas tout comprendre de façon analytique et matérielle.

Je sens (comme les saints, les sages et les prophètes de ma liste de poids lourds mentionnée ci-dessus que je n'ai pas le courage de répéter de peur que vous pensiez que j'essaye de me comparer à ces grands hommes – ce que je suis en train de faire) qu'il y a une autre puissance à l'œuvre. J'ai aussi senti, au long du chemin qui m'a libéré de mes addictions et que j'ai emprunté pour des raisons purement égoïstes, que j'étais sans le vouloir connecté à cette puissance. Je pense aussi que tout le monde peut y arriver. C'est ce qui est au cœur de ce livre, le fait que l'addiction – qu'elle soit grave ou légère – est une tentative sincère d'affronter un vrai problème, un vide que le monde matériel ne peut pas combler. Pour résoudre ce problème, il faut se reconnecter au spirituel. Ce n'est pas moi qui le dis, c'est Carl

Jung et Bill Wilson, le fondateur des Alcooliques Anonymes. Peu importe que votre addiction au jeu soit néfaste pour vous, que vous buviez trop, que vous soyez perdu dans votre vie et effrayé d'avouer même à vous-même à quel point vous êtes malheureux, à quel point vous avez peur du futur, de la mort, des autres, d'être pauvre, de ne pas être assez bon, de ne pas être assez sexy, de ne pas être assez mince, de ne pas être assez brutal, pas assez célèbre, que vous pensiez que vous n'êtes pas à la hauteur et que « si vous alliez jusqu'à X, Y ou Z, tout irait bien », on peut dire que (si l'on en croit la définition : « Essayer de résoudre un problème intérieur par des moyens extérieurs en dépit des conséquences négatives ») vous êtes sur le spectre de l'addiction.

Je suis compétent en la matière parce que je me suis très souvent laissé porter, comme un pauvre idiot, par cette pulsion, ce besoin, ce désir. Dans ma petite vie minable, j'ai essayé maintes fois de faire passer mon sentiment de vide, d'insatisfaction, d'inutilité à grands coups de chocolat, d'héroïne, de fanfaronnades, de masturbation, de célébrité, d'argent, de crack, d'écarts sexuels, de politique, d'autodestructions, de vomissements, de rage. Et, comme le dit le groupe The Smiths, « franchement, Mr Shankly », c'est un carrousel de conneries. Comme dans mes analogies qui vous emmerdent, la solution est là depuis toujours. En voilà pourtant une autre, d'analogie, que m'a racontée mon guide et ami spirituel, et concurrent sur le front du livre de développement personnel, Radhanath Swami, que je me permets de citer : « Il y a une espèce de chèvre, une chèvre musquée, qui tient son nom de son odeur de pure beauté. Cette chèvre est très prisée par les fabricants de parfums (les salopards), car quelques gouttes du musc contenu dans ses glandes font sauter le bouchon d'un minuscule flacon de Paco Rabanne ou autre. La chèvre musquée (ou daim musqué, j'ai un doute) passe sa vie à gambader sur les sentiers escarpés des montagnes et à se prendre des chardons dans les poils (et sans doute à se faire tirer à l'arbalète dans les jarrets par Calvin Klein) dans le but déterminé et fascinant de trouver la source de ce parfum ensorceleur, alors qu'en fait, elle n'a qu'à se mettre le museau dans les fesses, ou à l'endroit où se trouve précisément la fameuse glande. Tout ça pour dire que la source du bonheur qu'elle cherche depuis si longtemps se trouve à l'intérieur d'elle. »

Il n'y a bien sûr pas que ça dans son livre, sinon il serait à la fois court et sans grand intérêt. Tout ça pour dire que l'on peut trouver le plaisir, l'excitation, la distraction que l'on cherche (comme une chèvre qui aurait mieux fait de se lécher elle-même) dans les drogues, les boulots, le parfait petit ami, en se calant sur une fréquence différente de sa conscience.

J'ignore si je me redroguerai, reboirai, recoucherai à gauche et à droite, recourrai après l'argent et la gloire un jour. En revanche, je sais que, quand je vis ma vie un jour après l'autre et que je suis un programme simple, je me sens plus entier et plus utile. Quand je vais mal, je continue pourtant à résister de toutes mes forces à une partie de ce programme, une partie entière, celle qui demande que l'on se rende utile aux autres. Dans mon histoire, je peux me rendre « utile » en tant que chauffeur et « l'autre » est Gruffy. Nick est assis à l'arrière et je nous emmène prudemment à l'hôpital de Wexham en imaginant quel genre de musique Gruffy fredonne dans sa tête. Je crois me souvenir que ce fiasco s'est finalement déroulé sur *True* de Spandau Ballet. Il fait chaud et les jambes de Gruffy cuisent joliment (je me console en pensant que ça aurait pu être du smack). Nous slalomons sur les routes de campagne qui mènent à un centre de secours sous-financé où Gruff n'a pas vraiment l'air d'avoir envie d'aller – croyez-moi.

En dépit du – et non grâce au – malaise qui s'accroît, je suis à cent pour cent dans l'instant présent et je ne pense pas du tout à moi. Je suis concentré sur ma petite mission : amener un vétéran ombrageux à l'hôpital. Rien que le fait d'avoir été installé dans une voiture avait boosté son esprit pourri par l'alcool comme un cachet de Guronsan. Il a l'air sacrément joyeux au point de se mettre à chanter avec Tony Hadley, le chanteur de Spandau Ballet. « *This is the sound of my soul* » [C'est le chant de mon âme]. Je l'espère vraiment, Gruffy.

Pendant les dix années où je suis resté enfermé dans mon cocon de privilégié, j'ai rarement eu l'occasion de visiter des hôpitaux. Je ne suis donc pas super à l'aise avec les parkings, les barrières et les règles du genre : « Ne vous garez pas ici, c'est un emplacement pour une ambulance. » Mais je fais de mon mieux en sachant que, quand Spandau aura fini de chanter, Gruff sera entre les mains d'une institution et le véritable ballet pourra commencer. Après avoir attendu comme il se doit, je m'occupe de la paperasserie avec Nick en me félicitant de tout ce qui me sépare de Gruffy : des parents qui m'aiment, une copine qui m'aime, la sobriété, un bon boulot, une maison, la santé, des vêtements propres, des dents, des chaussures, des animaux de compagnie. La liste est longue. Pourtant, je me sens lié à lui. Quand je m'arrête et que je le regarde dans les yeux, j'ai conscience qu'il y a peu de choses qui nous différencient. Et cette infime différence, c'est la chance. Mais, si on ne fait pas attention, on peut facilement sombrer dans la vanité. Personnellement, je peux très facilement me dire que je suis en partie responsable de ce qui m'arrive. Je continue de penser : « J'ai quand même assuré. Contre toute attente, j'ai réussi à décrocher, à me sortir de mon milieu modeste, à devenir un artiste célèbre. » Puis je m'arrête pour réfléchir à ce que j'ai fait dans les moindres détails, pour me demander si je n'ai pas inventé l'histoire de toutes pièces (sans forcément mentir ou enjoliver les choses) pour qu'elle corresponde plus à une version de la réalité qui me convient.

Sur le siège en plastique de l'hôpital de Wexham, Gruffy entre et sort de ce qui semble être la terre en friche de son addiction, la conscience de sa déchéance et de sa douleur. Il le fait de façon autonome depuis qu'il nous a donné les rênes à Nick et à moi, les deux gars qui ont réussi à le motiver pour affronter les symptômes cutanés du volcan qui gronde en lui. De temps en temps, il remue et menace de partir tandis que Nick et moi tentons de lui vanter avec emphase les mérites d'un nouveau bandage. C'est une sorte de parenting que j'espère aimant. Chaque échange avec le personnel médical est archi-tendu, même si Nick et moi essayons de gérer le caractère explosif de Gruffy comme si nous trimballions un plateau rempli de vaisselle en porcelaine mal empilée. Le premier gars se contente de poser quelques questions personnelles auxquelles Gruff répond par des jets épisodiques de *bons mots*[1].

C'est drôle de voir le monde à travers ses yeux. Gruffy est un étrange conglomérat de vie et de mort. La gravité de son cas est

12

1. En français dans le texte.

un distillat de nos vies. La mort arrive, la vie est difficile, que devons-nous faire ? C'est particulièrement évident quand on nous conduit enfin, avec toute la condescendance nécessaire, *via* un itinéraire codifié par des couleurs, dans la pièce violette où l'on doit faire une prise de sang à Gruffy. L'infirmière roumaine (à vue de nez, à moins que ce soit parce qu'elle prélève du sang) est un peu trop novice, fragile, sensible pour gérer Gruff. Lorsqu'il soulève le voile qui masquait sa vraie personnalité, « OK, Sir », il est terrifiant. La douleur qu'il cache est de celles qui conduisent des hommes à tuer. Ses yeux changent. Ses mâchoires se crispent. Soudain, il n'est plus inerte et indifférent. Ses pitoyables bajoues découvrent des crocs d'ours. Je me demande si je suis qualifié pour l'aider, si le fait d'être gentil suffit. Mais être utile aux autres fait partie de mon programme, surtout à ceux qui souffrent d'addictions comme moi. Alors comment gérer les complications quand elles surviennent ? Gruffy est effrayant et potentiellement violent. Il ne faut jamais affronter un addict seul – on ne fait pas le poids face à un addict et sa maladie, sans parler du fait que notre ancienne maladie joue aussi contre nous. Nous le gérons donc à deux, avec Nick. Comment s'empêcher d'exploiter la situation pour en tirer un bienfait spirituel ? Bien sûr, ça n'existe pas, le « bienfait spirituel » quand on agit sur ordre de l'ego. Le simple fait d'écrire ces mots gâche (pour ne pas dire détruit) la beauté du geste. Alors comment s'empêcher de penser uniquement au résultat final ? On fait juste de son mieux. On laisse faire les choses. Même si on peut facilement se faire piéger par d'autres motivations, à la fin, on fait juste de son mieux.

L'infirmière continue de farfouiller avec son aiguille sous la peau de Gruffy pour trouver une veine. J'ai l'impression de regarder une taupe dévaster une pelouse dans un dessin animé. C'est raté pour le bras gauche. Gruffy jure tandis que Nick et moi essayons de le maintenir gentiment en place en lui faisant des blagues à deux balles. Il a enlevé son jean maintenant. Celui-ci paraît vivant, à la fois humide et sec comme du compost, comme si la mort s'était incrustée en lui et que la vie était usée jusqu'à la trame. L'infirmière passe de l'autre côté du lit pour tenter sa chance sur l'autre bras pendant que Gruff, qui est maintenant en mode grincheux, marmonne des injures et dit : « Je vais trouver une putain de veine, moi. » Ça a l'air de stresser l'infirmière. Elle remonte sous la peau à l'intérieur de son coude droit comme si elle essayait de récupérer un téléphone coincé derrière un canapé adossé à un mur. Puis, finalement touchée par les railleries de Gruff, elle déclare : « Je n'y arrive pas. » Elle balance son matériel dans une poubelle jaune et disparaît derrière le rideau qui délimite l'endroit.

Suite de l'histoire qui va venir enrichir sa légende : Gruff attrape son pantalon vivant, déclare que ça suffit pendant que Nick et moi essayons d'étouffer les flammes intermittentes de sa rage. Je me sens à la fois désolé pour et agacé par l'infirmière. Désolé à cause de son travail difficile, sous-payé malgré les longues heures et pas apprécié à sa juste valeur. Mais je suis aussi agacé parce qu'elle ne s'est pas bien comportée avec Gruff. Avant d'avoir eu le temps d'accepter que je ne suis pas là pour la juger mais pour essayer d'être utile, voilà qu'apparaît la parfaite infirmière. Elle est bâtie pour le job, costaud et avec une voix de corne de brume. « J'ai l'habitude de faire chier », lance-t-elle en voyant nos têtes médusées. Elle ose appeler Gruffy « Mec » et le manipule avec l'élégance d'une chaîne de montage. Le timbre de sa voix le fait changer de comportement : « OK, mec. Faut enl'ver ton jean et t'asseoir sur le lit. » Gruff ouvre la bouche pour balancer un obus mais… « Chuis là pour t'aider, mec. Assieds-toi sur le lit, chéri. » Son autorité naturelle paralyse notre homme. Elle en profite pour le remettre tendrement mais fermement sur sa couche. C'est comme ça qu'il faut faire, me dis-je en me rappelant ma première expérience d'« amour vache », mon agent de l'époque dont l'amour était si ferme qu'il n'avait pas le goût de l'amour, avec juste un contact visuel intense et un gros baiser sonore sur la bouche. Il s'est dressé entre moi et mon autodestruction et ma haine de moi, pas comme une maman ou une nounou, avec des larmes dans les yeux, mais plutôt avec une autorité à la « *no pasa nada* », « ça suffit comme ça, mon cœur », « assieds-toi, avant que je t'assomme », qui est d'ailleurs l'un des aspects magnifiques et négligés de la masculinité. L'autorité n'est pas une caractéristique masculine, bien sûr, mais c'est chez les hommes que son absence se voit le plus. Cette infirmière, qui, j'en suis presque sûr, s'appelait Sheila, avait cette autorité. Gruffy se calme. Comme elle doit s'occuper de tout un service, elle repart et nous laisse sur le convoyeur de la chaîne de montage, avec la prise de sang de Gruff toujours en attente. Nous attendons un médecin. Ça va être long.

Avec Nick, nous nous relayons auprès de Gruffy. Quand je me retrouve seul avec lui, je lui demande comment il s'est retrouvé du mauvais côté de l'apocalypse. Une tapisserie vivante de pertes, de douleurs et de chagrins qui se tisse en temps réel.

Une vie sur pause. Je lui demande de ne pas m'appeler « Sir » mais de m'appeler Russell, dans l'espoir que ça soulève le rideau qui s'est déployé entre nous. Mais, pour lui, défaire le passé est aussi douloureux que défaire ses bandages, perché sur un lit d'hôpital, dans une stupide chemise ouverte dans le dos et imprimée – on se demande pourquoi – de fleurs aux couleurs fanées, ses petites jambes pendant dans le vide. Il me parle d'une femme, d'enfants et d'une vie qui a eu lieu dix-sept ans plus tôt. Il me parle de sa vie dans l'armée, ou du moins il l'évoque. Mais ce qu'il me raconte n'est pas clair, peut-être à cause de ma propre incapacité à avoir des conversations intimes (ça, c'est une réalité). J'actionne le mode caméra de mon téléphone et je le filme. Il le remarque mais il continue de parler. Je sens soudain sa frustration quand il déclare : « J'ai très souvent essayé de mettre fin à tout ça. D'en finir. » Il fait semblant de se piquer dans le cou si agressivement, de se donner un coup de poing si violent dans la gorge que je trouve ça aussi gênant qu'épouvantable. Puis il se met à tousser si fort que j'ai peur qu'il meure. J'arrête de filmer et je ressens alors profondément sa détresse incommensurable. Ça ne sert à rien de le soigner. Ça ne le fera pas revenir en arrière. Fais chier. Autant le laisser pourrir. Que puis-je lui dire : « Ça va aller, mon pote » ? En fait, je l'ai probablement déjà dit. J'essaye de comprendre ce qui se passe et je n'y arrive pas. Ce n'est d'ailleurs pas mon boulot de le comprendre. Mon boulot, c'est d'avoir de la compassion, de l'amour et de lui donner de l'espoir. Pas de l'évaluer et de l'analyser comme un expert en spiritualité ou un gardien d'Auschwitz. D'évaluer sa vie, ses chances de vivre. Je dois juste être gentil.

Nick revient me remplacer, ce qui me fait beaucoup plus de bien que de bavarder avec Gruff. À un moment donné, alors que je marche à grands pas dans la cour dans l'espoir d'attirer l'attention d'un médecin, d'une infirmière ou de quelqu'un, j'entends Gruffy rire derrière son rideau. Planqué derrière avec Nick, il semble bien s'amuser. Je suis un peu jaloux qu'ils rigolent ensemble, mais surtout heureux qu'un gars que j'étais à deux doigts d'enterrer il y a peu passe un bon moment avec un autre alcoolique derrière son rideau. Un médecin finit par arriver. Il est si jeune qu'il a l'air d'être encore en première année de médecine. Malgré les heures passées à attendre que je considère comme un investissement et qu'il considère comme du temps perdu, Gruff prend sa douceur, son affabilité et son professionnalisme pour un top départ.

Chris, le pote de léthargie de Gruff, est dans la salle d'attente. Le monde entier est une salle d'attente pour eux. Les deux clodos finissent par se calmer pour vingt livres chacun et un retour dans ma Mini à Slough. Entassés à l'intérieur, ils semblent étonnamment en forme. Alors que je les éjecte sur le bas-côté de la route, d'autres gars du centre sont là en train d'attendre et, malgré les apparences (c'est-à-dire une perte totale de temps), mes deux gars ont plutôt l'air heureux. Peut-être parce qu'ils ont un peu d'argent sur eux. Mais je sais par expérience que les drogués de ce niveau ne sautent pas au cou de leur dealer comme des débutantes flageolantes d'extase. Ils fonctionnent rationnellement avec les gens.

Quelques jours plus tard, un de nos potes qui était aussi au refuge de Slough, Kane, un ex-Royal Marine (faites rouler ces mots dans votre bouche comme du bon vin – imaginez un peu… « un ex-Royal Marine ! »), se met à parler avec Gruffy de sa carrière militaire et corrobore ses dires grâce à sa propre expérience. Il s'arrange pour lui faire rencontrer des anciens militaires d'une association caritative à Londres le lundi. Et la roue se met à tourner pour notre homme : l'association lui offre une subvention pour manger et se loger. « Tout va bien se passer ! » Certes, on n'a pas réussi à faire changer ses bandages ce jour-là, mais maintenant, grâce à un ange sous les traits d'un ex-Marine, la chance a souri à Gruffy : il peut enfin démarrer une nouvelle vie après dix-sept ans d'esclavage à Slough. Le lundi matin, Kane va chercher Gruff au centre pour l'amener à Londres. Gruffy n'est pas « en état » de prendre le train et refuse toujours que l'on lui retire ses bandages et que l'on regarde ses plaies. Alors en quoi est-ce un exemple de guérison ? C'est l'histoire de gens qui ont presque aidé quelqu'un, et c'est déjà ça. C'est l'exemple d'un groupe d'alcooliques et de drogués à qui on a offert la possibilité de se débarrasser de leur addiction, de se caler sur une nouvelle fréquence. C'est une histoire de gentillesse, d'envie d'aider les autres qui m'a sorti ce jour-là de mon habituel gouffre d'égocentrisme. Je me suis senti utile et intéressant. Je me suis senti connecté. J'ai été inspiré par la gentillesse de mes compagnons et heureux de ne pas devoir supporter les souffrances de Gruffy. Je sens moi aussi qu'il y a de l'espoir, que cette ressource, cette Puissance qui est en Nick et en Kane, est en chacun d'entre nous et que si nous sommes prêts à abandonner nos anciennes conceptions de la vie et du bonheur, un nouveau monde nous attend, plus beau que tout ce que nous sommes capables d'imaginer.

Exercices de la 12e Étape

Ayez une vision moins égoïste de la vie, soyez gentil avec les autres, aidez-les quand vous le pouvez.

Grâce à ces Étapes, nous nous sommes éveillés spirituellement ; nous avons alors essayé de transmettre le message aux autres addicts et d'appliquer ces principes dans tous les domaines de notre vie.

On ne peut pas revenir en arrière. Quand on a capitulé, quand on a admis que l'on ne pouvait pas contrôler et gérer son addiction, que l'on a commencé à croire que la situation pouvait s'améliorer si on se connectait à une nouvelle Puissance, si l'on renonçait à tout vouloir contrôler, si l'on faisait un inventaire, si l'on se confessait, si l'on était prêt à renoncer aux schémas négatifs si profondément ancrés en soi, si l'on s'engageait à vraiment changer, si l'on faisait la liste des gens que l'on a blessés, si l'on s'excusait quand il était possible de le faire, si l'on faisait très attention de ne pas reprendre nos anciens comportements, si l'on restait connecté à cette nouvelle conscience puissante qui s'éveille en soi, on découvrirait enfin qu'il faut se consacrer entièrement aux autres et donner de l'amour dans tous les domaines de sa vie.

C'est un long chemin. Parfois, quand je vois ce que fait l'État américain en matière de santé ou comment certains criminels en col blanc sont récompensés en Angleterre, je me rappelle mes propres imperfections. Moi aussi, je suis égoïste. Moi aussi, j'aime l'argent. Pourtant, il faudrait absolument éviter de bâtir un système de gouvernance mondial sur les aspects les plus destructeurs de l'esprit humain et inclure aussi le sacrifice, la gentillesse et l'altruisme. Il faudrait que le monde reflète toutes les teintes de la palette humaine.

Dans la 12e Étape, on s'engage à vivre en harmonie avec le Moi supérieur que l'on a découvert en faisant les Étapes précédentes.

Même si l'on ne sera sans doute jamais parfait, il faut tendre vers la perfection pour devenir la plus belle version possible de soi-même et bâtir sa vie, fonder une famille, une communauté, un monde sur des valeurs spirituelles. C'est moins grandiose que ça en a l'air. Les 10e et 11e Étapes nous aident à rester lucides et connectés. La 12e veille à ce que nous fassions du bon travail, à ce que nous ne revenions pas à notre ancien schéma de vie, à ce que nous comprenions que notre vie n'était qu'un gouffre qui ne pouvait être comblé que de plaisirs. Elle nous fait aussi comprendre que si nous décidons de suivre cette voie, nous ne devons pas nous inquiéter d'avoir renoncé à nos objectifs personnels. Nous vivons maintenant pour être connectés, éveillés et au service des autres. Quand je me réveille, je me règle sur cette fréquence. Quand je sors de chez moi, je sais que tout ne va pas être simple.

- **Quelles sont vos motivations, là, maintenant ? Voulez-vous obtenir quelque chose ? Du prestige, de la gloire, du pouvoir ?** Oui, un peu. J'espère que ce livre aura beaucoup de succès et que les gens diront : « Waouh, sacré mec, ce Russell Brand ! Il a trouvé un moyen de rendre les principes spirituels accessibles à tout un nouveau panel de gens. » Mais j'en ai conscience. Je demande constamment que l'on me montre comment rendre ce livre le plus bénéfique possible pour le plus de gens possible.

- **Avez-vous fait quelque chose pour quelqu'un aujourd'hui ? Surtout sans que l'on vienne vous le demander ?** Des bricoles. Rien de bien important. Je vais voir un groupe de soutien de la 12e Étape plus tard et je promets que je vais « faire mon service » (je me suis porté volontaire pour faire un peu de paperasse) avec amour et que je vais parler aux addicts dont je suis le mentor.

- **Avez-vous médité et vous êtes-vous connecté ?** Oui. Mais pas aussi bien que je l'aurais voulu parce que je voulais absolument travailler sur la fin de ce livre.

- **Avez-vous appelé quelqu'un pour lui demander de l'aide ? Avez-vous prié ?** Non, mais je vais le faire.

Ce programme est simple et il fonctionne bien avec un tas de gens différents. Il est composé de principes anciens mais intemporels : faire taire son ego, se connecter à une Puissance supérieure, avoir un but noble et servir les autres. La 12e Étape est le stade ultime de ce travail, mais aussi le coup d'éperon qui nous rappelle qu'il n'est jamais terminé, que l'on s'est engagé à faire un long voyage de découvertes et à rendre service aux autres. Et nous avons, chacun d'entre nous, un objectif unique à atteindre : trouver le Moi qui nous était destiné.

Demandez-vous :

- **Ai-je profondément modifié mon schéma de pensées, mes sentiments et mon comportement ?**
- **Suis-je prêt à consacrer ma vie à aider ceux que je rencontre ?**
- **Comment puis-je spécifiquement aider les autres ?**
- **Ma vie est-elle équilibrée ? Suis-je capable d'aider les autres tout en m'occupant de moi, de mes relations et de mon travail ?**
- **Comment puis-je m'améliorer ?**
- **Est-ce que je fais passer ce programme avant tout le reste ?**
- **Est-ce que je transmets le message de cette nouvelle vie, de cette vie que je me suis réappropriée, au lieu de transmettre mes anciennes idées, mes vieux plans égoïstes ?**
- **Est-ce que je me demande constamment si je peux être utile aux autres ?**

- 13 -

(Re)naissance

Laura était enceinte depuis si longtemps que je ne pouvais plus l'imaginer dans un autre état. Je voyais dans la maison les signes d'une arrivée prochaine (un landau, des vêtements minuscules) et j'ai même aidé à peindre la chambre du bébé. Mais tout ce cérémonial me paraissait très abstrait.

C'était comme si j'effectuais une sorte de rituel d'apaisement à l'aveugle. En voyant le robuste et ridicule landau dans l'entrée, j'ai demandé à Laura : « C'est pourquoi ? Quand allons-nous avoir besoin de ce truc ? » Elle n'a pas apprécié la remarque. Elle s'est même vexée. Mais, franchement, je ne voyais pas à quoi ce landau pouvait servir.

Je ne comprends pas pourquoi tout le monde persiste à croire qu'une grossesse dure neuf mois alors qu'elle en dure dix et qu'à la fin du neuvième, la déesse à la démarche canardesque passe le plus clair de son temps à supplier le ciel qu'on la déleste de son épouvantable fardeau. Je priais aussi tranquillement dans mon coin. Je demandais à être prêt, car je savais que tout allait changer sans savoir vraiment comment. Le passage de la vie sans bébé à la vie avec un bébé est trop radical pour pouvoir être effectué dans un grand et puissant saut. On devrait pouvoir s'y préparer progressivement, comme dans ces magazines où on trouve à chaque nouveau numéro une pièce d'un *Cutty Sark* (le fameux navire à voiles anglais) ou d'un *Spitfire* (premier numéro 0,99 € – j'espère que le suivant ne va pas en coûter 5 !). Un bébé devrait arriver morceau par morceau : d'abord une cheville, puis un doigt ou une oreille, et enfin la bouche. Si je réussis à bien m'occuper de cette jambe, comme quelqu'un trimballant un sac de sucre en poudre percé, je gérerai le reste du bébé dans quelques mois. En fait, l'incroyable merveille va arriver lors d'un moment de révélation à la fois glorieux et grandiose.

3 heures du matin. Vendredi 4 novembre 2016. Dans le silence et le calme, j'entends une voix chuchoter : « Russell ! Je crois que ça a commencé. » Je sais bien sûr que c'est le commencement, l'appel aux armes, le pistolet qui donne le top départ, mais, comme tout futur papa, je ne sais pas comment va se dérouler la course ni où se trouve la ligne d'arrivée. Quand nous attendions le résultat de la première écho, j'ai confié mes angoisses à une amie : « Et s'il y avait un problème ? » « Même s'il n'y en avait pas, il y a deux autres échos après, puis la naissance, puis l'enfance, puis l'adolescence. Tu es l'otage du hasard maintenant. »

« Je suis réveillée depuis minuit. Les contractions, ou plutôt les vagues, arrivent maintenant toutes les huit minutes. » Nous appellons ça des « vagues » (quand nous y pensons), car nous trouvons que le langage médical autour de la naissance est négatif et agressif. On nous l'a expliqué à un cours d'hypno natal, un cours de naissance pour hippies parce que c'est ça, le concept. Je me lève dans l'idée de mettre de l'eau à chauffer et de sortir quelques serviettes, car je me rappelle vaguement que c'est ce que l'on est censé faire dans ce genre de situation. Mais je sens, à la périphérie de ma conscience, qu'une force plus grande est sur le point de se déclencher et de réduire nos pauvres gestes d'humains à des broutilles ornementales.

Nous utilisons une appli, bien sûr, pour mesurer les contractions dans la pénombre de la chambre. Je prends mon rôle très au sérieux car c'est la seule chose que je peux faire. J'essaye d'appuyer sur la minuterie au moment précis où Laura me dit « appli », le mot que nous avons convenu d'utiliser à la place de contraction, pardon de vagues, de commencement. La réaction de nos chats est typique de leur caractère. Morrissey, dans son smoking classe, reste impavide et concentré comme s'il était chargé de la sécurité de notre minuscule royaume. Jericho, notre bengal, voltige et bondit et, d'un pas léger, esquisse les pas d'une danse exotique en diagonale dans ce nouvel espace sacré. En bas, Bear, le gros berger allemand, soupire. Le temps passe comme par magie. Laura cherche de nouveaux endroits pour se tenir, respirer et s'effondrer. Et moi, je l'observe en m'inventant des missions et en me demandant quel bruit, quel événement va être le signal du départ. Les sages-femmes nous ont dit que c'est quand les contractions, désolé, putain, les vagues arrivent toutes les minutes ou quand il y en a trois en dix minutes. L'appli n'a pas l'air d'accord avec ça. Après chaque vague que j'enregistre méticuleusement, un message apparaît à l'écran : « Il est temps 13 d'aller à l'hôpital. » Bien entendu, nos sacs sont prêts avec de quoi manger, des couvertures et des pages d'instructions usées à force d'être manipulées. Le problème, c'est qu'il y a souvent une telle différence entre l'« entraînement » et la réalité que ça rend tous les préparatifs inutiles. Les sacs gisent dans la chambre d'amis comme une photo sépia d'un autre homme. Cet autre homme, c'est moi avant, moi qui n'avais que des difficultés abstraites alors que l'homme de maintenant doit faire face au plus grand challenge de l'univers. Je mets les sacs dans la voiture, dont j'ai pensé à remplir le réservoir quelques jours plus tôt. Comment la trivialité des préparatifs parvient-elle à nous faire oublier l'intensité dramatique de l'instant ? Ces rituels doivent au contraire nous rappeler une vérité plus profonde. Ils doivent être une porte vers le futur et le passé. Une connexion. Je dois remonter à l'étage et assister Laura (je crois que c'est le terme technique pour ça) qui « est dans une mangeoire », « veillée par des anges », comme dans la chanson de Noël.

Une force supérieure qui était restée cachée jusque-là va maintenant agir pendant le reste du travail. La femme sereine, gentille et attentionnée qui me soutient et prend soin de moi avec tant de grâce est en train de devenir une super-héroïne, un animal, une déesse et le centre de toute l'attention et, si je peux me permettre, de la vie elle-même. Parce qu'à la fin, il n'y a plus que ça. « J'appelle la sage-femme ? » Il est 6 h 30 maintenant. Elle se débat avec le téléphone, elle qui ne rêve que d'oreillers et de lumière tamisée. « Laura a des contractions. » « Des vagues ? me corrige-t-elle. Elles arrivent tous les combien ? » Toutes les 4 à 6 minutes. Elle nous demande de la rappeler plus tard.

Une ambiance magique et intime règne toujours dans notre chambre. Un truc vraiment spécial. Pas comme dans une pub pour les BAFTAs, les César anglais, ou les magasins John Lewis. Non. Il se passe quelque chose de merveilleux et nous le sentons intensément. Le physique et le divin fusionnent et j'en suis pétrifié d'ébahissement. C'est vraiment une histoire de corps, de douleur, de muscles, de grognements, de sang et de dilatation. Mais quel est cet autre sentiment ? Le sentiment d'être tenu, guidé, porté, peut-être pas par un phénomène métaphysique sublime, mais par le chemin qu'ont tous emprunté nos ancêtres. Le chemin qui mène de la non-vie à la vie.

Après quelques autres épisodes méticuleusement observés et enregistrés, quelques changements de position, de tendres exclamations occasionnelles et une tentative ratée de faire du chant yogique (par moi, évidemment), nous ordonnons à la sage-femme, Karina, originaire d'Afrique du Sud, de venir. C'est apparemment la procédure. Elle arrive et ça, c'est cool. Elle a besoin de serviettes, ce n'est donc pas un cliché. En fait, elle en a plus besoin que d'une présence masculine. Je pars donc me promener avec le chien, un peu abattu. Vous saviez que la naissance est devenue un sujet très politique ? Les féministes prétendent – et ça peut se comprendre – que l'accouchement a été surmédicalisé pour qu'il soit retiré des femmes et pris en charge par les hommes, pour qu'il passe de la nature à la technologie. Nous avons appris un tas de trucs à ce sujet pendant la grossesse, d'où les mots « vagues » au lieu de « contractions », « circonstances particulières » au lieu de « complications ». Certains aspects sont un peu hippies, même pour moi qui ai des symboles hindous tatoués sur un bras. En revanche, j'en comprends mieux d'autres comme donner naissance à quatre pattes et pas sur le dos, dans l'obscurité et pas sous l'éclairage brutal d'une salle d'accouchement, le moment venu et non pas quand ça arrange l'obstétricien. Le rôle du mâle dans tout ça est bien sûr secondaire. Pourtant, grâce je suppose à l'amour et à l'intensité incroyable de cette situation, au lieu d'être le puissant gardien de la porte de la vie, je deviens un gentil majordome qui chuchote et sort chercher des onguents.

Ma balade à peine commencée, je regarde mon téléphone. Laura me demande de revenir. Les choses se sont accélérées. Une fois rentré d'un pas lourd des champs en respirant moi aussi profondément, je retourne dans la chambre où Laura est en effet à quatre pattes parce que la poche des eaux a cédé, parce qu'elle « a perdu les eaux ». Dans la pièce, c'est la panique, comme quand un signal d'incendie se déclenche ou quand il y a une alerte à la bombe. Karina nous suggère de partir, car sinon, le bébé risque de naître dans notre chambre, ce qui personnellement me convient parfaitement. Mais c'est Laura, la cheffe. Et nous voilà partis, elle, couchée sur le dos avec un siège de bébé vide à ses côtés, en train de meugler et de crier avec une inconscience belle à avoir.

Je prends le volant et nous conduis sur les petites routes de campagne en prenant soin de ralentir énormément quand Laura me l'en conjure, et en me demandant ce que ça me fait d'avoir la sage-femme dans la voiture, car je ne suis pas du genre à l'aise avec les étrangers. Nous arrivons au John Radcliffe Hospital à Oxford, où nous empruntons un ascenseur en aluminium géant tapissé d'affiches d'événements et d'activités pour le personnel pendant que Laura se penche et gémit et que des aides-soignantes, des infirmières et d'autres gens qui voient ce genre de trucs tous les jours vaquent à leurs occupations. Je me sens protecteur comme si je voulais bâtir un mur autour d'elle. C'est bizarre de se sentir protecteur quand la personne n'a pas vraiment besoin d'être protégée. C'est comme si on jouait au protecteur dans une bulle. C'est comme si le processus de l'évolution buggait. J'ai l'impression d'être un kangourou ou un iguane animé par un réflexe autrefois vital mais qui, dans cet ascenseur lourd et bondé, ne sert à rien. Nous arrivons à notre étage, le septième, et sonnons à la porte du bureau des sages-femmes. Je ne suis pas à l'aise d'avoir fait venir Karina, car j'ai l'impression d'avoir amené, en bon bourgeois que je suis, mon propre dépanneur. Les sages-femmes du service la regardent d'ailleurs avec la bienveillance de chats de gouttière.

On nous amène dans une salle d'examen. Laura, qui n'a maintenant plus toute sa tête et son calme, snobe complètement Marie, la sage-femme latino qui veut l'inspecter. Nous sommes partis de chez nous parce que Karina a dit à Laura qu'elle était dilatée de trois centimètres, mesure que ne confirme pas Marie. Nous avons l'impression d'être au tribunal avec les deux camps qui font venir des experts indépendants pour valider leur analyse. « C'est subjectif, dit Marie, on a tous des tailles de doigt différentes. » Il est presque 11 heures et elle part en nous disant qu'elle reviendra nous voir vers 16 h 30. Karina a vraiment l'impression de nous avoir fait venir trop tôt. Quant à Laura et moi, nous sommes un peu déçus d'avoir troqué l'atmosphère solennelle et mystérieuse de notre chambre contre l'environnement stérile, nu et factuel de l'hôpital. Je souffre aussi d'avoir troqué notre intimité et l'aspect naturel de la naissance contre une méthodologie bureaucratique. Même si Laura pense certainement pareil, ses paroles sont bien sûr sérieusement entrecoupées de grognements et de meuglements bestiaux.

Karina nous laisse pour aller à la boutique de l'hôpital. À ce stade, je suis – il faut bien le reconnaître – assez froid avec elle. J'essaye désespérément d'extraire ma tête du tourbillon de mes pensées colériques pour encourager et protéger Laura comme il se doit, mais je suis vraiment furieux d'avoir dû quitter le Paradis pour me retrouver dans ce qui me paraît être un environnement vide et inférieur. J'ai l'impression que nous avons arrêté d'écouter notre instinct, notre Moi supérieur, à ce moment de rare fusion entre l'animal et le sacré, pour respecter la procédure. Et que maintenant, nous sommes punis : « Si vous croyez en Dieu, Dieu vous guidera. Si vous abandonnez Dieu, vous serez tout seul. » Je me sens seul et déconnecté, et j'essaye désespérément de me remettre au diapason, de me reconcentrer sur cette femme, sur ce lit, qui accouche pour la première fois. J'ouvre notre sac. Il contient un scénario que Laura m'a écrit en prévision de ce moment, en prévision du début du travail, quand nous serions désœuvrés. Je redeviens moi-même, un insulaire, perdu à l'intérieur de moi.

À ce stade, je devrais bien sûr aider Laura à respirer et nous aider à rester connectés, ancrés dans le présent. Au lieu de ça, je me dis : « Merci pour ce scénario » et je me plonge dans mon personnage. À cause de mes névroses et de mon égocentrisme, je crains qu'il y ait « un problème » avec le bébé, qu'il soit mort-né ou qu'il ait une marque de naissance, et je passe en revue la liste interminable des drames potentiels qui peuvent arriver. « Remplace la peur par la foi » m'a conseillé un jour un ami quand je lui ai confié mes angoisses.

> L'accouchement est quelque chose de très animal. La nature est tout près. La nature est en nous. Laura est sa grande déesse qui gémit, rugit, donne naissance. Et nous, la caste inférieure, devons trouver en nous les ressources pour l'aider. Les deux femmes sont plus expérimentées et rivalisent pour le pouvoir, tandis que moi, le seul mâle qui rôde innocemment autour d'elles, j'attends et je les sers. Je ne me sens plus sous le joug de mon égocentrisme comme avant, dans l'autre pièce. Je ressens maintenant physiquement ce qui se passe.

Je le fais, et ça me calme. Entre deux grognements et après une douche impromptue et, là encore, très animale (comme quand les gens de Greenpeace mouillent un dauphin échoué sur la plage), Laura me demande de prévenir ses amis et les futurs grands-parents par WhatsApp, ce que je fais. J'envoie des photos et des phrases courtes bourrées d'aphorismes (comme il se doit sur les réseaux sociaux). Laura est possédée. Pas par une entité extérieure mais par sa véritable nature. Elle est possédée par la personne qu'elle a besoin de devenir : une mère.

On nous propose enfin de choisir la pièce où elle va accoucher. Marie a en effet décidé, en se fondant sur la qualité, la cadence ou autre chose ainsi que sur les bruits que Laura fait, qu'il est temps de bouger. Laura ordonne, allongée les quatre fers en l'air, d'aller dans la pièce sans fenêtre. Nous y allons cahin-caha en passant à travers une sorte de bâche qui barre l'accès du couloir, ce qui accroît notre sentiment de transition, car il y a en effet un travail en cours.

Nous arrivons dans la salle d'accouchement, avec sa piscine, ou plutôt sa grande baignoire, où bouillonne l'eau dans une lumière violette, rose et bleue. Ça nous donne l'impression d'être seuls, à l'abri d'une grotte. Aussitôt la situation commence à s'améliorer. J'ai maintenant plusieurs missions. On me demande d'aller chercher des objets, mais aussi de gérer les lumières, d'éteindre tout sauf le tourbillon psychédélique. Laura, boostée par le changement de décor, a maintenant un air plus intense, plus concentré. En bonne compagne, Karina la réconforte et la rassure. L'ambiance est nettement moins tendue entre les gangs des Jets (elle) et des Sharks (l'autre sage-femme). L'une d'elles commence à faire couler de l'eau. C'est Marie, qui défend son territoire. L'accouchement est quelque chose de très animal. La nature est tout près. La nature est en nous. Laura est sa grande déesse qui gémit, rugit, donne naissance. Et nous, la caste inférieure, devons trouver en nous les ressources pour l'aider. Les deux femmes sont plus expérimentées et rivalisent pour le pouvoir, tandis que moi, le seul mâle qui rôde innocemment autour d'elles, j'attends et je les sers. Je ne me sens plus sous le joug de mon égocentrisme comme avant, dans l'autre pièce. Je ressens maintenant physiquement ce qui se passe. Le rythme derrière la peau et les voix s'impose de lui-même. La vibration, la vie, veut nous dominer.

Laura bouge dans l'eau éclairée comme sur un album de Jimmy Hendrix. De nouveau à quatre pattes, elle pousse. Je regarde son sang jaillir doucement derrière elle comme des pétales de rose. Ça m'excite. Mais Marie vérifie la dilatation du col de Laura et dit qu'il n'est que de cinq centimètres et qu'il en faut dix pour pouvoir pousser sans risquer de faire une hémorragie. Même si ça a l'air grave et qu'après pas mal de discussions sur le groupe sanguin de Laura, on lui fait une prise de sang (pendant les contractions !), je sens désormais que tout va bien se passer. La vibration est plus forte maintenant. Quelque chose est présent.

Je me rends compte à quel point Marie est puissante. Elle a la certitude inébranlable des anciens combattants. « Laura, quand vous voulez pousser, vous inspirez et vous expirez l'air et le gaz dans ce tube. Vous ne poussez pas. C'est très important de ne pas pousser. Vous comprenez ? » Laura, qui est nue, parfaite, comprend. Il est peut-être 16 heures et les contractions sont plus fréquentes. Il y en a justement une qui arrive. Je lui passe le tube. Elle se jette dessus. Je la regarde avec envie se dilater. Depuis qu'elle prend ce gaz, elle ressemble encore plus à une déesse. Elle n'a plus aucune inhibition. Elle a l'air immergée, concentrée sur ce qui se passe en elle, et je l'envie pour ça. Comme je l'envie pour ce gaz qu'elle respire gratuitement. En vaquant à mes tâches de subalterne, je me dis : « Ces femmes savent ce qu'elles font. »

Marie est d'une efficacité de vestale. Ces femmes vivent à proximité du drame : de la vie, de la naissance et de la mort. Elle a le calme d'un grand général sur un champ de bataille. L'irritation qui me gagne chaque fois que je me sens incompétent se dissipe. Marie sort et revient constamment. Dehors, on entend des femmes crier et des bébés pleurer. Même si c'est impressionnant, ça reste secondaire par rapport à ce qui se passe dans notre théâtre privé, intime.

Laura se tortille dans l'eau et dans le bruit. Ils ne font plus qu'un. La nature est un grand tout. Tout est connecté. Tout est divin.

Après une ou deux heures de « Ne poussez pas ! », Laura demande à Marie : « Quand vais-je pouvoir pousser ?

— Quand ce sera plus fort que vous. Quand vous ne pourrez plus vous en empêcher.

— C'est plus fort que moi maintenant. »

J'observe la scène, le tube de gaz à la main, perché sur le bord de la baignoire d'où je verse de temps en temps de l'eau sur la forme luisante de Laura.

« Que sentez-vous à l'intérieur de vous ? demande Marie. Mettez un doigt à l'intérieur de vous et dites-moi ce que vous sentez.

— Je ne peux pas aller loin, répond Laura. Il y a quelque chose qui m'en empêche. »

Marie ajoute alors, avec un sourire à peine perceptible mais bienveillant et parfait : « Quelque chose de solide avec des cheveux ? »

Je trouve dingue que, vu le contexte, Laura n'ait pas l'air de capter que c'est la tête du bébé qui arrive.

« Oui. Je ne peux pas aller plus loin que ça », dit-elle en montrant la première phalange de son index.

« Laura, murmure Marie avec une sagesse totalement nouvelle mais quand même familière, maintenant vous pouvez pousser. »

Une nouvelle contraction arrive justement. Laura pousse et grogne. Elle crie, fait des grimaces. Bizarrement, elle ne jure pas mais utilise des mots tout droits sortis des livres d'Enid Blyton, comme « Fichtre ». Elle pousse aussi un gémissement, beau et mélodique comme le chant d'une sirène. Elle est donc là, dans l'eau, à hurler harmonieusement sa douleur animale. Elle est l'harmonie, le son, la naissance. Marie et Karina ont maintenant oublié leur guéguerre tribale et œuvrent main dans la main. Elles tournent autour de Laura pour l'aider à tenir sa position, pour la conseiller. J'ai l'impression d'assister à un match de foot basique et animal. Comme je n'ai pas la maîtrise lexicale de Laura, j'oscille entre des : « Putain de bordel de merde, vas-y Laura » et des « OM » longs et profonds.

Laura veut changer de position. Les contractions, les vagues, merde, les vagues sont presque constantes maintenant. Elle bouge doucement en soufflant, à quatre pattes, puis sur le dos et enfin accroupie comme une grenouille sur les orteils, les talons vers le haut, les genoux écartés. Nous nous cramponnons par le regard et les avant-bras. Laura plonge entièrement à l'intérieur d'elle-même, comme si elle faisait la brasse, comme si elle allait délibérément au fond. Comme la baignoire est installée en hauteur, je vois parfaitement son vagin, et mes yeux font des allers-retours entre les siens et là où l'action se passe. Les deux sages-femmes sont maintenant en retrait, comme des coachs lors d'un grand combat, car elles savent que leur expertise et leur stratégie ne servent plus à rien, que c'est la nature qui agit.

Je peux voir le sommet de la tête, rond, qui pousse les parois du vagin qui n'est pas encore ouvert. Laura parvient, je ne sais comment, à être à la fois animale et bien élevée, à parler d'une voix que je n'ai jamais entendue avant mais toujours sans jurer. Elle va pourtant avoir un moment de doute. « Je n'y arrive pas », lâche-t-elle à Marie, qui répond, toujours avec son sourire imperceptible : « Laura, dans l'histoire de l'humanité, aucune femme n'a accouché sans ressentir ça. » En entendant cette promesse mystique, Laura grogne encore plus fort. C'est intense. La porte s'ouvre, précédée par un panache de sang, comme un coup de clairon silencieux. Et je vois la tête. Un petit rond de la taille d'une pièce qui correspond au sommet du crâne du bébé. Pourquoi suis-je surpris ? Pourquoi suis-je stupéfait ? C'est pour ça que nous sommes là, non ? Alors pourquoi est-ce si étonnant ? Encore d'autres contractions, encore d'autres cris, encore d'autres instructions. Le vagin s'ouvre et je vois mieux la tête maintenant. Je me concentre comme pour un penalty à la quatre-vingt-neuvième minute d'un match à Upton Park, comme si la vie et la mort dépendaient d'un match de foot.

Nos bras se verrouillent, une autre poussée, et la moitié d'une tête humaine apparaît. C'est au-delà du spectaculaire, d'autant plus que les spectacles n'ont souvent aucune substance. Une autre poussée, un autre rugissement, ensemble maintenant. Moi, à grands coups de « putain » et de « OM ». Laura, avec des cris d'animaux comme pour affirmer qu'elle est vivante. Quelqu'un sort un instrument pour mesurer le pouls. La tête est presque sortie. Le cœur du bébé a ralenti. Des regards se croisent mais nous sommes rassurés par un « c'est normal » de Marie. Une autre poussée, et la tête entière, en un instant, la tête est sortie. Le miracle de la nature. C'est à la fois saisissant, extraordinaire et étrange. Une tête qui oscille sous l'eau. C'est super-bizarre, mais c'est la nature. Une dernière poussée. Un cri. Le temps s'arrête. Tout est calme. Le corps sort et bouge non pas de façon indépendante mais portée par la caresse de l'eau. Un jour, j'ai jeté un poisson rouge mort dans les toilettes et été désolé de le voir ressusciter dans l'eau. C'était un vrai miracle aquatique : le poisson s'est mis à nager avec une élégance parfaite.

Le bébé bouge seulement grâce à la force de l'eau. Il ressemble à une effigie de bébé, à une poupée, à un bébé d'effets spéciaux, à un mannequin. Seule l'eau le fait bouger. Tout est si silencieux, si paisible. Laura et moi nous penchons pour la prendre. « C'est une fille. » Le cordon ombilical suit et s'emmêle. Sa mère la prend dans ses bras, avec une évidence soudaine et intense, comme si elle avait été touchée par le doigt de la création. Les yeux du bébé s'ouvrent d'un coup et la vie pénètre en elle et suinte d'elle. C'est comme si le secret du passage de l'ombre à la vie nous était dévoilé, comme si on nous montrait la différence entre de la chair inanimée et un être vivant. J'ai regardé la vie couler dans ses veines et, au moment où son cerveau s'est activé, où sa conscience s'est éveillée, j'ai senti une nouvelle vie m'envahir.

J'ai entendu des jeunes papas dire : « Je ne savais pas qu'il y avait autant d'amour en moi. » Moi je l'ai toujours su. Je ne savais juste pas quoi en faire. Quand j'ai vu ma fille, j'ai su. Je la connaissais et je savais quoi faire.

J'ai grimpé dans la baignoire. Laura parlait à notre fille : « Bonjour, je suis ta maman. Je suis ta maman et tu t'es très bien débrouillée. »

Elle ne pleure pas mais nous, si. Ce ne sont pas des sanglots mais des larmes, comme si la pression atmosphérique du sommet que nous venions d'atteindre les faisait sortir de notre visage.

Conclusion

Les promesses de la douzième Étape me semblaient absurdes, presque risibles. C'était trop nunuche, trop mignon. Même si ça peut paraître béni-oui-oui, j'ai vraiment l'impression d'avoir été sauvé et que vous pouvez l'être aussi. Je n'étais pas seulement pauvre extérieurement, je l'étais aussi spirituellement.

De plus, et les nombreuses personnes qui me connaissent vous le confirmeront, je suis méga-individualiste, déterminé à suivre ma propre voie et à écrire péniblement ma propre religion avec les pieds. Mon dégoût de l'autorité et des institutions était si important et si ancré en moi que je rejetais toute forme d'aide et de bienveillance. Quand j'ai commencé ce programme, j'étais prisonnier de la philosophie de vie fragile que je m'étais moi-même fabriquée. Je ne pouvais pas être dans le moment et je ne connaissais pas la paix. J'avais pourtant, sans m'en douter, des croyances profondes : j'étais persuadé que si je devenais une star et un amant prolifique, je serais libre, éveillé, pardonné. Je sais maintenant que je pensais ça parce que j'imaginais qu'en étant une célébrité, un homme à femmes, je serais quelqu'un d'autre, je ne serais plus moi. J'avais beau être narcissique – c'est-à-dire imbu jusqu'à m'en rendre malade de moi-même – je ne m'aimais pas du tout.

Ce qui, au début, devait juste m'aider à me libérer de mon problème le plus évident, mon addiction à la drogue, m'a incité très gentiment à creuser plus profondément pour comprendre qui j'étais et ce que signifiait pour moi d'être un homme dans le monde. Même si je suis maintenant le mentor de beaucoup d'hommes, quand j'écoute leurs récits et leurs craquages fous, je me dis encore souvent : « Waouh, tu n'es pas aussi cinglé que moi. » Je ne cherche pas, avec un malin plaisir, à me placer sur la première marche du podium des Jeux olympiques des idiots. Je voue au contraire une admiration totale à ce programme. Je suis comme un ancien obèse qui aurait remis son ancien pantalon et se tiendrait dedans, les deux pouces en l'air, sidéré de se voir si amaigri. Je ne suis pas l'architecte de la cathédrale dans laquelle je repose avec bonheur maintenant. Elle existait déjà. Je somnolais juste dehors, tremblant de froid, avec la certitude que j'étais le seul à pouvoir sauver le monde. Ça ne s'est pas vraiment passé comme ça. On m'a offert une méthode pour changer psychologiquement qui a marché et qui marche encore. Elle m'a d'abord aidé à me libérer de la drogue et de l'alcool, puis à devenir un homme meilleur.

Si vous voulez vivre dans une paix parfaite, vous n'y arriverez que le jour où toutes les lumières s'éteindront, car la liberté suprême est peut-être la mort. En revanche, si vous désirez juste vivre dans ce monde avec vos désirs et ses exigences culturelles, ce programme peut vous aider à mieux gérer votre vie et à la rendre plus belle.

Ce matin, quand je me suis réveillé, je n'ai pas regardé mon téléphone. Et quand j'ai senti que mon esprit fantasque commençait à vagabonder, je l'ai intercepté à la porte avec ses mots : « Je t'offre cette journée. Montre-moi comment servir les autres. » Je séjourne dans la région du Lake District chez un ami. L'endroit est magnifique, d'une beauté intense, avec un ciel bas et des rideaux de pluie qui balaient le visage du jour. J'ai une femme que j'aime avec moi, avec qui je me sens en paix et avec qui je communique facilement. Dans la pièce, ma petite fille se réveille en riant. Je médite et je pose mes intentions pour la journée. Là, vous vous dites certainement plus : « Il a vraiment la belle vie ! » que : « Comment c'est arrivé ? » parce que vous avez suivi votre propre chemin et vous n'avez pas vu le mien qui semblait mener à tout sauf là. Quand j'échangeais des politesses dans des fumeries de crack, j'avais vraiment peur de ne jamais connaître la liberté. Quand je me jetais encore et encore aux pieds d'étrangers, comme au pied d'un autel, j'ignorais que mes prières confuses seraient entendues et que je serais libéré. Si ça m'est arrivé, pourquoi ça ne vous arriverait pas à vous ?

Nous avons quitté la maison avec notre chien fou, un berger allemand comme celui que mon père avait quand j'étais petit, comme celui de mon ex-*girlfriend*. Je suis libre d'aimer ce chien car je sais que, bien qu'il soit mortel, il est à nous, on ne va pas me le prendre tant que je reste fidèle. Ma vision du bonheur conjugal est fondée sur ce programme. Rien ne le menace en coulisses. J'ai une vie normale. Je ne joue pas ou je ne vois pas d'autres femmes en douce. Je suis vraiment cet homme qui se promène, un membre d'une famille lambda. Bear étant ce qu'il est, l'indiscipline réincarnée sous un manteau de poils bruns, le voilà bientôt parti embêter les moutons. Je me retrouve donc à lui courir après à travers champs en faisant attention à ne pas brailler son nom pour ne pas trop attirer l'attention sur mon incapacité à le gérer. Heureusement, aucun mouton n'est blessé. J'accroche Bear à sa laisse et nous descendons au Bluebird Café, un café sur Lake Coniston. Comme je n'ai bien sûr pas de monnaie sur moi, je demande si je peux payer nos boissons la prochaine fois, ce qu'ils acceptent. Nous nous asseyons dehors, tout simplement heureux. Au moment de partir, le vent se lève. Comme tous bons jeunes parents, ça nous déstabilise un peu, quand un groupe de marcheuses vient s'asseoir à côté de nous. « Après vous », « Non, après vous » et tout le tintouin. Pendant une seconde, je suis secrètement frustré, car je veux aller aux toilettes avant de partir et je ne sais pas comment gérer ça. Si je prends le chien avec moi, il va probablement manger le petit déjeuner de quelqu'un ou déclencher l'alarme incendie. Si je le laisse avec ma famille, il va déranger ce groupe de femmes. Mais avant que j'aie eu le temps de formuler correctement mon inquiétude, l'une d'elles me propose joyeusement de tenir mon chien et prend sa laisse si gentiment que ça me rappelle – à moi qui ai osé l'oublier – que le monde est plein d'amour qui n'attend qu'à être donné. Dix minutes et un kilomètre plus tard, Laura et moi sommes courbés sous la pluie et notre fille commence à être mouillée dans son porte-bébé. Nous sommes à deux doigts d'accuser le monde et de nous accuser nous-mêmes d'avoir laissé ça arriver quand la femme du café, qui doit avoir dans la cinquantaine, arrive en courant, en criant et en brandissant la couverture waterproof qu'elle avait dans son sac à dos.

Elle insiste pour que nous la mettions sur le bébé. Debout sous la pluie, elle lui en fait une sorte de cape. Apparemment, Irène, c'est son nom, ne pouvait pas supporter de nous voir marcher sous la pluie.

Quelques centaines de mètres plus loin, sous une météo encore perturbée, nous nous arrêtons dans une boutique de souvenirs et demandons le numéro de téléphone d'un taxi. Le gars dans la boutique se présente sous le nom de Bryan et nous dit qu'il connaît la maison où nous habitons parce que sa femme y fait le ménage. Du coup, il l'appelle pour lui demander de nous y ramener. Pourquoi les gens sont-ils aussi gentils ? Où est le monde que nous décrivent solennellement les journaux télévisés ? Était-il déjà si agréable quand j'étais prostré dans mon coin à jurer et à me détruire ? Avais-je déjà des anges autour de moi qui me maintenaient dans mon agressivité ? Anna arrive et nous entasse tous gaiement dans sa voiture, même notre chien pouilleux, et nous ramène chez nous avec la même grâce et la même aisance que les gens qui m'ont sorti de la souffrance et m'ont replacé dans la vie grâce à ce programme. « Le royaume des cieux est sur terre et l'homme ne le voit pas. »

Vous vous dites encore certainement : « C'est normal pour toi » et je ne vous en veux pas. Oui, c'est normal pour moi, mais cela n'a pas toujours été le cas, ou du moins je ne le voyais pas. J'étais comment en cage, désespéré, et tout a changé. Ma vie est devenue ce qu'elle avait toujours été censée être, comme si une force attendait de m'y conduire quand je serais prêt à renoncer à mes illusions de souffrance et de puissance, de virilité et de honte.

Mes anciens comportements sont toujours là comme une vieille pièce dans la poche avec laquelle je joue de temps en temps. J'envisage parfois follement de retourner en arrière, dans l'enfer de mon passé, pour y grappiller un fragment de plaisir. Je dois suivre ce programme constamment, le consulter chaque fois que mon esprit divague. Comment suis-je devenu cette personne, de l'autre côté de ma souffrance ? De l'autre côté de ma vie ?

Je sais que cette vie est là, qu'elle m'attend si je choisis un jour de revenir en arrière, si je me dis qu'il reste quelque chose dans les cendres. Même la paternité n'arrivera pas à me retenir dans ce présent heureux si j'oublie de suivre mon programme. Même la révélation que j'ai eue à la naissance de ma fille.

En chimie, quand on met en présence deux substances, si leurs composants réagissent, ils se transforment pour toujours.

Ce programme aide à savoir très vite quand on passe de son bon « état d'esprit », une vision équilibrée et éveillée, à l'état d'esprit dépravé de sa maladie.

Quand on s'en aperçoit, on peut agir : assister à des réunions de soutien, contacter un mentor, refaire une ou plusieurs Étapes, aider les autres. On a le choix. On n'a pas besoin d'attendre d'agoniser pour passer à l'action. Si on a fait la première Étape correctement, on a accepté que l'on a un problème et que, sans ce programme, on aura toujours tendance à revenir vers son mal-être et ses mauvaises pensées. Si l'on accepte de faire ce programme au lieu de continuer à se dire que « ce n'est pas juste », que « la vie devrait être plus facile », ces pensées négatives nous rappellent constamment que l'on doit rester actif, que ce soit avec son programme ou face à sa maladie.

J'ai plein de noms pour cette maladie « Ego + », le « démon », le « petit grain de folie », la « magie », le « rebord ». Chez les addicts, le foyer de cet aspect destructeur de la personnalité se trouve toujours juste à côté de l'ego, et l'ego l'adore. Les problèmes que j'ai eus ont souvent été causés par mes besoins égocentriques nourris par cette énergie magique, « démoniaque ». Mon expérience à Hollywood s'est détériorée et est devenue douloureuse quand j'ai sombré dans l'égocentrisme, même si, en surface, je réalisais un rêve. Mon expérience avec la politique et l'activisme est devenue toxique, quand mon sens du devoir a été perverti, à mon insu, par mon égoïsme et mes pulsions égocentriques. Cette énergie impersonnelle et incontrôlable est puissante. Je la sens dans « mon » corps, je la remarque dans « mon » esprit. C'est pour cela qu'il est si facile de croire que l'on la fabrique soi-même, de s'en accorder le mérite. Mais de quoi suis-je franchement responsable ? Je n'ai pas appris à parler ou à écrire seul. Je n'ai pas non plus inventé l'anglais, l'imprimerie, les caméras, toutes ces choses qui m'ont aidé à réussir dans la vie. C'est pourquoi je dois remercier le succès, ne jamais en être fier, parce qu'au bout du compte, je n'y suis pour rien. Cette énergie était juste là. Quand, au lieu d'être reconnaissant, je suis fier ; quand, au lieu de me sentir béni, je me sens choisi, c'est le signe que je suis à deux doigts de sombrer mentalement.

Quand cette énergie, cette Puissance impersonnelle et incontrôlable, est mise en présence de l'ego, les conséquences sont destructrices. L'« ombre » telle que l'a conceptualisée Jung (c'est-à-dire le Moi inconscient et prélinguistique) sait peut-être que l'ego forme une barrière entre le Moi individuel et cette Puissance impersonnelle supérieure et qu'il doit donc l'immoler, la brûler ou l'annihiler. Peut-être que cette force destructrice que nous appelons l'addiction (ou nos tendances suicidaires) sait que le « je » n'est pas le « Moi », que le Moi doit partir, qu'il doit être détruit pour laisser la place à la Puissance supérieure et que, si l'on n'y arrive pas avec une aide spirituelle, on doit trouver une autre méthode (des comportements, des produits chimiques) pour améliorer son « Moi », pour se connecter, pour se libérer.

La « maladie » en elle-même n'est pas mauvaise. Elle essaye d'aller quelque part. Elle essaye de nous emmener quelque part. Elle essaye de nous libérer d'une vie individuelle, d'une vie définie par l'ego.

J'ai conscience que je n'ai que ma vie de maintenant, si j'en crois les principes de ce programme et ma connexion à une Puissance supérieure qui se trouve au-delà de ma compréhension. C'est le cadre à travers lequel je perçois la réalité. Ce programme m'a donné un but, m'a libéré de mes traumatismes et de mes hontes. Il m'a donné un sanctuaire que j'ai cherché à travers de faux prophètes qui ont brièvement illuminé puis entaché ma vie. Il m'a montré que le sexe, la drogue, la gloire et l'argent sont aussi impuissants que le porno et les biscuits pour m'aider à régler les problèmes que j'ai toujours eus. Si vous ressentez la même chose que moi, si vous avez l'impression de ne pas avoir votre place dans le monde, donnez-vous une chance à vous et à ce programme, parce que le besoin que vous ressentez est réel et qu'il essaye de vous conduire chez vous.

Le programme

Voici de nouveau les questions correspondant à chaque Étape, sans mes réponses pour que vous puissiez réfléchir aux vôtres.

1re Étape : Êtes-vous con ?

1. **Que voulez-vous changer ?**
2. **Quelle souffrance ou douleur associez-vous à ce changement ?**
3. **Quel plaisir vous donne votre addiction ?**
4. **Que se passera-t-il si vous ne changez pas ?**
5. **Quels bénéfices allez-vous en tirer si vous changez ?**
6. **En quoi ce problème menace-t-il vos relations avec les gens que vous aimez ?**
7. **Ce problème a-t-il un impact sur votre réputation, sur le respect qu'ont les gens pour vous ?**
8. **Ce problème rend-il votre famille malheureuse ?**

9 Ce problème a-t-il provoqué une maladie ?

10 Allez-vous vers des gens qui vous permettent ou vous aident à avoir ce genre de comportement ?

11 Quel aspect du problème gêne le plus les gens qui vous aiment ?

12 Quelles ont été les conséquences de votre problème sur les autres et sur vous-même ?

13 Qu'avez-vous fait par le passé pour essayer de régler, de contrôler, de changer ce comportement ?

14 Quels sont les sentiments, les émotions et les états que vous avez essayé de changer ou de contrôler avec ce problème ?

15 Si cela prend tant de place dans votre vie, pourquoi n'avez-vous pas changé ?

16 Êtes-vous prêt à faire le nécessaire pour changer, guérir et vous transformer ?

2e Étape : Pouvez-vous ne pas être con ?

1 Est-ce que je pense que je dois changer ?

2 Est-ce que j'accepte le fait que changer signifie penser/ressentir/agir différemment ?

3 Est-ce que je connais des gens qui ont changé de façon aussi radicale que ça ?

4 Ce changement va-t-il être facile et simplifié par des idées que j'ai déjà, des techniques que j'utilise déjà et des aides auxquelles j'ai déjà accès ?

5 Quelle est la Puissance supérieure ? La nature ? Une conscience au-delà des individus ? Le pouvoir d'un peuple

réuni pour défendre une noble cause ? Décrivez ce que le terme « Puissance supérieure » évoque pour vous.

6 Ai-je des doutes, des préjugés vis-à-vis de la spiritualité ? Est-ce que je crois qu'en voyant la vie autrement, je peux résoudre mon problème ? Quels sont ces doutes et ces préjugés ?

Mantra

Conscience infinie, source de toute lumière et de tout amour, débarrasse-moi de mes doutes et de mes préjugés et donne-moi la volonté de croire que tu peux résoudre ce problème comme tu en as déjà résolu d'autres.

1 Que signifie « Puissance supérieure » pour moi ? Décrivez-le ici.

2 Puis-je maintenant accepter le fait qu'une Puissance supérieure à moi-même œuvre dans le cosmos ?

3 Est-ce que je connais des gens qui ont changé de vie pour vivre selon des principes spirituels et qui sont éveillés, heureux et vrais ?

4 Est-ce que je veux être comme ça ?

5 Est-ce que je connais des gens qui se sont connectés à une nouvelle Puissance et qui ont utilisé ce programme pour changer leur façon de vivre et leur façon de penser, et qui ont finalement trouvé la paix et une nouvelle voie ?

6 Est-ce que je veux suivre leur exemple ?

7 Encore une fois, ma vie ressemble-t-elle à cela ? Ou ai-je des problèmes avec les autres ? Des problèmes avec mes émotions ?

8 Est-ce que je manque de détermination et d'énergie ?

9 Est-ce que je crée des conflits et du chaos ?

10 La vie est-elle dure pour moi en dehors de mes addictions (alcool/drogue/nourriture/sexe/achats/technologie) ?

11 Suis-je déprimé ?

12 Ai-je peur ?

13 Suis-je utile aux autres ?

14 Ai-je eu des comportements dans d'autres domaines de ma vie qui pourraient me servir maintenant si je les modifiais, par exemple ma certitude que la drogue, le sexe, la technologie, la bonne personne, un boulot ou du chocolat peuvent m'aider à aller mieux ?

15 Est-ce que je voue une sorte de culte à la drogue, à mon téléphone, au sexe, au shopping ?

16 Est-ce que je me sens capable de changer si j'utilise cette pulsion dans quelque chose de moins futile, de moins matérialiste, de moins creux ?

17 Et si mon problème venait du fait que j'utilise mal une pulsion qui pourrait être positive ?

18 Puis-je me connecter à cet amour en moi dont je me détourne parfois ?

19 Puis-je me connecter à l'amour à l'extérieur de moi que je vois dans les autres ?

20 Puis-je me connecter à cette Puissance que je vois partout dans ma vie ?

Mantra

(à adapter avec vos mots à vous)

Puissance divine, Vérité suprême, Amour intérieur et extérieur, guidez-moi vers un autre Moi. Aidez-moi à me débarrasser de toutes mes anciennes pensées et préjugés pour que je puisse m'ouvrir à une « Nouvelle Voie ». Je demande à la puissance créative enfouie au fond de moi de me guider vers la personne que je suis censé être depuis toujours, de me chercher des relations et des expériences qui me rapprocheront de cette Vérité.

3e Étape : Allez-vous réussir à vous rendre moins con tout seul ?

1 Est-ce que je me sens insatisfait, limité, vide ou angoissé avec les autres ?

2 Mes sentiments me poussent-ils à prendre (ou ne pas prendre) des décisions ou des mesures que je regrette après ?

3 Suis-je malheureux, déprimé, triste, ou ai-je une faible estime de soi ?

4 Suis-je en proie à l'anxiété, au doute ou au perfectionnisme ? Est-ce que je m'invente des scénarios qui finissent par m'inquiéter ?

5 Est-ce que je commence à voir que mon plan ne marche pas ?

6 Est-ce que j'ai conscience d'avoir besoin d'un nouveau plan qui ne soit pas alimenté par mes pensées et mes pulsions pour avoir une chance de m'épanouir ?

7 Mon plan est comme un virus qui détruit mon cerveau. Puis-je y renoncer ? Suis-je prêt à suivre un autre plan ? Suis-je prêt à être guidé ?

8 Nous sommes prisonniers d'un mode de fonctionnement qui ne marche pas. Les domaines listés ci-dessous vont vous aider à en sortir et à changer de perspective, car c'est généralement eux qui sont le terreau de la douleur et du malaise spirituel.

9 L'orgueil (ce que je pense que l'on pense de moi).

10 L'estime de soi (ce que je pense de moi).

11 Les relations personnelles (le script que je donne aux autres).

12 Les relations sexuelles (comme ci-dessus, mais pour les partenaires sexuels).

13 **L'ambition (ce que je veux dans la vie, ma vision globale de mon « Moi » parfait).**

14 **La sécurité (ce dont j'ai besoin pour survivre).**

15 **Les finances (l'argent et la façon dont il influe sur mes sentiments).**

Cette liste va vous être utile pour la 4ᵉ Étape.

4ᵉ Étape : Notez tout ce qui vous pourrit la vie ou qui vous l'a pourrie sans mentir ni rien oublier.

Utilisez le tableau de la page suivante.

1 **Où ai-je fait une Erreur ?**

2 **Où ai-je été Égoïste ?**

3 **En quoi ai-je été Malhonnête ?**

4 **En quoi ai-je été Égocentrique ?**

5 **Qu'est-ce qui me faisait Peur ?**

6 **En quoi suis-je Responsable de tout ça ?**

7 **Où ai-je Fauté ?**

8 **Où ai-je eu Tort ?**

→

J'en veux à	**Parce que**	**Ça affecte mon/ma/mes**

Mes fautes à moi

Mettez les domaines concernés dans la 3e colonne :

L'orgueil

L'estime de soi

Les relations personnelles

Les relations sexuelles

L'ambition

La sécurité

Les finances

Mettez les fautes concernées dans la 4e colonne :

Erreur

Égoïsme

Malhonnêteté

Intérêt personnel (Égocentrisme)

Peur

Culpabilité

Faute

Tort

5e Étape : Avouez à quelqu'un de confiance à quel point vous souffrez.

Avant de vous lancer, posez-vous les questions suivantes :

1 **Ai-je été cent pour cent honnête dans mon inventaire ?**

2 **Ai-je clairement identifié ce qui se cache derrière mes comportements ?**

3 **Ai-je été au plus profond de moi et demandé que la vérité me soit révélée ?**

4 **Suis-je prêt à entendre une nouvelle vérité ?**

5 **Suis-je prêt à assumer l'entière responsabilité de mes sentiments, de mes points de vue et de mon comportement ?**

6 **Suis-je prêt à dévoiler les facettes les plus intimes et les plus secrètes de ma personnalité à quelqu'un d'autre ?**

La personne à qui vous allez vous confier devrait elle-même avoir fait ce programme et ne devrait pas jouer d'autre rôle dans votre vie que de vouloir vous aider.

Demandez-vous :

1 **Pourquoi suis-je en train de faire la 5e Étape ?**

2 **Pourquoi suis-je en train de la faire avec la personne que j'ai choisie ?**

3 **Quel est le but de cette étape ?**

6e Étape : Cela a révélé pas mal de comportements foireux. Voulez-vous y mettre un terme ? Vraiment ?

Pour chaque défaut de caractère identifié (dans la troisième et la quatrième colonne), demandez-vous :

1 **Pourquoi est-ce que je fais ça ? En quoi cela m'aide-t-il ?**

2 **Si je ne change pas, que va-t-il se passer ?**

3 **Si je décide de changer, comment ma vie va-t-elle s'améliorer ?**

4 **Suis-je décidé à me débarrasser de ce défaut ? Suis-je prêt à le faire ?**

5 **Si la réponse est « non », demandez-vous : comment mon incapacité à changer cette attitude/pensée/comportement rend ma vie ingérable ?**

Demandez-vous :

1 **Suis-je prêt à me débarrasser de ma vision égocentrique du monde ?**

2 **Suis-je prêt à déchirer mon plan de vie ?**

3 **Suis-je prêt à arrêter d'en vouloir aux autres ? À ne plus avoir de rancœurs ?**

4 **Suis-je prêt à faire de ce programme mon nouveau plan de vie ?**

5 **Suis-je prêt à accepter le fait qu'il y a des forces plus puissantes que moi dans l'univers et que, dans ce contexte, mes pulsions et mes concepts sont ridicules ?**

7e Étape : Êtes-vous prêt à vivre autrement, c'est-à-dire sans penser exclusivement à votre précieux « Moi » ? Il le faut.

Demandez-vous :

1 **Qu'est-ce que je veux changer ?**

2 **Vais-je le changer ?**

3 **Est-ce que je m'engage à le changer ?**

8e Étape : Soyez prêt à vous excuser auprès de tous ceux qui subissent votre « Moi » con.

Relisez la 4e Étape, notamment la liste des personnes ou des institutions à qui vous avez causé du tort.

Puis, pour chaque entrée ou, devrais-je dire, pour chaque personne de votre liste, notez son nom et :

1 **le mal que vous lui avez fait ;**

2 **ce que vous auriez dû faire à la place ;**

3 **qui en a souffert et comment.**

Quand vous aurez fait votre liste et répondu aux questions, demandez-vous au cas par cas :

Suis-je prêt à m'excuser auprès de cette personne ?

9e Étape : Maintenant, excusez-vous. Sinon, cela ne fera qu'aggraver la situation.

Demandez-vous :

1 **Suis-je prêt à changer ?**

2 **Suis-je prêt à changer d'une façon dont je ne suis pas conscient ou que je ne peux pas contrôler ?**

3 **Suis-je prêt à affronter tout le mal que j'ai fait et dont j'ai conscience ?**

4 **Suis-je complètement honnête avec mon mentor au sujet du mal que j'ai fait ?**

5 **Ai-je préparé soigneusement chaque excuse avec mon mentor ?**

6 **Suis-je prêt à faire toutes les excuses nécessaires et à trouver des solutions créatives pour les personnes que je ne peux pas rencontrer ?**

7 **Est-ce que ma priorité absolue dans la vie est de faire toutes ces excuses ?**

8 **Ai-je terminé de présenter mes excuses ? Ne suis-je pas en train d'en éviter certaines ?**

10e Étape : Guettez vos pensées et comportements cons et ne vous voilez pas la face quand ils se produisent.

La 10e Étape peut être faite par écrit, tous les jours, avec le tableau de la 4e Étape.

Demandez-vous :

1 **Suis-je prêt à grandir quotidiennement ? Comment puis-je le montrer ?**

2 **Suis-je prêt à vivre en pleine conscience et à être attentif aux inévitables écarts qui surviendront ?**

3 **Suis-je prêt à rendre des comptes aux autres quand quelque chose me dérange ?**

4 **Puis-je avoir de la compassion pour moi-même et croire en ma conception d'une Puissance supérieure ?**

5 **Suis-je prêt à m'excuser chaque fois que je fais du mal à quelqu'un ?**

6 **Est-ce que j'essaie consciemment de vivre ma vie en renonçant aux pulsions malsaines qui la gouvernaient autrefois ?**

11e Étape : Restez connecté à votre nouvelle vision du monde.

Demandez-vous :

1 **Suis-je prêt à accepter que le monde matériel et mécanique tel que je le vois n'est pas la réalité objective ? (Y a-t-il des choses que je ne sais pas, que personne ne sait ?)**

2 **Suis-je prêt à accepter qu'une partie de ma conscience n'est pas régie par des processus biochimiques primaires et un formatage génétique, social et familial ? (Mon esprit se limite-t-il à ce que l'on m'a inculqué et ce que mon instinct animal réclame ?)**

3 **Suis-je prêt à vivre au service de ce Moi supérieur, de ce Royaume suprême ? (Ai-je envie d'être plus qu'un entrelacs de désirs, de besoins et de peurs ?)**

Créez votre propre incantation, votre propre code secret pour vous connecter et utilisez-le chaque jour.

Exemple : « Je sais que je ne peux pas trouver le bonheur en suivant mon instinct et mes désirs. Je m'engage à transmettre l'amour, à servir la beauté. »

12e Étape : Ayez une vision moins égoïste de la vie, soyez gentil avec les autres, aidez-les quand vous le pouvez.

1 Quelles sont vos motivations, là, maintenant ? Voulez-vous obtenir quelque chose ? Du prestige, de la gloire, du pouvoir ?

2 Avez-vous fait quelque chose pour quelqu'un aujourd'hui ? Surtout sans que l'on vienne vous le demander ?

3 Avez-vous médité et vous êtes-vous connecté ?

4 Avez-vous appelé quelqu'un pour lui demander de l'aide ? Avez-vous prié ?

Demandez-vous :

5 Ai-je profondément modifié mon schéma de pensées, mes sentiments et mon comportement ?

6 Suis-je prêt à consacrer ma vie à aider ceux que je rencontre ?

7 Comment puis-je spécifiquement aider les autres ?

8 Ma vie est-elle équilibrée ? Suis-je capable d'aider les autres tout en m'occupant de moi, de mes relations et de mon travail ?

9 Comment puis-je m'améliorer ?

10 Est-ce que je fais passer ce programme avant tout le reste ?

11 Est-ce que je transmets le message de cette nouvelle vie, de cette vie que je me suis réappropriée, au lieu de transmettre mes anciennes idées, mes vieux plans égoïstes ?

12 Est-ce que je me demande constamment si je peux être utile aux autres ?

Contacts

Remarque sur les addictions graves

Je peux témoigner personnellement que les 12 Étapes marchent pour les addictions graves. Donc, si vous en avez, je vous conseille de contacter un groupe de soutien adéquat. Il en existe des centaines qui traitent de tous les objets d'adoration involontaires : **l'alcool, la drogue, le jeu, la nourriture, le sexe, les achats compulsifs**…

En quelques clics, vous trouverez celui adapté à vos besoins. Voici quelques sites par où commencer :

Alcooliques Anonymes
alcooliques-anonymes.fr
Tél. : 09 69 39 40 20

Narcotiques Anonymes
narcotiquesanonymes.org
Tél. : 01 43 72 12 72

SOS Joueurs
sosjoueurs.org
Tél. : 09 69 39 55 12

Débiteurs Anonymes
debiteursanonymes.org
Tél. : 06 19 46 01 32

Codépendants Anonymes
coda-france.com

Lectures

Alcooliques Anonymes

- *Les Alcooliques Anonymes – Le Gros Livre*
- *Les 12 Étapes et les 12 Traditions*
- *Réflexions quotidiennes*

Narcotiques Anonymes

- *Ça marche, comment et pourquoi*

Russell Brand est un comédien et un addict.

Il a été accro aux drogues, au sexe, à la gloire, à l'argent et au pouvoir. Malgré la naissance de sa fille, quatorze ans et demi après sa guérison, il parle encore de lui à la troisième personne, ce qui n'est pas très sain.

C'est son quatrième livre. Il continue à jouer dans des films comiques et prépare un master en religion et politique internationale. Il a deux chats, un chien, une femme, un bébé, dix poules et 60 000 abeilles, bien qu'il s'intéresse beaucoup au véganisme. Il est persuadé que le monde matériel est une illusion, bien qu'il l'adore toujours en secret.

Une partie des bénéfices de ce livre sera reversée à des associations des 12 Étapes, prônant la guérison par l'abstinence, car l'auteur continue d'aider les gens qui souffrent d'addiction à vivre autrement.

Achevé d'imprimer en mai 2019
sur les presses de la Nouvelle
Imprimerie Laballery
58500 Clamecy

Dépôt légal : mai 2019
N° d'impression : 903076